21世纪法学系列教材

诉讼法系列

仲裁法学

（第二版）

蔡 虹　刘加良　邓晓静　著

图书在版编目(CIP)数据

仲裁法学/蔡虹等著. —2 版. —北京:北京大学出版社,2011.9
(21 世纪法学系列教材)
ISBN 978-7-301-17384-8

Ⅰ.①仲… Ⅱ.①蔡… Ⅲ.①仲裁法-法的理论-中国-高等学校-教材 Ⅳ.①D925.701

中国版本图书馆 CIP 数据核字(2011)第 181215 号

书　　　名:	仲裁法学(第二版)
著作责任者:	蔡　虹　刘加良　邓晓静　著
责 任 编 辑:	李　铎
标 准 书 号:	ISBN 978-7-301-17384-8/D·2930
出 版 发 行:	北京大学出版社
地　　　址:	北京市海淀区成府路 205 号　100871
网　　　址:	http://www.pup.cn　电子邮箱:law@pup.pku.edu.cn
电　　　话:	邮购部 62752015　发行部 62750672　编辑部 62752027
	出版部 62754962
印 刷 者:	北京虎彩文化传播有限公司
经 销 者:	新华书店
	730 毫米×980 毫米　16 开本　14.25 印张　262 千字
	2009 年 1 月第 1 版
	2011 年 9 月第 2 版　2021 年 1 月第 9 次印刷
定　　　价:	26.00 元

未经许可,不得以任何方式复制或抄袭本书之部分或全部内容。
版权所有,侵权必究
举报电话:010-62752024　电子邮箱:fd@pup.pku.edu.cn

作者简介

蔡虹,中南财经政法大学法学院教授,中国民事诉讼法学研究会副会长,湖北省法学会常务理事,武汉仲裁委员会仲裁员。主要著作有:《行政诉讼证据问题研究》(独著)、《转型期中国民事纠纷解决初论》(独著)、《民事诉讼法学》(独著)等。在《中国法学》、《法学评论》、《法商研究》等期刊上发表学术论文三十余篇。

刘加良,法学博士,山东大学法学院讲师。主要著作有:《民事诉讼法全面修改专题研究》(合著)、《民事诉讼法学》(参编)。在《法学家》、《法律科学》、《法商研究》、《法学评论》等期刊上发表学术论文三十余篇。

邓晓静,中南财经政法大学法学院民事诉讼法学教研室主任,武汉大学法学院博士研究生。主要著作有:《法律文书学》(主编)、《证据法学》(副主编)等。在《现代法学》、《政治与法律》等期刊上发表学术论文十余篇。

第二版修订说明

自 2009 年 1 月本教材第一次出版以来,国内外民商事仲裁制度都有了不小的发展,知名仲裁机构的基本情况、国内仲裁机构的受案情况、仲裁规则等知识点涉及的信息都需要相应的加以更新。两年多来,本书作者对很多知识点的认识、理解与把握进一步提高。基于以上两点,本次修订力求知识点覆盖的全面性、法源引用的准确性、用语表达的简练性、论证说理的针对性。另外,为了更好地满足学生的学习需要,本书修订时,将"历年司法考试真题精选"分别放置于对应的章节,仅将真题的参考答案作为附录一放于正文之后。至于其中难免的瑕疵,敬请读者批评指正。

著者

2011 年 6 月

第一版前言

仲裁制度是现代社会解决民商事纠纷的重要制度,仲裁法是我国法律体系中民事程序法的重要组成部分。在我国改革开放、建立和发展市场经济的进程中,民商事仲裁发挥着并将继续发挥着其独特的作用。而仲裁法学作为一门独立的学科,其内容也越来越丰富。

仲裁法学以仲裁法的一般理论、仲裁制度与仲裁法的具体规定、仲裁实务等为研究对象。本教材将围绕这些内容进行系统阐述,从而为法学专业学生提供一部理论体系完整、制度阐释准确、理论联系实际的教科书。

我国自1995年9月1日实施《仲裁法》以来,民商事仲裁进入一个新的发展时期:国内仲裁机构相继成立,仲裁规则也相继制定并不断修改与完善,仲裁实践十分活跃。以仲裁方式处理的民商事纠纷的数量大幅上升,仲裁从业人员逐渐增多。一大批仲裁机构已经形成了自己独特的仲裁理念和工作特色,仲裁事业进入了规模化、专业化发展的阶段。

与此同时,仲裁法学也呈现出繁荣景象。首先,为满足法学教育的需要,近十几年来出版了一批系统阐述仲裁法和仲裁理论的专门教材。同时,在诉讼法学、国际私法学、国际商法学等教材中也设专编或专章阐述仲裁法的内容。这些教材为培养法律人才发挥了重要作用。其次,研究仲裁理论、立法与实践的专著不断问世,这些著作关注我国仲裁法实施中的问题,立足于以仲裁理论解决这些问题,推动立法的完善,同时也推动了理论自身的发展。在研究范围上,除国内仲裁外,这些著作还涉及国际商事仲裁、涉外仲裁、海事仲裁以及比较商事仲裁;在成果类型上,有专著、译著,还有仲裁案例、资料汇编、实用指南等工具书。再次,仲裁理论及实务中的问题开始成为高等院校、科研单位的重要研究对象,并获得多项国家及省部级科研项目立项,得到了多方面的支持和资助。一些项目已经结项,转化为推动仲裁事业发展的成果。

随着社会的发展,我国《仲裁法》在其实施过程中,开始暴露出不完善和不能适应发展需要的问题。因此,《仲裁法》的修改受到了立法部门、实务界以及学术界的广泛关注。首先,《仲裁法》是在我国仲裁实践经验不足的情况下制定的,因此仲裁机构在运用仲裁法解决纠纷的过程中,时常感到迫切需要更具操作性的程序规则。在《仲裁法》尚未修改完善的情况下,最高人民法院虽然出台了司法解释,但终究没有从根本上解决问题,这给仲裁机构依法办案和当事人进行仲裁活动造成了不便。其次，仲裁在解决民商事纠纷中应当具有自己独特的优势，能够为纠纷主体提供较诉讼更为方便、经济、自主程度更高的服务，因而仲裁法应当更好地体现其特色。例如，在仲裁协议的有效要件、保全程序、临时仲裁以及仲裁的具体程序规则上，都应当加以完善。尤其应当妥善处理仲裁与司法监督的关系。再次，仲裁较之于司法主权更具有国际性，仲裁作为一种国际上通行的民商事纠纷的处理方式，已经形成了一些得到公认的惯常做法。随着经济全球化、一体化的发展，同时也考虑到我国与其他国家相互承认并协助执行仲裁裁决的需要，我们有必要适当调整本国的仲裁法。事实上，基于上述需要，不少国家根据《国际商事仲裁示范法》修改或制定了本国的仲裁法。因此，我国仲裁法的完善应当更多地与国际上仲裁制度的发展保持一致。

鉴于以上这些因素，笔者在编写本教材时，力图系统、完整地阐述仲裁法的基本理论，阐释我国仲裁法及相关司法解释的制度内涵与具体规定，从而使学生准确掌握仲裁法学的内容。同时，仲裁法实践性、操作性很强，实务中存在的问题也很多，本教材强调理论联系实际，关注并研究现实问题，运用基本理论分析和解决这些问题。在这个过程中，启发学生掌握分析和解决问题的方法。围绕我国《仲裁法》的修改和完善，本教材对学术界的相关研究成果做了适当的整理与论述，力图使学生不仅能够通过本门课程学习仲裁法的一般理论、仲裁制度及相关规定，而且能够了解理论研究的最新成果，了解学术前沿的动态。在研究视野上，不仅研究中国的仲裁制度，而且也介绍在仲裁立法方面积累了丰富经验的国家的做法，介绍国际社会有关仲裁的重要规则或重要公约，从而使学生有更好的知识结构，为其学习、运用和研究仲裁法打下坚实的基础。

在写作上，与已经出版的其他仲裁法教材相比，本教材具有如下特色：

第一，体例安排方面。本书分"仲裁"、"仲裁法"、"仲裁机构"、"仲裁员"、"仲裁协议"、"仲裁程序通则"、"仲裁司法监督"、"涉外仲裁"、"仲裁文书"等部分。这种体例安排具有独创性。"仲裁文书"和"历年司法考试真题精选"部分的对应设计力图使本书成为国内第一本法学教育与仲裁实务、司法考试有机衔接的仲裁法学教材。

第二，章节结构方面。每章由"本章提要"、"关键词"、"正文"、"拓展阅读"四部分组成。其中"拓展阅读"部分包括与本章内容相关的经典论文和经典著作的基本信息。

第三，具体内容方面。阐述仲裁法的基本原理及我国仲裁制度的主要内容，体现仲裁法学研究的最新成果、立法与司法解释的最新状况；兼顾外国仲裁法的知识。在内容的表述上，不论是客观性的知识介绍，还是作者主观性的个人论述，均力求准确、简练、全面。

本书的写作分工如下：
蔡　虹：前言，第四章
刘加良：第一、二、三、七章，历年司法考试真题精选(2002—2008)
邓晓静：第五、六、八、九章

蔡　虹
2008年10月

目 录

第一章 仲裁 (1)
- 第一节 仲裁的概念与主要特征 (1)
- 第二节 仲裁的性质与主要分类 (3)
- 第三节 仲裁法律关系 (7)
- 第四节 仲裁与民事诉讼的主要区别 (9)

第二章 仲裁法 (13)
- 第一节 仲裁法概述 (13)
- 第二节 外国和国际的仲裁立法 (14)
- 第三节 中国的仲裁立法 (19)
- 第四节 我国《仲裁法》的效力 (22)
- 第五节 我国《仲裁法》的基本原则 (23)

第三章 仲裁机构 (27)
- 第一节 仲裁机构概述 (27)
- 第二节 仲裁委员会 (29)
- 第三节 国际知名仲裁机构简介 (33)
- 第四节 中国知名仲裁机构简介 (38)
- 第五节 中国仲裁协会 (41)

第四章 仲裁员 (44)
- 第一节 仲裁员资格 (44)
- 第二节 仲裁员的责任 (50)

第五章 仲裁协议 (66)
- 第一节 仲裁协议概述 (66)
- 第二节 仲裁协议的成立与生效要件 (75)
- 第三节 仲裁协议的无效与失效 (83)

第六章 仲裁程序通则 (98)
- 第一节 仲裁当事人 (99)
- 第二节 仲裁的申请与受理 (107)
- 第三节 仲裁庭的组成 (118)

第四节　仲裁审理与裁决 …………………………………（124）
　　第五节　简易程序 ………………………………………（136）

第七章　仲裁司法监督 ………………………………………（143）
　　第一节　撤销仲裁裁决 …………………………………（144）
　　第二节　不予执行仲裁裁决 ……………………………（148）
　　第三节　撤销仲裁裁决和不予执行仲裁裁决的比较 …（151）

第八章　涉外仲裁 ……………………………………………（156）
　　第一节　涉外仲裁概述 …………………………………（156）
　　第二节　涉外仲裁程序 …………………………………（160）

第九章　仲裁文书 ……………………………………………（167）
　　第一节　仲裁协议书 ……………………………………（167）
　　第二节　仲裁申请书 ……………………………………（172）
　　第三节　仲裁答辩书 ……………………………………（175）
　　第四节　仲裁裁决书 ……………………………………（177）
　　第五节　仲裁调解书 ……………………………………（185）

附录一　历年司法考试真题精选参考答案 …………………（189）

附录二　《中华人民共和国仲裁法》(中英文对照) ………（190）

第一章 仲 裁

本章提要

仲裁是利益冲突的双方当事人事先或事后以自愿为基础达成协议,将民商事纠纷交由第三方处理并由其作出对利益冲突的双方当事人均产生约束力的裁判结论的一种替代性纠纷解决方式。高度的自治性、专业性、快捷性、民间性、独立性、保密性、一定的司法性是仲裁的主要特征。关于仲裁之性质的学说主要有司法权论、契约论、混合论、自治论、综合论五种。仲裁法律关系是指仲裁法律调整的仲裁机构、仲裁当事人以及其他仲裁参与人之间存在的以仲裁权利和仲裁义务为内容的一种社会关系。根据我国仲裁法和民事诉讼法的有关规定,仲裁与民事诉讼在受案范围等六个方面存在明显差异。

关键词

仲裁 制度性仲裁 仲裁法律关系 民事诉讼

第一节 仲裁的概念与主要特征

一、仲裁的概念

"合法性危机"是所有政治国家在任何阶段都必须认真面对并力求破解的棘手问题。合法性逐渐丧失的政治国家往往都难以避免灭顶的命运。合法性不是一种状态,而是一种过程,不可能毕其功于一役。政治国家的合法性实质上在于它能否获得民众的认可与承认。要不断地获得民众的认可与承认,政治国家需要持久的多方面努力。面对人类社会物质性和精神性利益的相对有限性与人的欲求的无限性之间的永恒紧张所导致的不可避免的、越来越多、越来越复杂的民事纠纷,建立、健全民事纠纷解决机制便是政治国家的这种努力之一。民事纠纷的解决方式主要有避让、和解(conciliation)、诉讼外调解(mediation outside proceedings)、仲裁(arbitration)和民事诉讼(litigation)五种。其中,仲裁是民事诉讼之外的规范性和程序严格性最为明显、与民事诉讼最为相近、最可能与民事诉讼形成实质性竞争关系的民事纠纷解决机制。

仲裁的概念有广义和狭义之分。广义的仲裁包括国际公法争议仲裁、劳动争议仲裁、人事争议仲裁、农业承包合同纠纷仲裁和民商事仲裁等；狭义的仲裁仅指民商事仲裁。对于仲裁的概念，本书采狭义之界定，以下他处若无专门说明，皆如此。

笔者认为，仲裁是利益冲突的双方当事人事先或事后以自愿为基础达成协议，将民商事纠纷交由第三方处理并由其作出对利益冲突的双方当事人均产生约束力的裁判结论的一种替代性纠纷解决方式。

二、仲裁的主要特征

1. 高度的自治性

高度的自治性是仲裁最为重要、最为明显的特征，是"国民程序主体原则"的具体落实。该特征主要体现在如下几个方面：(1) 当事人可以合意确定是否以仲裁的方式解决民事纠纷；(2) 当事人可以合意确定仲裁事项、仲裁委员会；(3) 当事人可以合意确定仲裁员；(4) 当事人可以合意确定特定案件是否适用简易程序；(5) 当事人可以合意确定仲裁是否开庭进行；(6) 当事人可以合意确定仲裁是否公开进行；(7) 当事人在仲裁中可以合意确定是否和解或调解；(8) 当事人可以合意确定仲裁裁决书的部分内容是否简化。

2. 专业性

提交仲裁解决的民商事纠纷的性质具有特殊性，往往专业性、技术性很高，往往涉及复杂的、众多的法律问题、贸易问题、技术问题，处理的难度整体上相对较大，通常要求裁决者具有专门性知识和较高的综合能力。比职业法官、检察官、公证员的任职条件更为严格的仲裁员任职条件便是该特征的制度体现。

3. 快捷性

提交仲裁解决纠纷的主体多是商自然人、商法人，他们以获取尽可能多的利润、节省尽可能多的时间成本为行动目标，在纠纷解决上花费更多的时间往往意味着其他逐利机会的丧失或错过，因此他们普遍对纠纷解决的拖延表现出本能的抗拒甚至是恐惧情绪。仲裁一裁终局的制度设置和仲裁员临时召集的特点所决定的必然较短的案件裁决期限恰好回应了商主体主观上的迫切要求，能够确保他们之间的民商事纠纷得以及时、迅速地解决。

4. 民间性

仲裁是一种替代性的纠纷解决方式，是社会救济的主要方式，不如民事诉讼般带有强烈的国家性，有助于当事人在心理情感上更容易地接近。作为仲裁的主要优势之一，仲裁的民间性在很大程度上体现为仲裁机构的民间性，主要体现在如下几个方面：(1) 仲裁机构没有直接采取证据保全、财产保全措施的权力；

(2)仲裁机构没有直接强制执行仲裁裁决的权力;(3)仲裁规则具有可选择性;(4)仲裁员不占用国家工作人员编制;(5)仲裁机构的经费来源不以国家财政支持为主;(6)仲裁机构的设立通常不是由政府出面组织;(7)作为仲裁机构的自律性组织,仲裁协会不具有如行政机关般的行政权力。

5. 独立性

纠纷裁决的公正性是仲裁得以生存和发展的必要条件。仲裁机构的独立性、仲裁庭的独立性和仲裁员的独立性是保证仲裁之公正性的首要途径。仲裁权享有的专属性使得行政机关、其他机关、社会团体、个人都得对仲裁机构行使仲裁权保持容忍、克制。仲裁员与仲裁机构之间不存在隶属关系,仲裁机构不得就案件如何裁决对仲裁员发号施令。仲裁员之间也不存在隶属关系,每个仲裁员都可依据自己的判断发表裁决意见。

6. 保密性

仲裁以不公开进行为原则、以公开进行为例外,这是世界性的通行做法。仲裁员以及行政辅助人员对在仲裁案件过程中获知的信息有严格保密的义务。禁止旁听和媒体报道,使得案件裁决中涉及的技术秘密、商业情报等信息的批露范围十分有限,可保证当事人的商业秘密不因纠纷的仲裁而公之于众。这些可消除当事人提交仲裁解决民商事纠纷的顾虑,可大大增加仲裁对于纠纷解决的亲和力。

7. 一定的司法性

仲裁具有一定的司法性,这体现在:(1)仲裁进行中,仲裁参与人必须服从仲裁机构、仲裁庭的组织和指挥;(2)具有给付内容的仲裁裁决一经生效便具有强制执行的效力;(3)仲裁有来自民事诉讼的支持,仲裁中的证据保全、财产保全和生效仲裁裁决的强制执行由法院以国家强制力为后盾予以实施;(4)仲裁有来自民事诉讼的监督,法院在特定的情形下可以裁定撤销或不予执行仲裁裁决。

第二节 仲裁的性质与主要分类

一、仲裁的性质

仲裁的性质是仲裁法学理论中一个"仁者见仁,智者见智"、充满学术吸引力、与仲裁实践密切相关又对仲裁实践有重要指导意义的基础性问题。长时间以来,国内外的学者对其进行了多角度、不乏创新性的探讨,但没有就此达成共识。主要的学说有司法权论、契约论、混合论、自治论、综合论、行政性论、民间性论、准司法权论、二元论。本书拟对前五种观点进行简要介绍并做相应评价。

1. 司法权论

该学说认为,裁判权是一种国家司法权力,仲裁庭行使的具有裁判性质的仲裁权是对国家司法权力的分割。因此，当事人把纠纷提交仲裁解决时，仲裁员便取得了类似职业法官的地位，仲裁裁决便具有了和法院判决相同的法律效力。主张该学说的国家主要有德国、奥地利、意大利和埃及。

该学说注意到了仲裁与国家权力之间的关联，但采取了绝对化的立场夸大了它们之间的这种关联，并且没有对仲裁的民间性等特征给予关注，这会导致对仲裁权的性质进行界定时视角的狭隘化，进而不利于仲裁权之社会权力属性的彰显和仲裁事业的发展。

需要说明的是，法院对仲裁的支持和监督不能成为该学说的论据，因为"法院之所以支持和监督仲裁，与其说是在行使'司法最终决定'权，不如说是在私法范围内，承认并保障当事人在不违背强行法及公共政策的情况下适当地行使选择争议解决方式的自由"[①]。

2. 契约论

该学说认为，仲裁裁决是一种契约，具有契约的属性；仲裁权不是来自法律的规定，而是来自当事人之间的约定。该学说有传统契约论和现代契约论之分，二者的最大差异在于后者放弃了"仲裁员是当事人的代理人"的主张。该学说否认政治国家和司法权对仲裁的影响，认为作为契约的仲裁裁决可以在任何国家或地区得到承认与执行。主张该学说的国家主要有法国、荷兰。

该学说注重从仲裁权来源的角度来界定仲裁的性质，却断然否定了法院有限介入仲裁的必要性，且无视"并非所有的仲裁裁决都能得到承认与执行"的实际状况。

3. 混合论

该学说的倡导者索瑟—霍尔（Sauser-Hall）认为，仲裁起源于私人契约，仲裁员的人选和支配仲裁程序规则的确定，主要取决于当事人之间的协议。但是，仲裁却不能超越出所有的法律体系，实际上总是存在着一些能够确定仲裁协议的效力和裁决可执行性的法律。仲裁是一种混合性的特殊的司法制度，它来自于当事人之间的协议，同时又从民事法律中获取司法上的效力。[②] 由此可见，该学说认为仲裁的性质在程序启动时侧重契约性，在程序启动后侧重司法性，整体上兼具契约性和司法性。

该学说可以看成是对司法权论和契约论的折中，也可以看成是对司法权论和契约论的扬弃，力图克服司法权论和契约论之滑向极端、过犹不及的弊端与劣势，对仲裁的性质界定进行了二分的尝试，值得肯定。但这种看似全面、实则确定性匮乏的界定实质上并不能准确地说明仲裁的性质，因为该学说没有也不能

---

① 黄进、宋连斌、徐前权：《仲裁法学》（第 3 版），中国政法大学出版社 2007 年版，第 9 页。
② 参见乔欣主编：《比较商事仲裁》，法律出版社 2004 年版，第 10 页。

够对契约性和司法性的比重以及孰大孰小作出说明。

4. 自治论

该学说立足仲裁的目的来界定仲裁的性质,其研究视角明显区别于司法权论、契约论和混合论,认为仲裁是自治性的。该学说的提出者罗伯林·戴维其(Rubenllin Debichi)指出:"应该知道仲裁是否在这两种构成之外形成了一种自治体系。确定该体系的性质不应参照合同或司法体系,而应根据仲裁的目的,以及不愿诉诸国家法院的当事人所做的保证或许诺对仲裁的法律权威进行论证"①。自治论把商事仲裁的发展归结于商人注重实效的实践结果,是商人们首先在法律之外发展了仲裁,然后才得到法律的承认;仲裁协议和裁决之所以有拘束力,既不是因为它们是契约,也不是因为执行仲裁协议和裁决是国家的特许,而是各国商人顺利处理国际商事关系所必须遵守的惯例。②

该学说在一定程度上反映了仲裁尤其是国际仲裁去仲裁地化的发展趋势,但其对仲裁之超国家性的主张无视了法院有限介入仲裁的现实,也和契约论一样否认了法院有限介入仲裁的价值,充满了理想的色彩,因脱离仲裁制度产生与发展的土壤而难以具备充分的说服力。

5. 综合说

该学说认为,仲裁制度赖以建立的基础是当事人的自由意志,因为是否将纠纷提交仲裁、提交哪个仲裁机构仲裁、仲裁庭如何组成、按何种规则进行仲裁程序,甚至适用何种法律,都出于当事人之间的自愿协议,而不需要国家或他人的强迫。至于国家法律赋予仲裁协议和仲裁裁决的强制效力,只不过是国家出于其利益和秩序的考虑,对当事人这种自由意志的确认、尊重和支持,只要这种自由意志本身是合法的和有效的。所以,与其将仲裁的性质简单地理解为司法性、契约性或自治性,不如全面地将其视为兼具契约性、自治性、民间性和准司法性的一种争议解决方式。③

该学说试图集上述四种学说的优势,并通过集大成的方式对仲裁的性质作出圆满的回答。这种立足于协调、力求完美的倾向值得肯定,但由此推论出的主张同样具有如混合论般的不足。

二、仲裁的主要分类

1. 依法仲裁(arbitration by law)和依原则仲裁(amiable composition)

根据仲裁裁决之作出依据的不同,可将仲裁区分为依法仲裁和依原则仲裁。

---

① 转引自韩健:《现代国际商事仲裁法的理论与实践》,法律出版社2000年版,第40页。
② 参见黄进、宋连斌、徐前权:《仲裁法学》(第3版),中国政法大学出版社2007年版,第12页。
③ 同上注书,第13页。

依法仲裁是指仲裁庭根据特定的法律作出裁决的仲裁。其优势一方面在于可保证裁决的客观性和公正性很高,另一方面在于可防止仲裁庭在确定裁决依据时滥用权力;其劣势一方面在于确定裁决依据时的刚性十足会导致当事人的意思自治完全没有存在的可能,另一方面在于无法应对没有法律依据或者虽然有法律依据但法律依据不明确的情形。

依原则仲裁又称为友好仲裁、友谊仲裁,是指仲裁庭根据当事人的约定,依据自然正义的标准或商业惯例作出对双方当事人具有拘束力之裁决的仲裁,是仲裁立法自由化的典型体现之一。其优势在于灵活性很强,充分体现了当事人的意思自治,可让仲裁庭在没有法律依据或虽然有法律依据但法律依据不明确的情况下作出裁决时不至捉襟见肘或茫然失措;其劣势在于无法事先规制在裁决依据的确定方面拥有很大自由裁量权的仲裁庭的行为。

现代仲裁以依法仲裁为常态,以依原则仲裁为例外。在依原则仲裁中当事人对仲裁员的信任程度往往要比在依法仲裁中当事人对仲裁员的信任程度要高,仲裁员的自律在依原则仲裁中显得格外重要。截至目前,美国、英国、德国、法国、荷兰、西班牙、瑞典、瑞士、比利时等国家明确承认依原则仲裁。

2. 制度性仲裁(institutional arbitration)和临时性仲裁(ad hoc arbitration)

根据是否存在常设的仲裁机构,可将仲裁区分为制度性仲裁和临时性仲裁。

制度性仲裁又称为机构仲裁,是指当事人协商一致确定由某一常设的仲裁机构来解决纠纷的仲裁。制度性仲裁有固定的仲裁地点、章程、仲裁规则、仲裁员名册和完备的管理与服务机构。其优势在于便利当事人进行仲裁、裁决的可信任度高、仲裁收费确定、服务水平高;其劣势一方面在于程序与规则的严格性会或多或少地损害当事人的意思自治,另一方面在于手续费等费用的收取可能会增加当事人的纠纷解决成本而影响他们提交仲裁解决纠纷的积极性。

临时性仲裁又称为特别仲裁,是指当事人协商一致确定由某一临时组成的仲裁庭来解决纠纷的仲裁。临时性仲裁的优势在于程序十分灵活、效率更高、成本更低,能最大限度地满足当事人对程序主体性的要求;其劣势一方面在于对当事人之程序自主权的必要监督的缺乏会导致仲裁半途而废或无果而终,另一方面当事人对仲裁员的信息不了解或了解不全面会损及仲裁的公正性。

在历史上,制度性仲裁的出现虽然比临时性仲裁要晚,但时至当今,其已经在世界范围内成为仲裁的主要方式,临时性仲裁的地位已经被边缘化。需要说明的是,不论在制度性仲裁中还是在临时性仲裁中,仲裁庭的组成都具有临时性,仲裁程序一旦终结,仲裁庭即告解散。

3. 国际仲裁(international arbitration)和国内仲裁(domestic arbitration)

根据所解决的民商事纠纷是否具有涉外因素,可将仲裁区分为国际仲裁和国内仲裁。

国际仲裁是指所解决的民商事纠纷具有涉外因素的仲裁。国际仲裁包括但不限于涉外仲裁。国际仲裁不仅解决具有涉外因素的民商事争议,而且解决国际性民商事争议。涉外仲裁中的涉外因素体现在:(1)仲裁当事人的一方或双方为外国的自然人、法人、其他组织或无国籍人;(2)引起民事法律关系产生、变更或消灭的事实发生在外国;(3)仲裁所涉及的标的物位于外国。

国内仲裁是指所解决的民商事纠纷不具有涉外因素的仲裁。

第三节 仲裁法律关系

一、仲裁法律关系的概念和特征

仲裁法律关系是指仲裁法律调整的仲裁机构、仲裁当事人以及其他仲裁参与人之间存在的以仲裁权利和仲裁义务为内容的一种社会关系。仲裁法律关系具有如下特征:

(1)仲裁法律关系是一种思想性的社会关系。根据内容的不同,可将社会关系区分为物质关系和思想关系。法律的在先存在是法律关系产生的前提条件,法律体现的是国家意志性,国家意志性的本质在于对主体之行为的评价,而这种评价不是物质性的,因此所有的法律关系都是思想性的社会关系。依据仲裁法律而产生的仲裁法律关系也不例外。

(2)仲裁法律关系的内容具有多面性。仲裁法律关系是以仲裁机构为中心的裁决法律关系和以当事人为中心的争执法律关系的组合,是多个仲裁法律关系主体之间形成的多种社会关系,具体包括仲裁机构与仲裁当事人之间的仲裁法律关系、仲裁机构与仲裁代理人之间的仲裁法律关系、仲裁机构与其他仲裁参与人之间的仲裁法律关系、仲裁当事人之间的仲裁法律关系和仲裁当事人与其他仲裁参与人之间的仲裁法律关系。

二、仲裁法律关系的构成要素

仲裁法律关系的构成要素包括主体、内容和客体三个方面。其中,仲裁法律关系的内容是指仲裁法律关系主体所享有的仲裁权利和所承担的仲裁义务,此部分的内容在本书后面的章节中会详细涉及,在此不做阐述。

1. 仲裁法律关系的主体

仲裁法律关系的主体是指在仲裁中享有仲裁权利和承担仲裁义务的人,包括仲裁机构和仲裁参与人。仲裁参与人包括仲裁参加人、证人、鉴定人、翻译人员等主体。其中,仲裁参加人是指对仲裁的启动、进展、终结起着决定性作用的仲裁参与人,包括仲裁当事人和仲裁代理人。

需要指出的是,仲裁法律关系的主体与仲裁主体并不等同,后者的外延要小于前者的外延,后者只包括仲裁机构和仲裁参加人。仲裁参加人之外的其他仲裁参与人不是仲裁主体。简言之,是仲裁主体的,一定是仲裁法律关系主体;是仲裁法律关系主体的,未必是仲裁主体。

2. 仲裁法律关系的客体

仲裁法律关系的客体是指仲裁法律关系主体的仲裁权利与仲裁义务所共同指向的对象,即仲裁法律关系的主体行使仲裁权利和履行仲裁义务所要达到的目的。这一目的的关键是要查清事实、确定当事人之间的民事权利义务关系以保证纠纷公正、及时地解决。仲裁法律关系主体的多元化和内容的多面性决定了仲裁法律关系的客体不具有单一性,仲裁法律关系内部每一组成部分的客体都需要做具体的分析。

(1) 仲裁机构与仲裁当事人之间的仲裁法律关系的客体

申请人向仲裁机构提出仲裁申请,被申请人向仲裁机构提出仲裁答辩,仲裁当事人在仲裁进程中向仲裁机构提出证据证明自己所主张的事实是否存在以及自己的主张是否成立,以及仲裁机构对仲裁程序进行组织指挥和对案件的实体问题作出实质性判断的目的就在于查明事实、确定当事人之间的民事权利义务关系。所以,仲裁机构与仲裁当事人之间的仲裁法律关系的客体就是案件事实、民事实体权利和仲裁权利请求。

(2) 仲裁机构与仲裁代理人之间的仲裁法律关系的客体

为弥补当事人行为能力的不足,便于案件得到更为迅速、更为顺利的解决,仲裁制度通常允许且鼓励代理人参与。代理人参与仲裁进程、行使仲裁权利以及履行仲裁义务的直接目的是为了维护其所代表的一方当事人的合法权益。所以,仲裁机构与仲裁代理人之间的仲裁法律关系的客体和仲裁机构与仲裁当事人之间的仲裁法律关系的客体是等同的。

(3) 仲裁机构与其他仲裁参与人之间的仲裁法律关系的客体

仲裁当事人和仲裁代理人之外的其他仲裁参与人虽然也享有一定的仲裁权利、承担一定的仲裁义务,但他们对案件争议的标的没有独立的请求权、与案件的处理结果没有直接的利害关系,他们参与仲裁的目的只在于协助仲裁机构查明事实。所以,仲裁机构与其他仲裁参与人之间的仲裁法律关系的客体是案件事实。

(4) 仲裁当事人之间的仲裁法律关系的客体

仲裁当事人是仲裁程序的启动者、仲裁程序进行的推动者、仲裁程序终结的决定者,二者在地位和立场上具有相反相对性,都在主张有利于自己一方的案件事实,一方所实施的行为通常都是为了对抗对方的权利主张,他们不仅关注实体权利的认定是否妥当,而且关注裁决的公正性是否欠缺。所以,仲裁当事人之间的仲裁法律关系的客体是案件事实、实体权利和裁决的公正品质。

（5）仲裁当事人与其他仲裁参与人之间的仲裁法律关系的客体

仲裁当事人和仲裁代理人之外的其他仲裁参与人参与仲裁时，他们的立场主观上既不偏于申请人一方，也不偏于被申请人一方，仅就涉及的部分案件事实为一定的行为，并不直接关注实体权利的状态和纠纷解决的效果。所以，仲裁当事人与其他仲裁参与人之间的仲裁法律关系的客体是案件事实。

第四节 仲裁与民事诉讼的主要区别

前文已经提及，仲裁是民事诉讼之外的规范性和程序严格性最为明显、与民事诉讼最为相近、最可能与民事诉讼形成实质性竞争关系的民事纠纷解决机制。弄清仲裁与民事诉讼的主要区别是了解、理解仲裁制度的逻辑起点之一，也是在构建民事程序法体系的框架内和谋求民事纠纷有效解决的语境中认同、发展仲裁制度的必要条件之一。根据我国仲裁法和民事诉讼法的有关规定，仲裁与民事诉讼的主要区别可从如下几个方面来加以阐释：

1. 受案范围不同

提交仲裁解决的案件是具有民事争议性的平等主体之间的财产权益纠纷案件，主要是合同纠纷案件。提交民事诉讼解决的案件主要是具有民事争议性的平等主体之间的财产权益纠纷案件和人身权益纠纷案件，包括物权纠纷案件、债权纠纷案件、知识产权纠纷案件、商事纠纷案件、婚姻家庭继承纠纷案件、劳动争议纠纷案件；提交民事诉讼解决的案件还有不具有民事争议性的按照特别程序处理的选民资格案件、宣告公民失踪或死亡案件、认定公民无民事行为能力或限制民事行为能力案件、认定财产无主案件，按照督促程序解决的债权纠纷案件，按照公示催告程序解决的案件。由此可见，提交仲裁解决的案件必然具有财产性，而提交民事诉讼解决的案件则可能具有财产性也可能不具有财产性；提交仲裁解决的案件必须具有民事争议性，而提交民事诉讼解决的案件则可以具有民事争议性也可以不具有民事争议性。概言之，提交仲裁解决的案件的范围要远小于提交民事诉讼解决的案件的范围，仲裁法对事的效力范围不能与民事诉讼法对事的效力范围做等同的确定。这决定了仲裁与民事诉讼之间可能形成的实质性竞争关系不可能是全方位的，而只可能是局部性的。

2. 裁判权的行使主体不同

仲裁机构是对外的、名义上的仲裁裁判权行使主体，仲裁庭是对内的、实质上的仲裁裁判权行使主体。法院是对外的、名义上的诉讼裁判权行使主体，审判组织（独任职业法官或合议庭）是对内的、实质上的诉讼裁判权行使主体。仲裁机构是独立于行政机关之外的非营利性组织且不与国家权力密切相关，而法院虽也是独立于行政机关之外的非营利性组织但却是国家权力人格化的主要代表。仲裁庭组成人员的身份通常具有民间性,而审判组织组成人员的身份则通常具有国家公职性①。另外,一般而言,仲裁庭组成人员的任职条件比审判组织组成人员的任职条件要严格得多。

3. 审级不同

出于对效率和对仲裁员高度信任的考虑,仲裁实行一裁终局原则,裁决一经作出就发生法律效力,除裁决被法院依法裁定撤销或者不予执行外,当事人不得就同一纠纷再申请仲裁或向法院起诉。民事诉讼实行两审终审制,当事人不服第一审法院的判决、裁定,可在法定期间内提起上诉,但对最高人民法院所作的一审判决、裁定,宣告婚姻无效案件中有关婚姻效力的判决②,以及适用特别程序、督促程序、公示催告程序和企业破产程序作出的判决、裁定,实行一审终审,当事人不可上诉。需要说明的是,根据我国《企业破产法》第12条的规定,对适用企业破产程序作出的不予受理破产申请的裁定或驳回破产申请的裁定,申请人可以上诉。

4. 公开进行的要求不同

出于对保密性的考虑,仲裁以不公开进行为原则,以公开进行为例外。仲裁公开进行,必须以当事人的合意为前提。对于当事人就仲裁公开进行达成的合意,仲裁庭拥有是否准许的自由裁量权。当事人就仲裁公开进行达成合意是仲裁之高度自治性特征的重要体现之一,但也受到一定的限制。即对于涉及国家秘密的仲裁案件,即使当事人协议公开进行,仲裁也不得公开进行。出于对透明性和民主性的考虑,民事诉讼以公开进行为原则,以不公开进行为例外。在民事诉讼中,不公开审理分为法定的不公开审理和裁量的不公开审理两种类型,其中,对涉及国家秘密、个人隐私或者法律另有规定的案件实行法定的不公开审理,对离婚案件、涉及商业秘密的案件实行裁量的不公开审理。

5. 裁判者的约定不同

仲裁当事人可以在事前或事后约定仲裁机构和仲裁员。选定的仲裁机构是仲裁协议的三大构成要件之一,仲裁机构若没有约定或者虽有约定但约定不明确,仲裁协议并不因此当然无效,允许当事人进行补充协议。民事诉讼当事人原

---

① 《全国人民代表大会常务委员会关于完善人民陪审员制度的决定》第7条规定:"人民陪审员的名额,由基层人民法院根据审判案件的需要,提请同级人民代表大会常务委员会确定。"根据这一条的规定,不管担任人民陪审员的人员是否具有国家公职,都须经过同级人民代表大会常务委员会的确定。显然,"确定"程序对于人民陪审员的任职具有决定性意义,人民陪审员的身份因为这一具有决定性意义的"确定"程序而具有了一定的国家公职性。

② 根据《最高人民法院关于适用〈中华人民共和国婚姻法〉若干问题的解释(一)》第9条的规定,人民法院审理宣告婚姻无效案件,有关婚姻效力的判决一经作出,即发生法律效力。对财产分割和子女抚养问题的判决不服的,当事人可以上诉。

则上不可约定法院,一律不可约定审判组织的组成人员。存在有效的管辖协议是民事诉讼当事人可以约定管辖法院的前提条件,不管是国内协议管辖还是涉外协议管辖,可协议选择之法院的范围以及案件的范围都是特定的。① 仲裁和民事诉讼在裁判者约定方面的巨大差异恰恰说明了仲裁程序具有极大的灵活性、民事诉讼程序具有极大的刚性。

6. 可否根据和解协议或调解协议制作裁决书或判决书不同

不管是仲裁还是民事诉讼都鼓励当事人通过和解或调解的方式来解决纠纷,但在可否根据和解协议或调解协议制作裁决书或判决书方面存在很大的差异。仲裁中因为和解协议与调解协议不能成为民事执行根据、当事人不可申请法院裁定撤销或不予执行仲裁调解书,所以允许仲裁庭根据和解协议或调解协议制作裁决书。民事诉讼判决的作出要求案件事实已经清楚,判决要针对民事实体权利义务关系作出非黑即白、泾渭分明的判定,而民事诉讼中的和解协议或调解协议达成时必定存在不少的案件事实仍然不明的情形,也必定普遍存在对民事实体权利义务进行打折的情形。为体现民事诉讼判决的严肃性、更大地发挥民事调解书的作用、尽早地实现案结事了,也为防止恶意达成和解协议或调解协议的一方主体通过对判决书的上诉而获得不正当的程序利益,所以原则上禁止法院根据和解协议或调解协议制作判决书。②

拓展阅读

1. 胡滨斌:《论仲裁的性质及与服务贸易总协定之关系》,载《南京师大学报》2006年第4期。

2. 郑泰安:《我国仲裁制度性质初析》,载《社会科学研究》2003年第4期。

3. 郭树理:《民商事仲裁制度:政治国家对市民社会之妥协》,载《学术界》2000年第6期。

4. 毕武卿、毕方:《论仲裁的法律性质》,载《河北法学》1998年第5期。

---

① 关于国内协议管辖和涉外协议管辖之适用范围,可参见《中华人民共和国民事诉讼法》第25条和第242条。

② 1992年通过的《最高人民法院关于适用〈中华人民共和国民事诉讼法〉若干问题的意见》第94条规定:"无民事行为能力人的离婚案件,由其法定代理人进行诉讼。法定代理人与对方达成协议要求发给判决书的,可根据协议内容制作判决书。"第310条规定:"涉外民事诉讼中,经调解双方达成协议,应当制发调解书。当事人要求发给判决书的,可以依协议的内容制作判决书送达当事人。"2004年实施的《最高人民法院关于人民法院民事调解工作若干问题的规定》第18条规定:"当事人自行和解或者经调解达成协议后,请求人民法院按照和解协议或者调解协议的内容制作判决书的,人民法院不予支持。"由此可见,对于法院可否根据和解协议或调解协议制作判决书这一问题,前两规定与后一规定之间构成特别规定与一般规定的关系;前两规定在后一规定施行后,作为特别规定仍然有效存在。

5. 杨良宜、莫世杰:《论仲裁的机密性》(上),载《仲裁研究》2004年第2期。
6. 杨良宜、莫世杰:《论仲裁的机密性》(中),载《仲裁研究》2005年第1期。
7. 杨良宜、莫世杰:《论仲裁的机密性》(下),载《仲裁研究》2005年第2期。

司法考试真题

1. 下列有关仲裁与民事诉讼两者的关系的表述中哪些是正确的?（2002年）
   A. 各类民事纠纷既可以用仲裁的方式解决,也可以用诉讼的方式解决
   B. 请求仲裁机构解决纠纷,应当以双方当事人之间有仲裁协议为条件,而进行民事诉讼则不一定要求双方当事人之间有进行民事诉讼的协议
   C. 仲裁案件,通常情况下不公开审理,而法院审理民事案件通常情况下应公开审理
   D. 审理案件的仲裁员可以由双方当事人选定或仲裁委员会主任指定,审理案件的法院审判员则原则上不可以由当事人选定,除非经人民法院院长同意

2. 下列关于民事诉讼和仲裁异同的哪一表述是正确的?（2006年）
   A. 法院调解达成协议一般不能制作判决书,而仲裁机构调解达成协议可以制作裁决书
   B. 从理论上说,诉讼当事人无权确定法院审理和判决的范围,仲裁当事人有权确定仲裁机构审理和裁决的范围
   C. 对法院判决不服的,当事人有权上诉或申请再审,对于仲裁机构裁决不服的可以申请重新仲裁
   D. 当事人对于法院判决和仲裁裁决都有权申请法院裁定不予执行

3. 民事诉讼与民商事仲裁都是解决民事纠纷的有效方式,但两者在制度上有所区别。下列哪些选项是正确的?（2008年）
   A. 民事诉讼可以解决各类民事纠纷,仲裁不适用与身份关系有关的民事纠纷
   B. 民事诉讼实行两审终审,仲裁实行一裁终局
   C. 民事诉讼判决书需要审理案件的全体审判人员签署,仲裁裁决则可由部分仲裁庭成员签署
   D. 民事诉讼中财产保全由法院负责执行,而仲裁机构则不介入任何财产保全活动

第二章 仲 裁 法

本章提要

仲裁法是调整各种仲裁法律关系的法律规范的总称,是民事程序法的重要构成。单独立法型和混合立法型是仲裁立法的两种体例。弄清外国、国际的仲裁立法概况和我国的仲裁立法概况是了解和把握仲裁制度的前置性作业,《承认及执行外国仲裁裁决公约》和《国际商事仲裁示范法》是仲裁立法国际化最具代表性的成果。1994年我国《仲裁法》的制定是一个里程碑式法制事件。我国《仲裁法》以概括式肯定和否定式列举相结合的方法就其对事的效力范围作了明确规定。当事人自愿原则、依法仲裁原则、独立仲裁原则和一裁终局原则是我国《仲裁法》的四大基本原则。

关键词

仲裁法 单独立法型 混合立法型 《承认及执行外国仲裁裁决公约》《国际商事仲裁示范法》 对事的效力 依法仲裁原则 一裁终局原则

第一节 仲裁法概述

一、仲裁法的概念

仲裁法是调整各种仲裁法律关系的法律规范的总称,主要规定仲裁法的效力范围与基本原则、仲裁机构的设立、仲裁协议的效力、仲裁程序、仲裁司法监督、仲裁裁决的执行等内容。

仲裁法的概念有狭义和广义之分。狭义的仲裁法仅指以"仲裁法"命名的仲裁法典。广义的仲裁法除包括仲裁法典外,还包括其他涉及仲裁制度的有关法律规范,如我国《民事诉讼法》中关于仲裁的规定。

二、仲裁法的性质

1. 部门法

以调整对象为主要标准,以调整方法为补充标准,可将一国的法律体系划分为若干相对独立的法律部门。仲裁法因以具有特定性的仲裁法律关系为调整对象而能够成为一个独立的法律部门。

2. 民事程序法

根据调整的社会关系不同,可将民事法律分为民事实体法和民事程序法。民事程序法主要规定程序规则、程序主体的程序性权利与程序性义务。从仲裁法的内容看,其为民事程序法之当然构成,是诉讼与非诉讼程序法的重要部分。

3. 法律

在位阶方面,仲裁法位于宪法之下,位于行政法规、地方性法规、部门规章、地方规章和其他规范性法律文件之上。

三、仲裁的立法体例

关于仲裁的立法体例,从世界范围看,可做如下两种类型的概括:

1. 单独立法型

采用这种立法体例的国家制定有单独的仲裁法,代表性国家有英国、美国和瑞典。

2. 混合立法型

采用这种立法体例的国家并不制定单独的仲裁法,而是在其他法律(主要是民事诉讼法)中规定仲裁制度,代表性国家有德国、法国和日本。

我国目前采取的是单独立法型的体例,有关仲裁制度的内容主要由1995年9月1日开始实施的《仲裁法》加以规定。另外,《民事诉讼法》第三编"执行程序"和第四编"涉外民事诉讼程序的特别规定"的第二十七章"仲裁"也对仲裁制度作出了规定。

第二节 外国和国际的仲裁立法

一、外国的仲裁立法

在人类社会早期,仲裁就已经作为民事纠纷的解决方式被人类所采用。一般认为,法律意义上但非制度意义上的仲裁肇始于古希腊、古罗马时代。古罗马第一部成文法典《十二铜表法》第七表"土地和房屋(相邻关系)"第5条规定:

"疆界发生争执时,由长官委任仲裁员3人解决之。"①第十二表"后五表的补充"第3条中规定:"凡以不正当名义取得物件占有的,由长官委任仲裁员3人处理之;如占有人败诉,应加倍返还所得挚息的两倍。"②随着近代经济的飞速发展,仲裁因其突出的优势而获得了跨越式发展。21世纪至今,仲裁制度已进入了现代化和国际化时期。仲裁的现代化体现在:(1)仲裁的受案范围由国内纠纷扩展到国际纠纷;(2)仲裁裁决的执行不再单纯地依靠当事人的自觉履行,转向以国家强制力为后盾;(3)仲裁者由个体化向机构化、专业化、常设化过渡;(4)仲裁依据由以公平原则、行业惯例和职业道德为主转向以既有的法律规则为主。仲裁的国际化体现在:(1)国际性仲裁机构陆续出现;(2)国际仲裁立法积极铺开。

（一）英国的仲裁立法

英国于1697年正式承认仲裁制度,于1698年制定了只有两个条文的第一部仲裁法。1889年制定的《仲裁法》有30个条文,并完全取代了1698年《仲裁法》。英国于1934年又制定了一部仲裁法,该法并未完全取代1889年《仲裁法》,该法中"主法"特指1889年《仲裁法》。英国议会于1950年7月28日又通过了1950年《仲裁法》,该法综合了1889年《仲裁法》和1934年《仲裁法》。英国议会于1975年和1979年又制定了两个仲裁法案对1950年仲裁法这部"主法"进行完善。1996年《仲裁法》出台之前,英国仲裁法主要由1950年《仲裁法》、1975年《仲裁法》和1979年《仲裁法》组成,其中以1950年《仲裁法》为"主法"。

1996年《英国仲裁法》(Arbitration Act 1996 of England)自1997年1月31日生效。该法共4编、110条。第一编为"依据仲裁协议的仲裁",第二编为"与仲裁有关的其他条款",第三编为"承认和执行某些外国裁决",第四编为"一般规定"。1996年《英国仲裁法》生效后,1950年《仲裁法》、1975年《仲裁法》、1979年《仲裁法》和1988年的《消费者仲裁协议法》即行废止,但1950年《仲裁法》第二编仍被保留。1996年《英国仲裁法》的最大特色在于进一步减少了法院对仲裁的干预、加大了仲裁员的权力,其在总则部分明确规定"法院不得干预本编规定的事项,除非本编另有规定",这意味着1996年《英国仲裁法》确立了有限的法院干预原则,彻底地改变了由于长期奉行"法院管辖权不容剥夺"原则而带来的法院对仲裁干预过度的状况。

（二）美国的仲裁立法

美国建国之前曾是英国的殖民地,来自英国的移民将仲裁这种民事纠纷的

---

① 周枬:《罗马法原论》(下册),商务印书馆2004年版,第1013页。
② 同上注书,第1017页。

解决方式带到了北美大陆。1873年制定的伊利诺伊州法从立法的角度对仲裁进行了承认。在20世纪之前,受英国奉行"法院管辖权不容剥夺"原则和马歇尔任美国联邦最高法院首席大法官时期法院权力膨胀的影响,司法干预成为美国仲裁发展的头号敌人。立法者在这一时期也没有对仲裁立法进行积极的推动。1920年纽约州通过的仲裁法标志着美国仲裁走向了飞速发展的轨道。在美国律师协会推动下,美国国会于1925年2月通过了《美国联邦仲裁法》(United States Arbitration Act),时任美国总统柯利芝于1925年2月12日签署了这一仲裁法案,该法案只有1章14条,自1926年1月1日起生效。作为美国联邦仲裁法的第一章,1925年《美国联邦仲裁法》的14个条文于1947年7月30日被系统整理、于1954年9月3日被部分修正、1988年11月16日被增加了第15条"不受国家宗教法规的影响"、于1988年11月19日被增加了第16条"上诉"。美国于1970年加入《承认及执行外国仲裁裁决公约》(又称《纽约公约》),为配合这一公约,1970年7月31日《美国联邦仲裁法》增加规定了第2章"承认及执行外国仲裁裁决的公约"(共8条)。1975年1月30日《美洲国家国际商事仲裁公约》(又称《巴拿马公约》)获得通过,为配合这一公约,1990年8月15日《美国联邦仲裁法》增加规定了第3章"美洲国家国际商事仲裁公约"(共7条)。经过多年的发展,现在的《美国联邦仲裁法》包括3章31条。

(三) 瑞典的仲裁立法

瑞典于1929年颁布了第一部仲裁法,于1972年加入《纽约公约》。虽然1929年瑞典仲裁法运行良好,但不能很好地满足《纽约公约》实施后更为强化的仲裁法国际化的趋势。瑞典为实现仲裁立法的现代化、满足仲裁程序快捷正当的基本要求、维护其作为国际商事争议解决地的优势地位,于1999年颁布了新的仲裁法,该法自1999年4月1日起生效,分仲裁协议、仲裁员、仲裁程序、裁决、裁决的无效与撤销、仲裁费用、管辖法院与时效、国际事项8章,共60条。1999年瑞典仲裁法的一个显著特点是其没有直接将1985年联合国国际贸易法委员会通过的《国际商事仲裁示范法》加以移植,而是强调其与《国际商事仲裁示范法》的不同之处。

(四) 德国的仲裁立法

德国采用混合立法型的体例,将仲裁制度的有关规则规定在《德国民事诉讼法》的第十编。《德国民事诉讼法》于1877年1月30日公布,自1879年10月1日起施行。原民主德国于1975年制定有仲裁法,但两德统一后该法自1990年就不再适用。德国于1990年10月组建仲裁程序法革新委员会,经过长时间的努力,《仲裁程序修订法》于1997年12月得以颁布并自1998年1月1日起生效。关于德国这次仲裁法修改的宗旨,相关的立法文件如此写到:"《德国民事诉讼法》第十编中规范的仲裁程序法很大程度上仍然是上一个世纪的产物,它应当与现代的发展相适应。一个符合时代要求并与国际大环境相适应的(仲裁)法可以提高德意志联邦共和国作为国际仲裁地的声誉。此外,它还可以在解决国内争议方面推动仲裁得以更广泛的适用,从而减轻法院的负担。"①《德国民事诉讼法》第十编"仲裁程序"修改前有 32 条,修改后则有 42 条(第 1025 至 1066 条)且分为通则、仲裁协议、仲裁庭的组成、仲裁庭的管辖、仲裁程序的进行、仲裁裁决与仲裁程序的终结、对仲裁裁决的法律救济、承认与执行仲裁裁决的要件、法院的程序、合同外的仲裁庭十章。②

(五) 法国的仲裁立法

法国采用混合立法型的体例,将仲裁制度的有关规则规定在《法国民事诉讼法》的第四卷,分仲裁协议、仲裁审理、仲裁裁决、上诉途径、国际仲裁和对在外国作出的仲裁裁决或者国际仲裁裁决的承认、强制执行与提起上诉六编。换而言之,《法国民事诉讼法》的第 1442 条至第 1507 条是关于仲裁制度的专门规定。1981 年 5 月 12 日的第 81-500 法令对法国的仲裁制度进行了改革,这次改革的一大亮点在于扩充了仲裁庭的权力。如第 1466 条规定:"如一方当事人对仲裁员的裁判权力范围与原则向仲裁员提出异议时,由仲裁员本人就其授权之有效性或范围作出裁判。"③根据这一规定,仲裁员有权对其授权的有效性与界限范围进行审查。再如第 1458 条规定:"在仲裁法庭依据仲裁协定而受理的争议被提至国家法院时,该法院应当宣告无管辖权。如仲裁法庭尚未受理案件,除仲裁协定明显无效之外,法院亦应当宣告无管辖权。在上述二种场合,法院得依职权提出解除其无管辖权。"④显然这一规定在订有仲裁协议的情形下禁止法院在仲裁程序终结前染指仲裁庭的管辖权,这说明法国比西欧其他国家在保障仲裁庭的权力方面走得更远。

(六) 日本的仲裁立法

日本采用混合立法型的体例,将仲裁制度的有关规则规定在《日本民事诉讼法》的第八编(第 786 条至第 805 条),涵盖仲裁协议、仲裁员、仲裁程序、仲裁裁决等方面的内容。⑤ 该编自 1890 年生效以来未做任何修改。只有 20 个条文的日本仲裁法已经过时,日本国内关于修改仲裁法的呼声自 20 世纪中后期以来一直存在,但于 1988 年就已提出的修改草案至今尚未生效。

---

① 《联邦议院公报》第 13/5274 号(BT-Drucks,13/5274),第 1 页。转引自孙珺:《德国仲裁立法改革》,载《外国法译评》1999 年第 1 期。
② 参见《德意志联邦共和国民事诉讼法》,谢怀栻译,中国法制出版社 2001 年版,第 274—289 页。
③ 《法国新民事诉讼法典》,罗结珍译,中国法制出版社 1999 年版,第 310 页。
④ 同上注书,第 308 页。
⑤ 《日本新民事诉讼法》,白绿铉编译,中国法制出版社 2000 年版,第 139—142 页。

二、国际的仲裁立法

为回应国际民商事仲裁实践的迫切需求与调和各国仲裁立法之间的矛盾，自 20 世纪 20 年代起国际社会开始了仲裁立法统一化与国际化的工作。1923 年于日内瓦签订了《仲裁条款议定书》(Protocol on Arbitration Clauses)，1927 年于日内瓦签订了《关于外国仲裁裁决执行的公约》(Convention on the Execution of Foreign Arbitral Awards)，1958 年于纽约签订了《承认及执行外国仲裁裁决公约》(New York Convention on the Recognition and Enforcement of Foreign Arbitral Awards)，1965 年于华盛顿签订了《关于解决国家与他国国民之间投资争端的公约》(Convention on the Settlement of Investment Disputes Between States and Nationals of Other States)。联合国国际贸易法委员会 1985 年主持制定了《国际商事仲裁示范法》(UNCITRAL Model Law on International Commercial Arbitration)，2002 年主持制定了《国际商事调解示范法》(UNCITRAL Model Law on International Commercial Conciliaition)。其中，《承认及执行外国仲裁裁决公约》和《国际商事仲裁示范法》最具代表性。

(一)《承认及执行外国仲裁裁决公约》

《承认及执行外国仲裁裁决公约》于 1958 年 6 月 10 日在纽约签订，目前世界上已有 130 多个国家和地区加入了该公约，该公约因此成为当代国际社会最具普遍性的国际公约。中国第六届全国人大常委会第十八次会议于 1986 年 12 月 2 日决定加入，中国政府于 1987 年 1 月 22 日递交加入书，该公约 1987 年 4 月 22 日对我国生效。

《承认及执行外国仲裁裁决公约》共 16 条，其主要内容是：在符合公约规定的条件下，每一缔约国都得承认外国仲裁裁决具有约束力，且应按照承认或执行地的程序规则予以执行，各缔约国对承认和执行外国仲裁裁决，不应比对承认和执行本国的仲裁裁决规定更为严格的条件、收取更高的费用。

(二)《国际商事仲裁示范法》

《国际商事仲裁示范法》由联合国国际贸易法委员会于 1985 年 6 月 21 日主持制定。1985 年 12 月 11 日联合国大会通过批准该示范法的决议。该示范法不具有法律约束力，但对建立和改进仲裁法律制度具有十分重要的借鉴价值。该示范法的宗旨是统一、协调各国调整国际民商事仲裁法律关系的法律，建议各国从仲裁法统一化和国际民商事仲裁的实际状况出发，对其进行适当的考虑。该示范法公布后，许多国家和地区按其规定改进了原来的仲裁法律制度，如美国、加拿大、澳大利亚、俄罗斯、意大利、新西兰、英国以及中国的香港地区等。中国 1994 年的《仲裁法》在起草过程中也参考了该示范法。

《国际商事仲裁示范法》共 8 章 36 条。第一章为总则(第 1—6 条)，第二章为仲裁协议(第7—9条),第三章为仲裁庭的组成(第10—15条),第四章为仲裁庭的管辖权(第16—17条),第五章为仲裁程序的进行(第18—27条),第六章为裁决的作出和程序的终止(第28—33条),第七章为对裁决的追诉(第34条),第八章为裁决的承认和执行(第35—36条)。

第三节 中国的仲裁立法

中国的仲裁立法包括内地的仲裁立法、香港地区的仲裁立法、澳门地区的仲裁立法和台湾地区的仲裁立法。本书重点介绍内地的仲裁立法。

一、1949年之前的仲裁立法

中国现代意义上的仲裁制度产生于清末民初。晚清政府于1904年初颁行的《商会简明章程》的第15条规定:"凡华商遇有纠葛,可赴商会告知总理,定期邀集各董秉公理论,一众公断。"[①]为便于处理纠纷,各地商会纷纷成立专门的商事仲裁机构,1909年成都商务总会首先成立了"商事裁判所"。1913年1月28日北洋政府司法、农商两部颁布了《商事公断处章程》,对公断处的主旨、组织、职员之选任及任期、公断处的权限、公断程序等问题作了详细规定。民初的商事公断处附设于各地商会,实际上充当了一种调解机构,对民初商事纠纷的解决发挥了十分重要的作用。随着南京国民政府对商会的戒备从心理层面转向实践层面以及法制的逐步健全,民初发展迅速、景象喜人的仲裁制度令人遗憾地走向衰落。

二、1949年之后的仲裁立法

(一)第一阶段:1949年至1966年

1954年5月6日《中央人民政府政务院关于在中国国际贸易促进委员会内设立对外贸易仲裁委员会的决定》(共38条)发布,1958年11月21日《中华人民共和国国务院关于在中国国际贸易促进委员会内设立海事仲裁委员会的决定》获得通过。依据这两个规定,对外贸易仲裁委员会和海事仲裁委员会分别于1956年和1959年设立,这标志着新中国涉外仲裁制度的建立。

根据1962年8月发布的《关于各级经委仲裁国营工业企业之间拖欠债款的意见(草案)》和1962年12月10日发布的《关于严格执行基本建设程序、严格执行经济合同的通知》等文件的规定,各级经济委员会是合同纠纷的仲裁机关,人民法院不得受理合同纠纷案件;合同纠纷仲裁原则上实行两裁终局制,对于重

---

① 《商会简明章程》,载《大清光绪新法令》(第19册),商务印书馆1909年版。

大的合同纠纷案件实行三裁终局制。

(二) 第二阶段:1978年至1993年

1979年8月8日国家经济委员会、工商行政管理总局、中国人民银行发布《关于管理经济合同若干问题的联合通知》(共12条)。根据该联合通知第6条的规定,在合同执行中,如发生纠纷,签约双方须向对方所在地的县(市)和大中城市的区级经委(或相应机关)、工商行政管理局申请调解仲裁。如一方对仲裁不服,可在接到仲裁通知书的次日起10天内向上一级管理合同机关申请复议。如对复议仍然不服,则可在接到复议仲裁通知书的次日起10天内向人民法院提起诉讼,各部门本系统内的经济合同纠纷,由各业务主管部门自行规定调解仲裁程序。由此可见,在1978年至1982年7月1日《经济合同法》实施之前的这段时间里,我国对经济合同纠纷实行强制仲裁、多头仲裁、两裁两审制,仲裁机构具有多元化,仲裁程序具有多样性,仲裁的整体情况十分混乱。

根据1982年7月1日实施的《经济合同法》第48条的规定,经济合同发生纠纷时,当事人任何一方均可向国家规定的合同管理机关申请仲裁,也可以直接向人民法院起诉。1983年8月22日发布的《经济合同仲裁条例》第2条规定:"经济合同仲裁机关是国家工商行政管理局和地方各级工商行政管理局设立的经济合同仲裁委员会。"第33条规定:"当事人一方或者双方对仲裁不服的,在收到仲裁决定书之日起15天内,向人民法院起诉;期满不起诉的,仲裁决定书即发生法律效力。"据此,我国建立了专门的经济合同仲裁机构,经济合同仲裁实行了一元化,对经济合同纠纷实行一裁两审制。

1985年7月1日实施的《涉外经济合同法》第38条规定:"当事人没有在合同中订立仲裁条款,事后又没有达成书面仲裁协议的,可以向人民法院起诉。"1987年11月1日实施的《技术合同法》第51条第3款也作了类似的规定。根据1988年3月1日实施的《全民所有制工业企业承包经营责任制暂行条例》第21条的规定,合同双方发生纠纷,合同双方可以据承包经营合同规定向国家工商行政管理机关申请仲裁。根据1993年修改后的《经济合同法》第42条的规定,经济合同发生纠纷时,当事人可以依据合同中的仲裁条款或者事后达成的书面仲裁协议,向仲裁机构申请仲裁。当事人没有在经济合同中订立仲裁条款,事后又没有达成书面仲裁协议的,可以向人民法院起诉。这些规定在我国确立了协议仲裁制度,1993年修改后的《经济合同法》将一裁两审制改为或裁或审制。

我国1978年至1993年的仲裁立法完善了以经济合同仲裁制度为主要构成的国内仲裁法律制度,为各类仲裁的顺利进行提供了法律依据,对于正确处理民商事纠纷、保护当事人的合法权益、维护社会经济秩序发挥了不可忽视的积极作用,但也存在着如下几方面无法回避、亟待解决的问题:(1) 仲裁立法繁杂冲突现象异常①,仲裁法律的统一性和严肃性受到严重贬损;(2) 仲裁机构长期附设于行政机关,仲裁的独立性和民间性受到严重压抑;(3) 长期实行强制仲裁,仲裁的高度自治性受到严重剥夺;(4) 长期实行一裁两审制,仲裁的快捷性受到严重影响。

(三) 第三阶段:1994 年至今

我国于1991 年5 月开始制定仲裁法。经过几年的努力,仲裁法草案于1994 年6 月提交全国人大常委会审议,并于同年的8 月31 日获得通过。这部《仲裁法》分总则、仲裁委员会和仲裁协会、仲裁协议、仲裁程序、申请撤销裁决、执行、涉外仲裁的特别规定、附则共8 章80 条,自1995 年9 月1 日起实施。该法整体上结束了多头仲裁的混乱局面,确立了协议仲裁、或裁或审、一裁终局、仲裁司法监督四大制度,充分体现了仲裁的主要特征。该法的制定与实施成为中国仲裁制度发展史上一个里程碑式的法制事件。首先,它结束了中国没有仲裁法典的历史,扩大了中国程序法的容量,提高了中国程序法的体系化程度;其次,它确认了数十年以来中国仲裁制度的发展成果,反映了中国仲裁制度的未来发展趋势,为中国仲裁事业又好又快地发展提供了效力更高、更为统一的法律依据;再次,它为中国仲裁法制的宣传教育提供了良好的素材,为民众了解、亲近、利用仲裁提供了便利;最后,它为仲裁法学提供了最为重要的研究对象,为仲裁法学整体上由对策法学转向理论法学提供了充足的必要性论证和相当难得的机遇。

2005 年12 月26 日最高人民法院审判委员会第1375 次会议通过、2006 年9 月8 日起实施的《最高人民法院关于适用〈中华人民共和国仲裁法〉若干问题的解释》(以下简称《仲裁法解释》)以31 个条文对仲裁与民事诉讼的关系进行了富有成效的理顺,符合当前中国的实际,符合仲裁制度和民事纠纷解决机制的发展趋势,尽管其和最高人民法院先前出台的很多司法解释一样带有"违法解释"、"越权解释"的鲜明烙印,但其进步不可小觑。具体体现在:(1) 仲裁协议的要件方面:扩张解释仲裁协议的形式,与《合同法》、《中国国际经济贸易仲裁委员会仲裁规则(2005)》(以下简称《贸仲规则》(2005))的相关规定保持一致;允许概括约定仲裁事项,尽力实现当事人提交仲裁解决纠纷的意思表示;扩充仲裁机构的确定方法,坚持仲裁协议无效前须用尽仲裁机构的确定方法;合理松动或裁或审制,充分保障当事人的程序主体权。(2) 仲裁协议的效力方面:周全构建仲裁协议的承继制度,做到与《合同法》、《继承法》等法律相关规定的一致;扩大仲裁协议独立性的适用范围,与世界通例和《贸仲规则(2005)》的相关规定保

---

① 顾昂然1994 年6 月28 日在第八届全国人大常委会第八次会议上所作的《关于〈中华人民共和国仲裁法〉(草案)的说明》中提及,据不完全统计,已有14 部法律、82 个行政法规和190 个地方性法规,作出了有关仲裁的规定。参见顾昂然:《立法札记——关于我国部分法律制定情况的介绍(1982—2004 年)》,法律出版社2006 年版,第497 页。

持一致;确认仲裁协议可以援引方式达成,充实仲裁协议自由订立原则的具体内涵;首创结构完整的仲裁协议效力异议权默示放弃制度。(3)诉讼监督仲裁方面:首创仲裁裁决的部分撤销制度;充实法院通知仲裁庭重新仲裁的制度;初步理顺申请撤销仲裁裁决程序与申请不予执行仲裁裁决程序之间的关系;首创仲裁裁决部分撤销理由和仲裁裁决部分不予执行理由的默示放弃制度。

随着市场经济体制在我国的不断完善以及我国加入 WTO 后仲裁实践在统一化、国际化方面的迅猛发展,制定于 1994 年的《仲裁法》已经出现了严重的滞后性,对其进行较大修改的必要性和基本条件已经具备,尽管 2003 年 12 月 17 日十届全国人大常委会已将《仲裁法》的修改列入了其五年任期内的立法规划,但目前看来,《仲裁法》何时能够进行较为彻底修改,仍遥遥无期。

第四节 我国《仲裁法》的效力

一、我国《仲裁法》的时间效力

我国《仲裁法》的时间效力是指《仲裁法》何时生效、何时终止效力以及法律对其生效以前的事件和行为有无溯及力。根据我国《仲裁法》第 80 条的规定,《仲裁法》的生效时间是 1995 年 9 月 1 日,非经有效立法机关的明令废止不得失效。自《仲裁法》施行之日起,以前制定的有关仲裁的规定与《仲裁法》的规定相冲突的,以《仲裁法》为准。

二、我国《仲裁法》对人的效力

我国《仲裁法》对人的效力是指《仲裁法》对哪些人适用,哪些人进行仲裁应受其约束。我国《仲裁法》对下列三类人产生约束力:(1)选择在中国进行仲裁的中国自然人、法人或其他组织;(2)选择在中国进行仲裁的外国自然人、法人或其他组织;(3)选择在中国进行仲裁的无国籍人。

三、我国《仲裁法》对事的效力

我国《仲裁法》对事的效力是指哪些民商事纠纷可以依据《仲裁法》来解决。仲裁法对事的效力范围决定着仲裁的受案范围,即仲裁法对事的效力范围有多大,仲裁的受案范围就有多大。仲裁法对事的效力范围影响着仲裁机构的裁决范围,仲裁机构的裁决范围不能大于仲裁法对事的效力范围。如何确定仲裁法的效力范围,世界各国没有统一的做法。一般认为:"争议事项的可仲裁性"是确定仲裁法之效力范围的主要标准,但对"可仲裁性"的理解差异很大,有的理解为"契约性",有的理解为"财产性",有的理解为"可处分性",有的理解为"可和解性",有的理解为"商事性"。德国对"可仲裁性"的理解采取了"财产性"与"可和解性"相结合的做法,因为《德国民事诉讼法》第1030条第1款规定:"任何财产法上的请求都能成为仲裁协议的标的。关于非财产法上的请求的仲裁协议,以当事人就所争议的标的有权达成和解的为限,有法律效力。"①

我国《仲裁法》第2、3、77条以概括式肯定和否定式列举相结合的方法就《仲裁法》对事的效力范围作出了明确规定。《仲裁法》第2条规定:"平等主体的公民、法人和其他组织之间发生的合同纠纷和其他财产权益纠纷,可以仲裁。"该规定采取了概括式肯定的立法技术,虽具体操作性不强,但可对《仲裁法》对事的效力范围作出周延的界定,同时也可突出我国可仲裁事项的主体平等性和内容财产性。需要指出的是,该条所及的"合同"并非只指《合同法》分则中规定的15种合同,还包括受《合同法》总则涵摄与统率的未列入《合同法》分则的其他合同。《仲裁法》第3条规定:"下列纠纷不能仲裁:(一)婚姻、收养、监护、扶养、继承纠纷;(二)依法应当由行政机关处理的行政争议。"各国基于婚姻家庭继承纠纷往往影响到公共秩序之维持的考虑,对当事人在此类纠纷解决过程中的意思自治进行了无一例外的限制,我国亦如此,《仲裁法》第3条将婚姻、收养、监护、扶养、继承纠纷排除出《仲裁法》对事的效力范围便是例证,只是该规定仍有不足,没能将"抚养纠纷"和"赡养纠纷"列出。"依法应当由行政机关处理的行政争议"是不平等主体之间的争议,不具有民事性,理应被排除出《仲裁法》对事的效力范围。《仲裁法》第77条规定:"劳动争议和农业集体经济组织内部的农业承包合同纠纷的仲裁,另行规定。"之所以在前文中说"《仲裁法》原则上结束了民商事仲裁长期实行多头仲裁的局面",是因为我国1994年以后对民商事纠纷的仲裁权仍然采取了分离配置的模式,劳动争议仲裁和农业承包合同纠纷仲裁独立存在,但这两类仲裁并不以《仲裁法》为依据。劳动争议仲裁以《劳动法》、《劳动合同法》、《劳动争议调解仲裁法》为法律依据,农村集体经济组织内部的农业承包合同纠纷仲裁以《农村土地承包法》、《农村土地承包经营纠纷调解仲裁法》为法律依据。

第五节 我国《仲裁法》的基本原则

我国《仲裁法》的基本原则是指贯穿《仲裁法》的始终,体现《仲裁法》的精神和实质,原则性规定仲裁的主要过程和主要问题,为仲裁参与人参加仲裁活动和仲裁机构受理、裁决仲裁案件指明方向,且对仲裁具有普遍指导意义的准则。

---

① 《德意志联邦共和国民事诉讼法》,谢怀栻译,中国法制出版社2001年版,第275页。

一、当事人自愿原则

当事人自愿原则是我国《仲裁法》最重要的基本原则。该基本原则以仲裁协议自由订立原则为核心内容和关键构成。仲裁协议自由订立原则的内涵包括:(1) 当事人自主决定是否订立仲裁协议;(2) 当事人自主决定和谁订立仲裁协议;(3) 当事人自主决定订立何种内容的仲裁协议;(4) 当事人自主决定以何种方式订立仲裁协议;(5) 当事人自主决定事先还是事后订立仲裁协议。《仲裁法》第4、6、31、39、40、49、51、54条的规定都是对当事人自愿原则的具体体现。

二、依法仲裁原则

我国《仲裁法》第7条规定:"仲裁应当根据事实,符合法律规定,公平合理地解决纠纷。"不能简单以该规定的字面表述为依据认为我国的《仲裁法》实行"以事实为根据,以法律为准绳"的基本原则,尽管认定事实和适用法律是仲裁最重要的两个直接目标,否则就会降低该规定的价值与地位、就会使《仲裁法》的基本原则因为与其他法律的基本原则相同或过于相似而丧失独立性,不利于凸现《仲裁法》之基本原则的独特性和仲裁立法的科学性。该规定表明我国实行依法仲裁原则,强调仲裁裁决依据的确定性和刚性,同时也表明我国并不完全排斥依原则仲裁,而是对其合理内容加以吸收。《贸仲规则》(2005)第43条可与《仲裁法》第7条形成印证,其第43条规定:"仲裁应当根据事实,依照法律和合同规定,参照国际惯例,并遵循公平合理原则,独立公正地作出裁决。"单就依法仲裁原则的确立而言,可以说,我国的仲裁立法已经达到了一个很高的水平。

三、独立仲裁原则

独立性是仲裁获得当事人之认可与信赖的最重要条件。独立仲裁作为仲裁法的基本原则被普遍确认。根据我国《仲裁法》第8、14、53、54条和第五、六章的规定,独立仲裁原则的基本内涵包括:(1) 仲裁委员会独立。这要求仲裁依法独立进行,不受行政机关、社会团体和个人的干涉,行政机关、社会团体和个人不得分享、变相行使民商事纠纷仲裁权,也不得对仲裁委员会行使仲裁权制造障碍。考虑到我国的仲裁委员会长期附设于行政机关的事实以及自产生之初与行政机关之间就存在的千丝万缕的联系,为确保仲裁委员会的独立,必须重申仲裁委员会与行政机关之间没有隶属关系以及仲裁委员会之间没有隶属关系。(2) 仲裁员独立。这意味着仲裁员在裁决案件时有独立自主的发表裁决意见的权利,既不受行政机关、社会团体和个人的外来干涉,也不受仲裁委员会组成人员、其他工作人员以及首席仲裁员的内部干涉;仲裁裁决按照多数仲裁员的意见作出时,少数仲裁员的不同意见可以记入笔录;对裁决持不同意见的仲裁员,可以签名,也可以不签名。需要说明的是,根据《贸仲规则》(2005)第45条的规定,仲裁委员会对裁决书草案有核阅的权力和对裁决书的有关问题有提请仲裁员注意的权力,但这两项权力的行使必须以不影响仲裁庭独立裁决为前提。(3)仲裁裁决独立。这意味着符合执行根据之条件的仲裁裁决具有强制执行的效力;诉讼对仲裁的监督是有限的,法院只能依法裁定撤销或不予执行仲裁裁决,无权变更仲裁裁决的内容,也无权代替仲裁委员会径直作出裁判。

四、一裁终局原则

一裁终局原则是世界各国普遍确认的仲裁法基本原则,确认该原则有助于维护仲裁裁决的权威性和独立性、提高解决民商事纠纷的效率,有助于使仲裁较于其他民事纠纷解决方式的长处得到更充分的发挥。根据我国《仲裁法》第9、57、62条的规定,一裁终局原则的基本内涵包括:(1)仲裁裁决作出后,当事人不得就同一纠纷再次申请仲裁或者向人民法院起诉。(2)仲裁裁决书自作出之日起发生法律效力;一方当事人不履行的,对方当事人可以根据民事诉讼法的有关规定申请强制执行。(3)只有当仲裁裁决被人民法院依法裁定撤销或者不予执行时,当事人才可就该纠纷根据双方重新达成的仲裁协议申请仲裁或向人民法院起诉。

拓展阅读

1. 郭树理:《西欧国家晚近仲裁立法改革述评——以英国、比利时、瑞典为例》,载《中国对外贸易商务月刊》2002年第2期。
2. 孙珺:《德国仲裁立法改革》,载《外国法译评》1999年第1期。
3. 郑成林:《近代中国商事仲裁制度演变的历史轨迹》,载《中州学刊》2002年第6期。
4. 乔欣、李莉:《争议可仲裁性研究》(上),载《北京仲裁》2004年第2期。
5. 乔欣、李莉:《争议可仲裁性研究》(上),载《北京仲裁》2004年第3期。
6. 王金兰、王玮:《论侵权行为的可仲裁性》,载《河北法学》2004年第10期。
7. 杨良宜:《关于可仲裁性》(一),载《北京仲裁》2005年第3期。
8. 杨良宜:《关于可仲裁性》(二),载《北京仲裁》2005年第4期。
9. 杨良宜:《关于可仲裁性》(三),载《北京仲裁》2006年第1期。
10. 黄新娣、李广辉:《民商事争议可仲裁性问题探究》,载《太平洋学报》2006年第5期。
11. 赵生祥:《海峡两岸可仲裁事项比较研究》,载《现代法学》2007年第3期。

司法考试真题

1. 某仲裁机构对甲公司与乙公司之间的合同纠纷进行裁决后,乙公司不履行仲裁裁决。甲公司向法院申请强制执行,乙公司申请法院裁定不予执行。经审查,法院认为乙公司的申请理由成立,裁定不予执行该仲裁裁决。对此,下列哪一种说法是正确的?(2005年)

   A. 甲公司可以就法院的裁定提请复议一次
   B. 甲公司与乙公司可以重新达成仲裁协议申请仲裁
   C. 甲公司与乙公司可以按原仲裁协议申请仲裁
   D. 当事人不可以再就该纠纷重新达成仲裁协议,此案只能向法院起诉

2. 当事人在合同中约定了仲裁条款,出现下列哪些情况时,法院可以受理当事人的起诉?(2007年)

   A. 双方协商拟解除合同,但因赔偿问题发生争议,一方向法院起诉的
   B. 当事人申请仲裁后达成和解协议而撤回仲裁申请,因一方反悔,另一方向法院起诉的
   C. 仲裁裁决被法院依法裁定不予执行后,一方向法院起诉的
   D. 仲裁裁决被法院依法撤销后,一方向法院起诉的

3. 甲、乙因遗产继承发生纠纷,双方书面约定由某仲裁委员会仲裁。后甲反悔,向遗产所在地法院起诉。法院受理后,乙向法院声明双方签订了仲裁协议。关于法院的做法,下列哪一选项是正确的?(2010年)

   A. 裁定驳回起诉
   B. 裁定驳回诉讼请求
   C. 裁定将案件移送某仲裁委员会审理
   D. 法院裁定仲裁协议无效,对案件继续审理

第三章 仲裁机构

本章提要

仲裁机构是民商事法律关系的双方当事人自愿确定的经由仲裁的方式来解决他们之间民商事争议的常设性民间机构。仲裁机构的设立有单独模式和附设模式两种。仲裁委员会的设立条件包括所在地条件、作为法人应具备的一般性条件和形式条件。了解若干国际知名仲裁机构和我国知名仲裁机构的基本情况是把握仲裁制度的基本要求。中国仲裁协会是社会团体法人,是仲裁委员会的自律性组织。中国仲裁协会和仲裁委员会之间是指导与被指导、服务与被服务、监督与被监督的关系。

关键词

仲裁机构 民间性 单独模式 附设模式 设立条件 中国仲裁协会

第一节 仲裁机构概述

一、仲裁机构的概念

关于仲裁机构的概念,从不同的角度出发可给予不同的界定。笔者认为,仲裁机构是民商事法律关系的双方当事人自愿确定的经由仲裁的方式来解决他们之间民商事争议的常设性民间机构。依此界定,临时仲裁中的仲裁庭不应被视为仲裁机构。"仲裁委员会"是我国《仲裁法》对仲裁机构的特定称谓,也就是说,在绝大多数场合,仲裁委员会与仲裁机构可作等同理解。

二、仲裁机构的性质

仲裁机构的性质为民间性,这一点从世界范围看,当无异议。考虑到我国长期采取行政仲裁模式的传统和《仲裁法》实施后仲裁机构去行政化而回归民间性的艰难,重申仲裁机构的民间性就显得十分重要。最高人民法院退休法官、1994年《仲裁法》的主要起草人之一费宗祎在评价该法时指出:"我们应当对仲裁机构明确定性是民间组织,当时有位负责同志说,世界各国的仲裁法哪有写这一条的? 我说其他国家不存在这个问题,我们国家是从行政仲裁转化过来的,有这个需要。后来经过研究,采取了一个反面的说法,说仲裁机构与行政机关没有隶属关系,仲裁机构相互之间也没有隶属关系,仲裁协会与仲裁机构也没有隶属关系。因此仲裁的民间性问题是确定无疑的,只是换了个表述方法。"[①]由此可见,《仲裁法》起草时仲裁机构是否具有民间性质曾引发起争论,争论的解决方案是采取了模糊化的立法策略,由《仲裁法》的第6、8、14条对仲裁机构的民间性质做了反向的界定,并没有从正面肯定仲裁机构的民间性质。对此,笔者认为,政府在仲裁机构设立之初提供支持或者在仲裁机构设立之后继续提供支持不能成为否定仲裁机构之民间性或肯定仲裁机构之官方性或半官方性的理由,因为政治国家有义务为包括仲裁权在内的社会权力的顺利成长与良好运作提供保障,仲裁权的有效行使符合"有限国家,无限社会"的基本要求且可帮助政府获得其依靠自身力量无法获得的收益或者更大更好的收益。将来修改《仲裁法》时,宜采取明确化的立法策略在总则部分开门见山地对仲裁机构的民间性质作出正面界定。

三、仲裁机构的设立模式

关于仲裁机构的设立模式,从世界范围看,可做如下两种类型的概括:

1. 单独模式

该模式下,仲裁机构单独设立,不附设于商会。英国和美国的许多仲裁机构即如此。

2. 附设模式

该模式下,仲裁机构不单独设立,而附设于商会。该模式主要有如下三种做法:(1) 只设一个全国性的仲裁机构,无分支机构,如瑞典;(2) 设立几个全国性的仲裁机构,且有分支机构,如日本;(3) 不设立全国性的仲裁机构,只在部分城市的商会里附设,如法国。

在我国,中国国际经济贸易仲裁委员会和海事仲裁委员会这两个涉外仲裁机构附设于中国国际经济贸易促进委员会。根据《仲裁法》第10条的规定,我国的国内仲裁机构由直辖市和省、自治区人民政府所在地的市或者其他设区的市的人民政府组织有关部门和商会统一组建。依此规定,我国目前没有全国性的国内仲裁机构,国内仲裁机构也不附设于商会。

---

① 费宗祎:《费宗祎先生谈仲裁法的修改》,载《北京仲裁》2007年第2期。

第二节 仲裁委员会

一、仲裁委员会的设立条件

根据我国《仲裁法》的规定,仲裁委员会的设立条件包括所在地条件、作为法人应具备的一般性条件和形式条件。

(一) 所在地条件

《仲裁法》第10条第1款规定:"仲裁委员会可以在直辖市和省、自治区人民政府所在地的市设立,也可以根据需要在其他设区的市设立,不按行政区划层层设立。"由此可见,乡(镇)、县(区)不能设立仲裁委员会,设区的市是设立仲裁委员会的唯一级别;非省级政府所在地的设区的市设立仲裁委员会的条件比省级政府所在地的设区的市严格,须满足"需要与可能"的要求,这意味着并非所有的设区的市都有设立仲裁委员会的必要。仲裁委员会不与各级行政区划对应设立,有利于从所在地角度保障仲裁委员会的民间性,进而有利于消除仲裁的行政化色彩。

可以十分肯定地说,《仲裁法》对仲裁委员会设立之所在地条件的规定已经暗示出控制仲裁委员会之数量、保持仲裁委员会之适当规模的意图,同时也对仲裁委员会存续环境的特殊性进行了确定的提醒。据统计,2009年全国202家仲裁机构受案量超过1000件的只有12家,受案量在50件至200件之间的有69家,约占总数的34%;受案量不足50件的有36家,约占总数的18%;受案量已近十年蝉联全国第一的武汉仲裁委员会2009年则受案9770件。① 这组数据反映出的我国仲裁委员会之数量庞大、受案悬殊的现状说明本身没有问题的《仲裁法》对仲裁委员会设立之所在地条件的规定在具体实践中出现了异化,仲裁委会员已经成为许多设区的市的攀比对象和政绩工程,无法盈亏自负的仲裁委员会或继续依赖行政拨款的支持,或依赖行政命令对仲裁的强制推行,这使得去行政化而促进仲裁独立发展的立法意图不可避免的沦为空中楼阁。所以,为促进仲裁又好又快的发展,严格贯彻《仲裁法》对仲裁委员会设立之所在地条件的规定刻不容缓。

(二) 作为法人应具备的一般性条件

1. 有自己的名称、住所和章程

仲裁委员会的名称是使其特定化的标志,是此仲裁委员会区别彼仲裁委员

---

① 参见《2009年全国各仲裁委员会受案情况》和《202家仲裁机构受案74811件》,载中国仲裁网(http://www.china-arbitration.com/news.php?id=1743;http://www.china-arbitration.com/news.php?id=1771),2011年5月20日访问。

会的标志。仲裁委员会的名称一经有效登记,仲裁委员会便对其享有专用权,其他任何单位和个人不得侵害。仲裁委员会的名称具有严格的专属性,不可转让。仲裁委员会之名称的法律意义主要在于便利仲裁机构的合意选定、仲裁权行使者的确定。根据国务院《重新组建仲裁机构方案》的规定,仲裁委员会的名称应当规范,一律在仲裁委员会之前冠以仲裁委员会所在市的地名,而不是冠以仲裁委员会所在地的市名。"地名+仲裁委员会"(如北京仲裁委员会、深圳仲裁委员会)是仲裁委员会之名称的规范表达方式,这种表达方式只给人该仲裁委员会位于某地的第一印象,而不给人该仲裁委员会隶属于某地的第一印象,有助于从称谓上消除仲裁的行政色彩。"市名+仲裁委员会"(北京市仲裁委员会、深圳市仲裁委员会)是仲裁委员会之名称的不规范表达方式,这种表达方式不仅极为容易给人该仲裁委员会隶属于该市的错觉而无助于从称谓上消除仲裁的行政色彩,而且会引发对仲裁委员会之确定的不同理解进而可能导致仲裁协议的无效,最终损及当事人请求仲裁的意思表示。

仲裁委员会的住所是其管理机构和办事机构所在地,通常也是其仲裁活动的进行地。仲裁委员会的住所以其登记的地址加以确定。仲裁委员会之住所的法律意义主要在于便利仲裁地的确定、当事人之申请或答辩材料的提交、确认仲裁协议效力与撤销仲裁裁决之管辖法院的确定。

仲裁委员会的章程是仲裁委员会依法制定的规定受案范围、人员组成、办事机构、仲裁员、财务等重要事项的法律文件,是仲裁委员会内部的"宪法"。制定章程是仲裁委员会之设立程序的起点,没有章程,仲裁委员会不得获准设立。仲裁委员会设立后,章程是其行使权利和承担义务的基本法律依据,其依章程实施的行为受法律保护,国家对其违反章程而实施的行为有进行干预的权力。

2. 有必要的财产

包括办公用房、办公设施、交通工具、通讯工具、日常经费在内的必要财产的拥有是仲裁委员会设立的物质条件,也是仲裁活动顺利开展的必要性物质保障。根据国务院《重新组建仲裁机构方案》的规定,仲裁委员会设立初期,其所在地的市人民政府应当参照有关事业单位的规定,解决仲裁委员会的经费和用房,仲裁委员会应当逐步做到自收自支。由此可知,仲裁委员会所在地的市的人民政府在其设立时有提供财产支持的义务,这种支持义务的对价是仲裁委员会通过仲裁解决纠纷可帮助政府获得其依靠自身力量无法获得的收益或者更大更好的收益。但是,仲裁委员会在设立之初获得政府的财政支持是有时限性的,这种时限性不仅要求仲裁委员会尽快发展壮大以实现"断奶",而且也要求政府尽早停止向仲裁委员会"输血"以给仲裁委员会依靠自身力量谋求存续席位的正当压力。

3. 有该委员会的组成人员

《仲裁法》第12条规定:"仲裁委员会由主任1人、副主任2至4人和委员7至11人组成。仲裁委员会的主任、副主任和委员由法律、经济贸易专家和有实际工作经验的人员担任。仲裁委员会的组成人员中,法律、经济贸易专家不得少于2/3。"根据国务院《重新组建仲裁机构方案》的规定,仲裁委员会的专职组成人员为1至2人,其他组成人员均为兼职。根据这些规定,仲裁委员会的组成人员最多为16人,最少为10人,且须具有法律、经济贸易专业特长。从立法原意看,这一规定旨在保证仲裁的专业性与民间性,但由于"专家"在实践中的泛化、大众化和"有实际工作经验的人员"用语的不确定性、解释的低标准取向性,加之不禁止甚至鼓励国家机关工作人员(尤其是负责人)担任仲裁委员会组成人员的政策安排①,仲裁委员会的组成人员多由政府法制、经贸、体改、司法、工商、科技、建设等部门的现任或曾任领导干部组成,使得仲裁委员会因此成为部门权力展现与竞争的另一舞台,已经严重侵蚀了仲裁的民间性,成为仲裁行政化的最严重领域。

4. 有聘任的仲裁员

仲裁员是代表仲裁机构直接行使仲裁权的主体。拥有一定数量符合法定条件的仲裁员是仲裁委员会设立的人才条件。关于仲裁员的具体阐述,请见本书的第四章。

(三) 形式条件

仲裁委员会的设立采登记生效主义而非登记对抗主义。未经设立登记的,仲裁裁决不具有法律效力。根据《仲裁法》第10条第3款的规定,仲裁委员会的登记机关是省、自治区、直辖市的司法行政部门,仲裁委员会所在市的司法行政部门不是仲裁委员会的登记机关。

根据《仲裁委员会登记暂行办法》的规定,申请设立仲裁委员会应提交如下文件:(1) 设立仲裁委员会申请书;(2) 组建仲裁委员会的市的人民政府设立仲裁委员会的文件;(3) 仲裁委员会章程;(4) 必要的经费证明;(5) 仲裁委员会住所证明;(6) 聘任的仲裁委员会组成人员的聘书副本;(7) 拟聘任的仲裁员名册。登记机关应当在收到申请文件之日起10日内,对符合设立条件的仲裁委员会予以设立登记,并发给登记证书;对符合设立条件,但所提供的文件不符合规

---

① 例如,根据国务院《重新组建仲裁机构方案》的规定,第一届仲裁委员会的组成人员,由政府法制、经贸、体改、司法、工商、科技、建设等部门和贸促会、工商联等组织协商推荐,由市人民政府聘任。国务院台湾事务办公室、国务院法制办公室联合下发的《关于聘请台湾地区专业人士担任仲裁员试点工作的意见》的通知》规定:"试点仲裁委员会所在地的省或者市人民政府台湾事务办公室主管经贸工作的副主任根据对台工作的需要,经市人民政府聘任,可以参加仲裁委员会"。建设部与国务院法制办公室联合下发的《关于在全国建设系统进一步推行仲裁法律制度的意见》规定:"要在建设行政主管部门、建设类行业协会和建设企业负责人中选聘一批专家担任仲裁委员会委员或者专家委员会委员"。

定的,在要求补正后予以登记;对不符合规定的,不予登记。

二、仲裁委员会的组成与职权行使方式

(一) 仲裁委员会的组成

《仲裁法》第 12 条规定:"仲裁委员会由主任 1 人、副主任 2 至 4 人和委员 7 至 11 人组成。仲裁委员会的主任、副主任和委员由法律、经济贸易专家和有实际工作经验的人员担任。仲裁委员会的组成人员中,法律、经济贸易专家不得少于 2/3。"该规定的优劣之处在上文中已经有所涉及,作为仲裁委员会之组成的法律依据,该规定的另一不足在于其没有涉及仲裁委员会组成人员的产生程序。根据《重新组建仲裁机构方案》和《仲裁委员会章程示范文本》的具体规定,第一届仲裁委员会的组成人员,由政府法制、经贸、体改、司法、工商、科技、建设等部门和贸促会、工商联等组织协商推荐,由市人民政府聘任。仲裁委员会每届任期 3 年。任期届满,更换 1/3 组成人员。仲裁委员会任期届满的 2 个月前,应当完成下届仲裁委员会组成人员的更换;有特殊情况不能完成更换的,应当在任期届满后 3 个月内完成更换。新一届仲裁委员会组成人员由上一届仲裁委员会主任会议商市人民政府有关部门、商会后提名,由市人民政府聘任。

(二) 仲裁委员会的职权行使方式

仲裁委员会以委员会会议和主任会议为职权行使的方式。

根据国务院《仲裁委员会章程示范文本》的规定,仲裁委员会会议由主任或者主任委托的副主任主持。每次会议须有 2/3 以上的组成人员出席,方能举行。修改章程或者对仲裁委员会作出解散决议,须经全体组成人员的 2/3 以上通过,其他决议须经出席会议组成人员的 2/3 以上通过。仲裁委员会会议的主要职责是:(1) 审议仲裁委员会的工作方针、工作计划等重要事项,并作出相应的决议;(2) 审议、通过仲裁委员会秘书长提出的年度工作报告和财务报告;(3) 决定仲裁委员会秘书长、专家咨询机构负责人人选;(4) 审议、通过仲裁委员会办事机构设置方案;(5) 决定仲裁员的聘任、解聘和除名;(6) 仲裁委员会主任担任仲裁员的,决定主任的回避;(7) 修改仲裁委员会章程;(8) 决议解散仲裁委员会;(9) 仲裁法、仲裁规则和仲裁委员会的章程规定的其他职责。

仲裁委员会的主任会议由主任、副主任和秘书长组成。在仲裁委员会会议闭会期间,主任会议负责仲裁委员会的重要日常工作。

三、仲裁委员会的办事机构和专家咨询机构

(一) 仲裁委员会的办事机构

根据国务院《重新组建仲裁机构方案》和《仲裁委员会章程示范文本》的相关规定,仲裁委员会的办事机构为秘书处,设秘书长 1 人,秘书长可以由驻会的

专职组成人员兼任,秘书长人选由仲裁委员会会议决定。办事机构的设置和人员配备应当遵循精简、高效的原则。办事机构的工作人员应当具备良好的思想品质、业务素质,应择优聘用。

办事机构的主要职责包括:(1)具体办理仲裁案件受理、仲裁文书送达、档案管理等程序性事务;(2)收取和管理仲裁费用;(3)办理仲裁委员会交办的其他事务。

(二)仲裁委员会的专家咨询机构

对于仲裁委员会的专家咨询机构,《仲裁法》和《重新组建仲裁机构方案》均未作规定,只是由《仲裁委员会章程示范文本》的第10条略作涉及。专家咨询机构的设立目的在于就疑难问题向仲裁委员会和仲裁员提供咨询意见。专家咨询机构设负责人1人,由仲裁委员会副主任兼任。专家咨询机构的负责人人选由仲裁委员会会议决定。

第三节 国际知名仲裁机构简介

在国际范围内具有较高知名度的仲裁机构主要有英国伦敦国际仲裁院(London Court of International Arbitration, LCIA)、瑞士苏黎世商会仲裁院(Court of Arbitration of the Zurish Chamber of Commerce)、瑞典斯德哥尔摩商会仲裁院(Arbitration Institute of the Stockholm Chamber of Commerce, SCC)、国际商会仲裁院(International Court of Arbitration, ICA)、美国仲裁协会(American Arbitration Association, AAA)、投资争端解决国际中心(International Centre for Settlement of Investment Disputes)、香港国际仲裁中心(Hong Kong International Arbitration Centre, HKIAC)、新加坡国际仲裁中心(Singapore International Arbitration Centre, SIAC)、世界知识产权组织仲裁与调解中心[1](Arbitration and Mediation Center, WIPO)、澳大利亚仲裁员协会与调停员协会[2](The Institute of Arbitrators & Mediators Australia, IAMA)、加拿大不列颠哥伦比亚国际商事仲裁中心(British Columbia International Commercial Arbitration Centre)、欧盟仲裁庭[3](European Court of Arbitration)、德国仲裁院[4](The German Institution of Arbitration, DIS)、丹麦仲裁院[5](The Danish Institute of Arbitration)、瑞士仲裁协会(The Swiss Arbitration As-

---

[1] 世界知识产权组织仲裁与调解中心的网址是 http://www.wipo.int/amc/en/index.html。
[2] 澳大利亚仲裁员协会与调停员协会的网址是 http://www.iama.org.au/。
[3] 欧盟仲裁庭的网址是 http://www.cour-europe-arbitrage.org/。
[4] 德国仲裁院德英双语主页的网址是 http://www.dis-arb.de/。
[5] 丹麦仲裁院丹麦语主页的网址是 http://www.voldgiftsinstituttet.dk/dk,英文主页的网址是 http://www.voldgiftsinstituttet.dk/dk/Service/English。

sociation，ASA)、比利时仲裁调解中心(Belgian Centre for Arbitration and Mediation)、日本商事仲裁协会①(The Japan Commercial Arbitration Association，JCAA)、韩国商事仲裁院②(The Korean Commercial Arbitration Board，KCAB)和印度仲裁委员会③(India Council of Arbitration，ICA)。本书将以成立时间的先后为序,对英国伦敦国际仲裁院、瑞士苏黎世商会仲裁院、瑞典斯德哥尔摩商会仲裁院、国际商会仲裁院、美国仲裁协会、投资争端解决国际中心、香港国际仲裁中心和新加坡国际仲裁中心的基本情况做简要介绍。④

一、伦敦国际仲裁院

伦敦国际仲裁院⑤成立于1892年11月23日,是世界上历史最为悠久的国际仲裁机构,起初名为"伦敦市仲裁厅"(The City of London Chamber of Arbitration),1903年4月改名为"伦敦仲裁院"(London Court of Arbitration),1981年为反映其从事国际仲裁的特质而改用现名。伦敦国际仲裁院设管理委员会,管理委员会在1975年之前由伦敦市政府和伦敦工商会的代表组成,1975年仲裁员协会加入管理委员会,管理委员会的组成人员由24人减为18人,由伦敦市政府、伦敦工商会和仲裁员协会各委派6人组成,仲裁员协会的会长担任伦敦国际仲裁院的主席。

伦敦国际仲裁院以伦敦为基地,但其是一个国际化程度极高的机构,旨在为争议的各方当事人提供高效、灵活、中立的服务。伦敦国际仲裁院目前适用的仲裁规则生效于1998年1月1日,该规则广泛征求许多法域不同仲裁体制下的专业人士的意见而制定,融合了大陆法系和英美法系的最好特点。

二、苏黎世商会仲裁院

苏黎世商会仲裁院⑥成立于1911年,是成立于1873年的瑞士苏黎世商会下设的制度性仲裁机构。瑞士具有永久中立国的地位,所以苏黎世商会仲裁院的裁决容易为其他国家和当事人承认与接受,这使得其案件受理数量不断上升,其已经成为当今世界上最重要的仲裁机构之一。瑞士商会的国际仲裁规则(the Swiss Rules of International Arbitration of the Swiss Chambers of Commerce)自2004

---

① 日本商业仲裁协会日文主页的网址是http://www.jcaa.or.jp/,英文主页的网址是http://www.jcaa.or.jp/e/index-e.html。
② 韩国商事仲裁院韩文主页的网址是http://www.kcab.or.kr/jsp/kcab_kor/index.jsp,英文主页的网址是http://www.kcab.or.kr/servlet/kcab_adm/memberauth/5000。
③ 印度仲裁委员会主页的网址是http://www.ficci.com/icanet/。
④ 本节以下部分的撰写参考了相关仲裁机构之官方网站上的有关信息。
⑤ 伦敦国际仲裁院主页的网址是http://www.lcia-arbitration.com/。
⑥ 有关苏黎世商会仲裁院的信息可参见苏黎世商会的主页:http://www.zurichcci.ch/。

年1月1日起生效,该规则由苏黎世商会(Chamber of Zurich)、巴塞尔商会(Chamber of Basle)、伯尔尼商会(Chamber of Bern)、日内瓦商会(Chamber of Geneva)、沃州商会(Chamber of Vaud)和提契诺商会(Chamber of Ticino)共同使用。根据苏黎世商会仲裁院的仲裁规则,当事人可以约定由1名仲裁员还是由3名仲裁员来裁决案件,可以约定苏黎世或瑞士的其他城市或其他国家的某个地方为仲裁地,还可约定仲裁时使用的语言。

三、斯德哥尔摩商会仲裁院

斯德哥尔摩商会仲裁院[①]成立于1917年,是附设于斯德哥尔摩商会内部的一个独立实体,是当今世界上最重要的仲裁机构之一。20世纪70年代,由于被美国和苏联共同认可为解决东西方之间的贸易争端的中立机构,斯德哥尔摩商会仲裁院的服务范围由国内仲裁拓展至国际仲裁,其国际仲裁涉及四十多个国家。

斯德哥尔摩商会仲裁院没有仲裁员名册,只要符合公正、独立的要求,当事人可以选择任何国家的任何人为仲裁员。仲裁庭原则上由3名仲裁员组成。为了适应国际仲裁的需要,斯德哥尔摩商会仲裁院于1976年通过了新的仲裁规则,并于1988年、1999年、2007年对其进行了修改。斯德哥尔摩商会仲裁院现在适用的仲裁规则生效于2007年1月1日,2007年规则并未对1999年规则进行根本性的修改,只是在编辑和语言风格方面有了一些变化,修改的目标是为了创制更加国际化的仲裁规则以便于当事人更为容易地理解与接近和全方位地满足当今国际仲裁的需要。

四、国际商会仲裁院

国际商会仲裁院[②]成立于1923年,由成立于1919年的国际商会(International Chamber of Commerce)设立,总部设在巴黎,现已成为世界上最重要的解决国际商事纠纷的机构。

自成立以来,国际商会仲裁院受理的案件总数超过了15000件,单就2006年一年而言,有593件案件被受理,涉及来自125个国家的1613个当事人。国际商会仲裁院的全球化水平是所有仲裁机构中最高的,其在2006年仲裁的案件发生在52个国家,参与案件裁决的仲裁员来自71个不同的国家;国际商会仲裁院及其秘书处在90个国家设立了办事处来帮助寻找最好的仲裁员;秘书处由来自20多个国家的50多名工作人员组成,他们能讲世界上的所有的主要语言。

[①] 斯德哥尔摩商会仲裁院主页的网址是http://www.sccinstitute.com/uk/Home/。
[②] 国际商会仲裁院主页的网址是http://www.iccwbo.org/court/。

国际商会仲裁院并不要求申请仲裁者所在国是国际商会的成员国,提倡和鼓励当事人事前以仲裁条款的方式达成仲裁协议。根据国际商会仲裁院的规则,当事人可以约定仲裁员、仲裁地和适用的法律,甚至可以约定仲裁期限和仲裁费用。

五、美国仲裁协会

美国仲裁协会[①]成立于1926年,由仲裁活动家 Moses H. Grossman 于1922年创立的美国仲裁社团(Arbitration Society of American)和纽约州商会于1925年创立的美国仲裁基金会统一合并而成,是单独设立的非营利性民间组织。美国仲裁协会的成立是美国现代仲裁制度化的重要成果,也是美国现代仲裁制度产生的主要标志之一,其在推动、参与美国仲裁立法和仲裁法学教育以及促进民众对仲裁的了解、认可方面发挥了十分重要的作用。

美国仲裁协会总部设在纽约,在芝加哥、波士顿等三十多个城市设有分会,以历史悠久、经验丰富、服务完备而著称,是美国国内最大、最具有影响力的非诉纠纷解决服务的提供者,旨在世界范围内提供纠纷解决服务,受理但不限于如下纠纷:(1)劳资纠纷;(2)知识产权纠纷;(3)消费纠纷;(4)技术纠纷;(5)医疗纠纷;(6)金融服务纠纷;(7)建筑纠纷;(8)国际贸易纠纷。

六、投资争端解决国际中心

投资争端解决国际中心[②]是根据1965年3月18日签署、1966年10月14日生效的《关于解决国家与他国国民之间的投资争端的公约》(The Convention on the Settlement of Investment Disputes between States and Nationals of Other States)而成立的一个国际性常设仲裁机构,是世界银行(国际复兴开发银行)的投资促进机构,总部设在华盛顿,以为国际投资争端通过和解和仲裁的方式解决提供便利为根本目的,其宗旨在于制定调解或仲裁投资争端的规则,受理调解或仲裁投资纠纷的请求,处理投资争端等问题,促进投资者与东道国之间的相互信任,鼓励国际私人资本向发展中国家流动。现在,投资争端解决国际中心已经成为在解决私人投资者和投资国之间的争端方面最重要的国际仲裁机构。

投资争端解决国际中心具有完全的国际法律人格,其法律能力包括:(1)缔结契约的能力;(2)取得和处置动产和不动产的能力;(3)起诉的能力。投资争端解决国际中心设有行政理事会、秘书处、调解员小组和仲裁员小组。行政理事会由每一个缔约国各派代表一人组成,银行行长为行政理事会的当然主席,但无

---

① 美国仲裁协会主页的网址是 http://www.adr.org/。
② 投资争端解决国际中心主页的网址是 http://icsid.worldbank.org/ICSID/Index.jsp。

表决权。行政理事会可以设立它认为必要的委员会。行政理事会原则上每年举行一次年会。投资争端解决国际中心对行政理事会成员和主席的工作,不付给报酬。秘书处由秘书长一人、副秘书长一人或数人以及工作人员组成。投资争端解决国际中心管辖适用于缔约国(或缔约国向中心指定的该国的任何组成部分或机构)和另一缔约国国民之间直接因投资而产生并经双方书面同意提交给中心的任何法律争端。

七、香港国际仲裁中心

香港国际仲裁中心①成立于1985年,是非营利的有限担保公司,旨在通过仲裁、和解及调停协助争议双方解决争议,由香港商界知名人士和专业人士组成,致力于成为亚洲地区的争议解决中心。香港国际仲裁中心受到香港商界和香港政府的资助,但完全独立且财政上自给自足。

香港国际仲裁中心设管理委员会负责行政工作,该管理委员会由不同国籍、拥有各种广泛经验与技术的商业及专业人士组成,通过秘书处来进行工作。香港国际仲裁中心下设评选委员会、市场及推广委员会、域名争议解决委员会(下设.hk域名委员会、.cn域名委员会和域名专家评选委员会)、亚洲域名争议解决中心、海事仲裁组、电子商务委员会、香港调解会(下设家事委员会、社区委员会、建筑委员会和商事委员会)、调解员认可委员会和财政委员会,自2008年9月1日开始施行适用于本地仲裁和国际仲裁的《香港国际仲裁中心机构仲裁规则》(Hong Kong International Arbitration Centre Administered Arbitration Rules)。

八、新加坡国际仲裁中心

新加坡国际仲裁中心②成立于1991年,成立目的是在高速发展的亚洲为国际商业领域提供中立、高效、可信赖的纠纷解决服务。作为独立的、中立的、非营利的机构,新加坡国际仲裁中心在成立之初由新加坡政府提供资金支持,现在则已完全实现了经济自给自足。新加坡国际仲裁中心所受理的案件的当事人大部分来自新加坡以外的国家,这除了因为新加坡国际仲裁中心自身具有国际代表性外,还因为新加坡被认为是拥有亚洲最佳司法体制的国家之一。经过二十几年的发展,新加坡国际仲裁中心已经成为亚洲地区具有世界水平的仲裁机构。

新加坡国际仲裁中心受理国际商事及海事仲裁案件,是新加坡法定的仲裁员指定机构,也是新加坡仲裁裁决书的认证与登记服务机构,现有《新加坡国际仲裁中心仲裁规则》(自2010年7月1日生效)、《新加坡航运货物索赔程序》和

---

① 香港国际仲裁中心主页的网址是 http://www.hkiac.org/HKIAC/HKIAC_English/main.html。
② 新加坡国际仲裁中心英文主页的网址是 http://www.siac.org.sg/。

《新加坡国际仲裁中心新加坡交易所衍生商品交易仲裁规则》。根据联合国贸法会的文件建议,新加坡国际仲裁中心也协助仲裁庭根据《联合国国际贸易法委员会仲裁规则》进行仲裁。新加坡国际中心的在册仲裁员由来自世界各地的行业专家组成,根据仲裁员的惯常居住地是否在东盟地区以及专业仲裁的特点,新加坡国际仲裁中心的在册仲裁员可以分为本地区域仲裁员、其他区域仲裁员和衍生商品交易行业仲裁员三类,当事人也可以选择名册以外的人士作为仲裁员。新加坡国际仲裁中心秘书处的工作人员来自包括中国在内的亚洲不同国家,具有多种专业背景和行业经验,能够满足不同国家和多元商业文化的当事人的服务需要。

第四节 中国知名仲裁机构简介

截至2009年底,中国有仲裁委员会202家。其中,只有中国国际经济贸易仲裁委员会和中国海事仲裁委员会是涉外的仲裁机构;北京仲裁委员会是2009年受案标的额最大的仲裁机构,武汉仲裁委员会是近十年受案量最大的仲裁机构。本节拟对这四家仲裁机构做简要介绍。[①]

一、中国国际经济贸易仲裁委员会

中国国际经济贸易仲裁委员会[②](China International Economic and Trade Arbitration Commission, CIETAC)是中国国际贸易促进委员会根据中华人民共和国中央人民政府政务院1954年5月6日的决定于1956年4月设立,其初名为"对外贸易仲裁委员会",1980年改名为"对外经济贸易仲裁委员会",1988年又改名为"中国国际经济贸易仲裁委员会",自2000年10月1日起同时启用"中国国际商会仲裁院"的名称。

中国国际经济贸易仲裁委员会的总会设在北京,深圳分会设立于1989年,上海分会设立于1990年。深圳分会于2004年6月18日更名为华南分会。天津国际经济金融仲裁中心设立于2008年5月28日。位于重庆的西南分会设立于2009年3月。中国国际经济贸易仲裁委员会的北京总会及其华南分会、上海分会、天津仲裁中心、西南分会是一个仲裁委员会,享有一个仲裁管辖权,使用相同的仲裁规则和仲裁员名册。中国国际经济贸易仲裁委员会设立域名争议解决中心和亚洲域名争议解决中心,负责解决各种域名争议。域名争议解决中心于2005年7月5日起同时启用"中国国际经济贸易仲裁委员会网上争议解决中

[①] 本节以下部分的撰写参考了相关仲裁机构之官方网站上的有关信息。
[②] 中国国际经济贸易仲裁委员会主页的网址是http://cn.cietac.org/。

心"名称。

中国国际经济贸易仲裁委员会设名誉主任1人、名誉副主任1至3人,顾问若干人,由中国国际贸易促进委员会或中国国际商会邀请有关知名人士担任;在组织机构上实行委员会制度,设主任1人,副主任若干人,委员若干人;总会和分会设立秘书局与秘书处,各有秘书长1人,副秘书长若干人,总会秘书局和分会秘书处分别在总会秘书长和分会秘书长的领导下负责处理仲裁委员会总会和分会的日常事务;中国国际经济贸易仲裁委员会还设立专家咨询委员会、案例编辑委员会和仲裁员资格审查考核委员会三个专门的委员会。

改革开放以来,中国国际经济贸易仲裁委员会先后于1988年、1994年、1995年、1998年、2000年和2005年六次改进其仲裁规则,其现在适用的仲裁规则自2005年5月1日起生效,分为"总则"、"仲裁程序"、"裁决"、"简易程序"、"国内仲裁的特别规定"和"附则"六章,共71条。中国国际经济贸易仲裁委员会的受案量自1990年以来一直居于世界前列,2000年至2010年,中国国际经济贸易仲裁委员会受理案件的数量分别为633件、731件、684件、709件、850件、979件、981件、1118件、1230件、1482件、1352件,平均每年约977件;受理的涉外案件的数量分别为543件、562件、468件、422件、462件、427件、442件、429件、548件、559件、418件,平均每年约480件。[1] 案件当事人涉及除中国之外的40个国家和地区,裁决的公正性得到国内外的一致承认,在香港的执行率达到99%以上,已在美国、英国、加拿大、德国、日本等几十个国家依据《承认及执行外国仲裁裁决公约》得到承认和执行。中国国际经济贸易仲裁委员会现已成为世界上重要的国际仲裁机构之一。

二、中国海事仲裁委员会

中国海事仲裁委员会[2](China Maritime Arbitration Commission, CMAC)是根据中华人民共和国国务院1958年11月21日的决定于1959年1月22日设立的专门受理国内外海事争议的常设仲裁机构。中国海事仲裁委员会的仲裁员由中国国际经济贸易促进委员会从具有航运、保险、法律等方面专业知识和实践经验的中外专家中聘任。中国海事仲裁委员会现在适用的仲裁规则施行于2004年10月1日,分"总则"、"仲裁程序"、"简易程序"和"附则"四章,共89条。

为配合国家将上海建成国际航运中心的战略,改善上海的投资软环境,方便当事人仲裁,中国海事仲裁委员会于2003年1月设立上海分会。上海分会是中

---

[1] 该组统计数据来自中国国际经济贸易仲裁委员会的官方网站:http://cn.cietac.org/AboutUS/AboutUS4Read.asp,2011年5月22日访问。

[2] 中国海事仲裁委员会主页的网址是http://www.cmac-sh.org/。

国海事仲裁委员会的组成部分之一,可以独立受理和审理案件。为促进渔业生产持续稳定发展,及时有效解决渔事争议,中国海事仲裁委员会2003年1月成立了渔业争议解决中心,设在上海分会内。为在物流行业推行仲裁制度,方便当事人用仲裁的方式解决物流争议,中国海事仲裁委员会于2004年2月1日设立物流争议解决中心。为充分发挥"民间调解"及"海事调解与仲裁相结合"解决海上事故纠纷的重要作用,在中国海事局的大力支持下,经过中国国际商会批准,中国海事仲裁委员会上海海事调解中心于2006年8月22日在上海成立。中国海事仲裁委员会在沿海城市大连、天津、宁波、广州、青岛设有办事处,以提供咨询服务和方便当事人就近参加开庭。

三、北京仲裁委员会

北京仲裁委员会[①]是根据《仲裁法》于1995年9月28日在北京设立的解决平等主体的公民、法人和其他组织之间发生的合同纠纷和其他财产权益纠纷的常设性仲裁机构。北京仲裁委员会的主任由著名法学家江平教授担任,副主任及委员由法律、贸易、金融等领域的十余名具备资深经历的专家和学者担任。办公室是北京仲裁委员会的常设办事机构,由秘书长领导,负责执行委员会决议和处理日常事务。

北京仲裁委员会现聘有370名仲裁员,他们来自15个不同的国家和地区,其中港台地区的仲裁员18名,外国仲裁员71名。北京仲裁委员会现在适用的仲裁规则施行于2008年4月1日,分"总则"、"仲裁协议"、"仲裁申请、答辩与反请求"、"仲裁庭的组成"、"审理"、"裁决"、"简易程序"、"国际商事仲裁的特别规定"和"附则"九章,共67条。

北京仲裁委员会的立案数由1995年的7件上升到2010年的1566件,争议金额由1995年的4400万上升到2010年的93亿(2006年更高达104亿)。2004年底到2008年初,北京仲裁委员会受理的涉外案件共有162件。截至2010年12月31日,北京仲裁委员会共结案16658件,占受案总数(17457件)的95.42%。其中,被法院裁定撤销仲裁裁决的有60件,裁定重新仲裁的有22件,裁定不予执行的有36件,仅占结案总数的7‰。

四、武汉仲裁委员会

武汉仲裁委员会[②]依法设立于1997年,是华中地区最具影响力的具有涉外仲裁能力的仲裁机构,常设办事机构为仲裁委员会办公室,常设工作部门有综合

---

① 北京仲裁委员会主页的网址是http://www.bjac.org.cn/。
② 武汉仲裁委员会主页的网址是http://www.whac.org.cn/。

处、发展处、秘书处、仲裁员工作处、信息处(电子商务仲裁中心)、综合服务中心、国际仲裁院(海事仲裁院)、金融仲裁院(知识产权仲裁院)。武汉仲裁委员会国际仲裁院成立于2005年12月18日,其主要职能是受理和审理国际商事仲裁案件,同时开展国际商事仲裁方面的合作与交流,开展国际商事仲裁理论与实务研究,发展、联络、管理国际商事仲裁专家及仲裁员队伍,为中外当事人提供独立、公平、高效的仲裁服务。武汉仲裁委员会现有597名仲裁员,遍布全国16个省、自治区、直辖市及香港、台湾地区,在英国、法国、美国、新加坡、韩国也聘有一定数量仲裁员。武汉仲裁委员会现行有效的仲裁规则施行于2007年1月1日,分"总则"、"申请和受理"、"仲裁庭"、"证据"、"审理和裁决"、"简易程序"、"国际(涉外)商事仲裁的特别规定"、"附则"八章,共90条。

1997年至2009年,武汉仲裁委员会共受理案件56238件,标的额共计人民币332.29亿元。在全国202家仲裁机构中,武汉仲裁委员会受理案件的数量连续多年位列全国第一,受理案件的标的额连续多年位列全国前五位。历年审结的案件中,调解和解率在80%以上,自动履行率在90%以上。

第五节　中国仲裁协会

仲裁协会的有无是衡量一个国家或地区的仲裁制度是否完备的基本标尺之一。我国《仲裁法》明确提出建立中国仲裁协会的问题,其第15条规定:"中国仲裁协会是社会团体法人。仲裁委员会是中国仲裁协会的会员。中国仲裁协会的章程由全国会员大会制定。中国仲裁协会是仲裁委员会的自律性组织,根据章程对仲裁委员会及其组成人员、仲裁员的违纪行为进行监督。中国仲裁协会依照本法和民事诉讼法的有关规定制定仲裁规则。"第75条规定:"中国仲裁协会制定仲裁规则前,仲裁委员会依照本法和民事诉讼法的有关规定可以制定仲裁暂行规则。"1994年11月13日国务院下发的《关于做好重新组建仲裁机构和筹建中国仲裁协会筹备工作的通知》指出:"重新组建仲裁机构的工作和筹建中国仲裁协会的工作分两步进行,先进行重新组建仲裁机构的工作,在此基础上再筹建中国仲裁协会。中国仲裁协会的筹建准备工作可以早一点开始,也由国务院法制局牵头,国家经贸委、国家体改委、司法部、国家工商局、贸促会、全国工商联参加,主要是研究如何建立中国仲裁协会、草拟协会章程和仲裁规则等问题。"考虑到当时重新组建仲裁机构的时间紧张、任务繁重和经验不足,重新组建仲裁机构和筹建中国仲裁协会两项工作先后进行、分步走的设想是审慎的、科学的,但时至《仲裁法》已实施十多年、仲裁机构已设立一百八十多家的今天,中国仲裁协会仍未建立不得不让人常感诧异、倍感遗憾。

一、中国仲裁协会的性质与法律地位

中国仲裁协会(China Arbitration Association)是仲裁委员会的自律性组织。仲裁委员会的民间性质决定了中国仲裁协会的民间性质,中国仲裁协会不能具有如行政机关一样的行政权力。中国仲裁协会和仲裁委员会之间是指导与被指导、服务与被服务、监督与被监督的关系。

中国仲裁协会是社会团体法人,应符合一般法人的设立条件,并须按照《社会团体登记管理条例》进行设立登记。

二、中国仲裁协会的组成

中国仲裁协会实行会员制,其会员目前只能是团体会员,国内仲裁委员会和涉外仲裁委员会是中国仲裁协会当然的团体会员。全国会员大会是中国仲裁协会之章程唯一的合法制定主体。对于中国仲裁协会是否允许个人会员加入,我国《仲裁法》未作出明确规定。

三、中国仲裁协会的职能

中国仲裁协会的职能应包括:(1)制定并公布仲裁规则的示范文本,以便各仲裁委员会予以参照或采用;(2)根据章程对仲裁委员会及其组成人员、仲裁员进行指导、服务、监督;(3)总结仲裁经验,开展相关实务培训、理论研究和国际交流。需要说明的是,我国《仲裁法》第75条的规定不能解释出中国仲裁协会具有制定全国统一适用的仲裁规则的职能,若中国仲裁协会具有这一职能,则将与仲裁独立原则、中国仲裁协会的性质、仲裁去行政化的制度设立严重悖反,所以该规定只能看成是中国仲裁协会具有制定并公布仲裁规则的示范文本之职能的法律依据。

拓展阅读

1. 王红松:《坚持仲裁民间性 深化仲裁体制改革——论仲裁法修改应重视的问题》,载《北京仲裁》2007年第1期。
2. 费宗祎:《费宗祎先生谈仲裁法的修改》,载《北京仲裁》2007年第2期。
3. 陈福勇:《模糊化还是明确化——也谈仲裁机构的性质问题》,载《北京仲裁》2007年第2期。
4. 周江:《也谈仲裁机构的民间性》,载《北京仲裁》2007年第2期。
5. 王红松:《仲裁行政化的危害及应对之策》,载《北京仲裁》2007年第2期。

6. 林一飞:《中国仲裁协会与仲裁机构的改革》,载《北京仲裁》2007年第2期。

7. 陈福勇:《我国仲裁机构现状实证分析》,载《法学研究》2009年第2期。

8. 宋连斌:《我国仲裁机构民间化的在制度困境——以我国民间组织立法为背景的考察》,载《法学评论》2009年第3期。

9. 汪祖兴:《仲裁机构民间化的境遇及改革要略》,载《法学研究》2010年第1期。

第四章 仲 裁 员

本章提要

仲裁员,是指在仲裁程序中,对当事人的财产权益纠纷进行审理并作出裁决的人。仲裁员名册、仲裁员资格解决的是仲裁案件中由谁来担任仲裁员,审理当事人的财产权益纠纷并作出裁决的问题。在仲裁过程中,仲裁员需要承担相应的道德责任、行为责任和法律责任。仲裁员资格和仲裁员责任共同构成仲裁员制度的核心内容。

关键词

仲裁员　仲裁员名册　仲裁员资格　仲裁员责任

仲裁员是仲裁机构的重要组成部分,是仲裁程序的主持者和仲裁案件的裁判者。仲裁员须具备一定的道德品质和业务素质。仲裁员的综合素质直接关系到仲裁裁决的公正性,影响到仲裁机构的声誉和仲裁业的健康发展。凡是实行仲裁制度的国家或地区,均在仲裁法律中对仲裁员制度作出规定,仲裁机构的仲裁规则也包含着仲裁员制度的内容。建立完善的仲裁员制度有利于加强仲裁员队伍建设,保证仲裁功能的充分发挥。

第一节　仲裁员资格

一、仲裁员的概念

仲裁员,是指在仲裁程序中,对当事人的财产权益纠纷进行审理并作出裁决的人。仲裁员有广义与狭义之分。广义上的仲裁员,是指符合仲裁法所规定的任职资格,并为仲裁机构聘任和列入名册的人,可以称为某一仲裁机构的仲裁员。狭义上的仲裁员,是指由当事人按照一定的程序直接或间接从广义仲裁员中依法选定的、对具体争议事项进行审理的人,可以称为某一案件的仲裁员。

仲裁员与法官存在着本质的区别。第一,从裁判权的来源看,法官的审判权来源于司法权,法官的权力在诉讼法中有明确的规定,而仲裁员的管辖权只是来源于当事人在仲裁协议中的授权。超出授权范围,则仲裁员无权行使管辖权。①第二,从职业身份的角度看,根据《法官法》的规定,法官是从依法取得法律职业资格证书并具备法官条件的人员中选出,依法行使国家审判权的国家机关工作人员。而仲裁员则不是一种专门的职业,仲裁机构是民间组织,仲裁员是仲裁委员会聘任的人员,他可能是教授、律师、会计师、经贸专家、技术专家等。

二、仲裁员名册

仲裁机构制作仲裁员名册,是国内外仲裁机构的惯常做法。根据我国《仲裁法》第13条、第25条的规定,仲裁委员会按不同专业设仲裁员名册并在一定条件下向申请人送达。根据2007年1月1日实行的《武汉仲裁委员会仲裁规则》第3条的规定,武汉仲裁委员会依照仲裁法规定,在法律、建筑工程、经济贸易、金融、科技、知识产权、海事等领域专业人士中聘任仲裁员,并按专业设仲裁员名册。根据2008年4月1日实行的《北京仲裁委员会仲裁规则》第17条的规定,当事人从北京仲裁委员会提供的仲裁员名册中选择仲裁员。仲裁委员会受理仲裁申请后,应当在仲裁规则规定的期限内将仲裁规则和仲裁员名册送达申请人,并将仲裁申请书副本和仲裁规则、仲裁员名册送达被申请人。仲裁员名册的制定和送达,方便当事人了解仲裁机构仲裁员的构成以及在仲裁程序中选择仲裁员。

根据在仲裁员名册中选定仲裁员的强制程度,仲裁员名册制可分为强制仲裁员名册制和推荐仲裁员名册制。强制仲裁员名册制,指当事人必须从仲裁员名册中选择仲裁员审理财产权益纠纷,禁止在仲裁员名册之外选择仲裁员。强制仲裁员名册制,由于名册上的仲裁员已经由仲裁机构遴选过,可以起到保证仲裁员水准,保障仲裁案件审理质量的作用。推荐仲裁员名册制,指当事人可以从仲裁机构提供的仲裁员名册中选定仲裁员,也可以从仲裁员名册之外选择仲裁员来审理财产权益纠纷。仲裁员名册只起到推荐和引导作用。在仲裁员选定方面,推荐仲裁员名册制给予当事人更广泛的选择机会,扩大了当事人意思自治的范围。

(一) 我国仲裁员名册制度存在的主要问题

我国《仲裁法》并未使用强制名册制的概念,但依各仲裁委员会的仲裁规则和仲裁实践来看,当事人只能在仲裁委员会送达的仲裁员名册中选定仲裁员。如根据2007年1月1日实施的《广州仲裁委员会仲裁规则》第6条的规定,当事人应从该会的仲裁员名册中选定仲裁员。实施强制仲裁员名册制有利于保证仲裁员的水平,从而有利于保障仲裁的水准和公正性。在仲裁程序中,仲裁员如果

---

① 参见宋连斌主编:《仲裁理论与实务》,湖南大学出版社2005年版,第83页。

被选出,对方当事人就不能抗辩仲裁员的资格条件,进而有利于减少拖延程序的可能性。但我国的仲裁员名册制度存在以下几个方面的问题:

(1) 仲裁员名册简单化。根据我国《仲裁法》第13条的规定,仲裁机构得按专业设置仲裁员名册。但实践中,按专业设置的仲裁员名册较为罕见,常见的名册,要么仅仅载明候选仲裁员名字,要么大而不当地注明该人专业领域,但没有载明仲裁员的其他资料,如专业背景、职业简历、国别、住址、联系方式等。[①] 目前,我国绝大多数仲裁委员会名册采用"四栏制",即姓名、职称或职务、专长、国籍。当事人收到名册时很难了解名册上仲裁员的实际仲裁能力、道德品质,除非当事人或其代理人与册中之人熟悉。有些仲裁委员会的仲裁员名册中的专长"一栏"又标注的极其含混,如标注"法律"或"民事经济",更有甚者,干脆不标注仲裁员的专长。这种仲裁员名册可能会减少当事人和仲裁员私下接触的机会,但当事人仅仅知道仲裁员的姓名,不利于当事人了解仲裁员的情况,作出合理、满意的选择。

(2) 仲裁员名册的强制性。强制仲裁员名册制最大的缺陷是限制了当事人选择仲裁员的自由。这就限制当事人选择仲裁员的空间,与仲裁的自愿性相悖。以现行的中国国际经济贸易仲裁委员会仲裁员名册为例:共有来自27个国家和地区的500名仲裁员,1999年处理的案件涉及的当事人来自43个国家和地区,也就是说,至少有16个国家和地区的当事人无法选择本国人作为仲裁员。而且,有些国家和地区被列入仲裁员名册的人数极少,甚至仅一人,这些国家和地区的当事人如想委任与自己来自同一国家和地区的仲裁员,几乎无可选择。[②]

(二) 仲裁员名册制度的改革建议

针对我国仲裁员名册制度存在的问题,提出如下改进对策:

(1) 仲裁员名册由简单变为合理详尽。为了让当事人作出合理、满意的选择,仲裁员名册除传统的四个栏目外,适当增加仲裁员的从业经历、现任工作、所获荣誉、专业素养等内容。各仲裁委员会将该仲裁机构的仲裁员的详细情况上网,便于当事人随时查阅。

(2) 仲裁员名册由强制性变为推荐性。我国的强制名册制虽然在一定程度上保证了仲裁员的水准,但限制了当事人自由选择仲裁员的权利。与我国的情况不同,国外仲裁机构多数采用推荐仲裁员名册制。国际商会仲裁院、美国仲裁协会等知名仲裁机构的仲裁规则中规定的当事人对仲裁员的选择均没有仲裁员名册的表述,这些机构虽然也提供仲裁员名单,但仅出于推荐和供参考的目的。

---

① 参见乔欣主编:《比较商事仲裁》,法律出版社2004年版,第93页。
② 参见宋连斌、赵健:《关于修改1994年中国仲裁法若干问题的探讨》,载陈安主编:《国际经济法论丛》第4卷,法律出版社2001年版,第600页。

仲裁采取的是商人社会的"共同语言",尤其在经济全球化的时代,不能忽视仲裁的统一性。实行推荐名册制,使得仲裁员的来源具有更大的开放性,既保护了当事人选择仲裁员这一重要的程序性权利,又能保证仲裁水准与社会变迁保持同步成长。

值得关注的是,中国国际经济贸易仲裁委员会颁布并于2005年5月1日起施行的仲裁规则中规定:"当事人约定的或根据当事人之间协议指定的人士经仲裁委员会主任依法确认后可以担任仲裁员、首席仲裁员或独任仲裁员。"尽管该规定还限于当事人约定,但毕竟表明强制仲裁员名册制的坚冰已打开了一个缝隙。该规定突破了强制名册制的局限,给予当事人在名册外选定仲裁员的权利,在保证当事人选定的仲裁员具备法定资格的情况下,最大程序的尊重了当事人选定仲裁员的意愿。①

三、仲裁员的资格

在仲裁程序中,仲裁庭是由仲裁员组成的,仲裁员是当事人提请仲裁争议案件的审理者与裁决者。由于仲裁员不同于法官,其往往来自于法学、经济贸易等不同的专业领域,因此,为了保证仲裁员公正、合法、合理地解决当事人之间的争议案件,依法确定仲裁员的资格尤为关键。

(一) 仲裁员的一般资格

各国对仲裁员的资格要求各不相同,有些国家对仲裁员资格的要求比较宽松,甚至在法律上没有任何要求,比如德国、奥地利等,在这些国家只要具备法律所规定的行为能力,即可被当事人选定为仲裁员。有些国家对仲裁员的资格只作了原则性的规定,如根据《阿根廷民商事诉讼法典》第743条第2款的规定,只有已经达到成年且具备完全民事行为能力的人,才可以担任仲裁员。也有些国家对仲裁员的资格条件规定得较为严格,如在西班牙,在当事人约定依法仲裁争议的情况下,只有执业律师才能被选择为仲裁员。② 由于仲裁员的资格对仲裁的质量有直接的影响。因此,很多国家在民事诉讼法或仲裁法以及仲裁机构的仲裁规则中对仲裁员的资格提出了基本要求。如《意大利民事诉讼法典》第812条第2款规定:"未成年人、无法律行为能力人、破产者以及被开除公职的人,不能担任仲裁员。"

由于当事人依据仲裁协议提请仲裁的争议案件往往涉及较强的专业性,争议的解决直接影响到当事人之间的实体权利义务关系,并且仲裁本身就是一种专业性很强的争议解决活动,因此,在仲裁实践中,为了满足仲裁的专业性要求,

---

① 参见王生长:《最大程度尊重当事人意思自治》,载《法制日报》2005年4月20日。
② 参见韩健:《现代国际商事仲裁法的理论与实践》,法律出版社2000年版,第169页。

各常设仲裁机构都从本国或者各国的专业人士中遴选出具有高尚道德品质,并在法律、经贸、工商、金融、建筑、科学技术等方面具有较高专业水平的人士作为仲裁员,并设置仲裁员名册供当事人选择。①

我国《仲裁法》对仲裁员的资格的要求不是限制性条款,而是从"允许"的角度加以规定的,它不仅规定了仲裁员的"身份资格",也规定了仲裁员所应具有的专业水平。根据《仲裁法》第13条的规定,仲裁委员会应当从公道正派的人员中聘任仲裁员。仲裁员应当符合下列条件之一:

(1) 从事仲裁工作满8年的。这种情况包括我国《仲裁法》生效前设立的仲裁委员会工作过8年;或者在《仲裁法》生效前设立的仲裁委员会工作,又在《仲裁法》后新组建的仲裁委员会中工作共8年的。在仲裁机构从事8年以上仲裁工作的人员往往具备较为丰富的解决商事争议的经验,聘任这些人士担任仲裁员不仅有利于争议的解决,而且有利于我国仲裁事业的连续顺利发展。

(2) 从事律师工作满8年的。律师是国家的法律工作者,从事律师工作满8年的人员不仅具有丰富扎实的法学知识,而且具有很强的分析实务问题并运用法律解决实务问题的能力,因此,聘请从事律师工作满8年的律师担任仲裁员有利于争议的解决。律师担任仲裁员,可以弥补仲裁庭其他人员法律专业知识的不足,其职业特点又能保证其有担任仲裁员的时间和精力。

(3) 曾任审判员满8年的。从居中审理财产权益争议案件并依据所认定事实,适用法律解决争议案件的角度来看,审判员与仲裁员存在许多相似之处;而且,担任8年审判员的经历足以使其积累了丰富的审理与解决争议案件的经验,这些经验对于仲裁员来说非常有价值。值得注意的是,法律赋予人民法院对仲裁的监督权,因此,人民法院的现职审判员不能担任仲裁员。

(4) 从事法律研究、教学工作并具有高级职称的。仲裁所解决的商事争议案件所涉及的领域往往是法律关系较为复杂并且容易随着社会政治经济的发展不断变化的,具有高级职称的教学科研人员往往具有深厚的学术功底并具有较强的科研能力,聘请其担任仲裁员有利于发挥法学理论优势、解决仲裁过程中的疑难问题。

(5) 具有法律知识、从事经济贸易等专业工作并具有高级职称或者具有同等专业水平的。当事人依据仲裁协议提请仲裁解决的争议案件往往是经济贸易过程中所发生的争议,聘请具有法律知识的经济贸易等专家担任仲裁员有利于解决仲裁案件的专业性强带来的难题。

除国家法律规定的仲裁员资格条件外,仲裁机构通常对本机构的仲裁员资格条件作了进一步规定。由于一个仲裁机构仲裁员队伍的整体素质常常象征着

---

① 参见杨秀清、史飚:《仲裁法学》,厦门大学出版社2007年版,第63页。

该机构的水平和层次,所以仲裁机构往往会对仲裁员的资格条件作出比法律规定更高的要求。2006年9月1日实行的《北京仲裁委员会仲裁员聘用管理办法》就仲裁员的任职资格作出了更高的要求。其他仲裁机构也有对仲裁员资格条件的类似规定。这些规定反映了仲裁机构对仲裁员资格条件的重视,其根本目的是为了确保仲裁审理的质量和效率。

(二)仲裁员的特别资格

1. 法官

从裁判纠纷的角度看,仲裁员与法官的工作性质非常相近,法官所受的教育、经验和心理最适于解决争议,他们通常能够把法律和公平最佳地结合在一起,而这正是当事人诉诸仲裁所寻求的目的。① 有些国家的法律也允许法官在一定条件下担任仲裁员,如美国和法国。尽管从专业角度看,法官是担任仲裁员的合适人选,但仍有不少国家禁止或实际上不允许法官作为仲裁员审理争议,如西班牙和奥地利。其主要原因是:其一,法官担任仲裁员,可能影响其本职工作。法官的本职工作本来就很繁重,如果让法官再担任仲裁员,可能影响审判工作的顺利进行,造成诉讼程序的拖延。其二,法官担任仲裁员,可能在具体案件上与其法官身份直接冲突。法官担负着监督仲裁程序的职责,如果法官任仲裁员将会弱化法院对仲裁的司法监督职能。其三,法官担任仲裁员会有损于法官的威严。

2004年7月24日,最高人民法院发布《关于现职法官不得担任仲裁员的通知》,该通知指出:"法官担任仲裁员,从事案件的仲裁工作,不符合有关法律规定,超出了人民法院和法官的职权范围,不利于依法公正保护诉讼当事人的合法权益。因此,法官不得担任仲裁员。"最高人民法院要求,已经被仲裁委员会聘任而担任仲裁员的法官,应当在该通知下发后1个月内辞去仲裁员职务,解除聘任关系。在我国,现任审判员不能受聘为仲裁员。

2. 仲裁机构内部人员

仲裁机构内部人员,指在仲裁机构从事日常管理工作和经办仲裁案件的人员。他们在仲裁机构工作一定年限后,由于熟悉仲裁程序,又积累了案件审理的经验,仲裁机构往往会将其中优秀者聘为仲裁员。也有学者称这部分仲裁员为驻会仲裁员。② 由于我国《仲裁法》第13条规定从事仲裁工作满8年的可以担任仲裁员,因此仲裁机构内部人员担任仲裁员,也即驻会仲裁员现象在我国的仲裁机构中普遍存在,但也有些机构坚持不聘任内部人员担任仲裁员,比如北京仲裁委员会。

---

① 参见张斌生:《仲裁法新论》(修订版),厦门大学出版社2004年版,第208页。
② 参见宋连斌:《中国现行仲裁员制度存在的主要问题》,载《人民法院报》2002年10月7日。

对于仲裁机构工作人员担任仲裁员问题,学界有不同的观点。有学者认为,仲裁机构工作人员担任仲裁员为法律所允许,且他们作仲裁员既能保证案件审理质量,又可提高仲裁审理效率。又有学者认为,驻会仲裁员在被选定和就案件发表意见时可能因其身份而处于优势地位,造成非会内仲裁员的不公平待遇和不能充分发表意见;并且,驻会仲裁员的存在也为仲裁机构对仲裁员的监督造成障碍,形成"运动员"与"裁判员"身份竞合现象。①

上述争论的存在,对我国仲裁员制度的完善具有积极意义。一方面,作为我国仲裁制度中特有的驻会仲裁员,在目前我国没有职业仲裁员队伍的情况下,对我国仲裁事业的发展是有积极意义的。但另一方面,它给仲裁监督带来了新的问题,这应当成为国内很多仲裁机构必须解决的一个课题。

3. 外国人

世界上的大多数国家从尊重当事人意愿出发,都承认非本国国籍的人担任仲裁程序中的仲裁员。允许非本国国籍公民担任仲裁员是现代商事仲裁制度的发展趋势,中国国际经济贸易仲裁委员会自20世纪80年代末起,聘请外国人和我国港澳人士作为仲裁员。此举有助于增强外国当事人和中国港澳台地区当事人对中国内地仲裁的信心,有利于发展和扩大我国的对外经济交往,同时还可促进我国仲裁机构的办案质量和效率的提高。允许非本国公民作为仲裁员是现代仲裁制度的发展趋势,特别是随着国际交往的频繁,它将成为仲裁制度的一项重要内容,成为仲裁制度是否完善的标志。同时,仲裁员的非本地化可以充分体现仲裁的公正以及仲裁员的独立与公正。②

4. 法人

仲裁程序中的仲裁员应为自然人,是仲裁对仲裁员资格的一般要求。其原因在于商事仲裁中仲裁员的角色与诉讼中法官的角色类似,因此仲裁员应当具备一定的专业知识、智慧经验及判断能力,而法人则不能胜任。例如,《法国新民事诉讼法典》第1451条规定:"仲裁员之任务只能交由自然人担任,该自然人应能完全行使其民事权利。"

第二节 仲裁员的责任

仲裁员的责任是指仲裁员在履行其职责时应当遵循的准则和要求以及仲裁员在履行其职责时因存在法律规定的过错行为而对当事人或社会所承担的责任。仲裁员的责任一般包括三种形式,即道德责任、行为责任和法律责任。

---

① 参见宋连斌主编:《仲裁理论与实务》,湖南大学出版社2005年版,第90页。
② 参见张斌生:《仲裁法新论》(修订版),厦门大学出版社2004年版,第209页。

一、仲裁员的道德责任

仲裁员的道德责任,是指一个人担任仲裁员应当具备的道德素养,以及作为仲裁员履行职责时所应遵从的信念和原则。财产权利争议提交给仲裁机构裁决是基于当事人的协议选择,而当事人之所以选择仲裁是基于对仲裁的信任。当事人对仲裁的信任,包含对仲裁机构的信任,更大程度上是出于对仲裁员的信任。"有什么样的仲裁员,就有什么样的仲裁"已经成为仲裁界的共识。这说明仲裁的质量取决于仲裁员的道德修养和专业水平,从某种意义上说,仲裁员的道德修养更是仲裁吸引力之所在,是仲裁的水源,是活的仲裁法。拥有一支品德高尚、社会声誉好的仲裁员队伍,对于当事人、仲裁员本人、仲裁机构、法院,乃至整个仲裁制度而言,都是至关重要的。因此,很多国家仲裁法以及一些仲裁机构的规则都将仲裁员的道德修养作为其担任仲裁员的首要条件。如我国《仲裁法》第13条第1款就规定:"仲裁委员会应当从公道正派的人员中聘任仲裁员。"

无论对仲裁员道德修养如何规范,公正和独立都是最基本的价值追求。然而,由于公正与独立更多地来源于当事人主观判断或心理评价,对于仲裁员公正与独立的含义以及两者之间的关系很难得到统一的界定,实践中有三种不同的做法:第一,着重规定仲裁员的公正性,独立性只有特殊情况下予以考虑,如英国。第二,着重规定仲裁员的独立性,公正性是保证独立性的应有之义,国际商会的仲裁规则就是明显的例子,国际商会仲裁理论把独立性看做是手段、方式,把公正性看做是目的、结果。第三,既规定独立性,又规定公正性,两者同等重要。如我国对仲裁员的独立性和公正性均做了要求。[①] 具体表现如下:

(一) 独立性

独立性,是指仲裁员在审理案件时,完全以个人的见解、学识和判断能力进行仲裁程序并对财产权益争议实体裁决发表意见,不受其他任何组织和个人的干涉。

仲裁员的独立性是仲裁结果公正的前提和保障,是公正仲裁的必要条件,没有仲裁员的独立性,就没有仲裁的公正性。我国《仲裁法》第8条规定:"仲裁依法独立进行,不受行政机关、社会团体和个人的干涉。"由于仲裁是在仲裁员的主导下进行的,所以仲裁的独立进行必须以仲裁员的独立性为条件。

1. 独立于当事人

仲裁员应当独立于当事人。无论是当事人选定的仲裁员,还是仲裁机构指定的案件首席仲裁员,均不代表当事人一方的利益,应当于中立的第三者的立场

---

① 参见周晓明:《谈仲裁员的操守》,载《仲裁与法律》第93辑,法律出版社2004年版,第41—43页。

裁判案件。很多仲裁机构的仲裁规则对此均有规定。例如,《贸仲规则》(2005)第 19 条规定:"仲裁员不代表任何一方当事人,并应独立于各方当事人且平等地对待各方当事人。"2008 年 4 月 1 日实行的《北京仲裁委员会仲裁规则》第 20 条第 1 款规定:"仲裁员任职后,应当签署保证独立、公正仲裁的声明书,声明书由秘书转交各方当事人。"只有坚持仲裁员独立于当事人,才能确保仲裁中没有偏袒。

从当事人的心理角度而言,一般的都希望对己方所选定的仲裁员比较熟悉和了解,有一种对自己选定的仲裁员在仲裁过程中能尽可能关注和考虑己方权益的安全感;一定的熟人关系,在当事人对仲裁员的选定中,也是其了解和熟悉仲裁员的有利条件,在仲裁机构进行仲裁法制宣传和拓展仲裁业务中,也不失为一条有效的途径。但这种"熟人关系"具有鲜明的亲疏性和实用性,如达到一定程度,对仲裁的公正性也会产生严重影响。例如,我国《仲裁法》第 34 条规定:"仲裁员有下列情形之一的,必须回避,当事人也有权提出回避申请:(一) 是本案当事人或者当事人、代理人的近亲属;(二) 与本案有利害关系;(三) 与本案当事人、代理人有其他关系,可能影响公正仲裁的;(四) 私自会见当事人、代理人,或者接受当事人、代理人的请客送礼的。"如果仲裁员与某方当事人或代理人存在上述可能影响独立性的利害关系,则应当提出回避,不应继续担任案件仲裁员。当事人也有权基于以上原因对不具有独立性的仲裁员提出回避请求。

2. 独立于仲裁庭的其他成员

仲裁员独立于仲裁庭其他成员,指的是在案件由一名以上仲裁员组成仲裁庭时,每个仲裁员应当独立地对案件进行分析判断,独立思考,并提出处理意见。仲裁庭的成员不应影响和干涉仲裁庭其他成员对案件发表意见,仲裁员自己也应当具备不受干涉而独立表达意见的素质。在整个仲裁过程中,每个仲裁员都应用自己所实施的全部行为排除任何一方当事人和其他仲裁员对自己独立性和公正性的任何疑虑。

仲裁庭各成员相互独立的目的在于真正实现集思广益,使案件得到充分讨论,避免少数仲裁员意见可能的偏颇而导致案件审理结果的不公正。仲裁庭成员的相互独立也是仲裁制度给予各方当事人选定仲裁员权利的必然要求,是仲裁各方当事人均能实现"自己选择自己的法官"的保障手段之一。一些外国仲裁法或仲裁规则对这一独立性作了规定。例如,1998 年《荷兰仲裁协会仲裁规则》第 10 条规定:"仲裁员应独立公正。仲裁员不得与同庭其他仲裁员或任一方当事人有密切的私人或职业关系,也不能与案件的结果有直接的私人或职业上的利益。"①

---

① 宋连斌、林一飞译编:《国际商事仲裁新资料选编》,武汉出版社 2001 年版,第 333 页。

3. 独立于仲裁机构

由于中国机构仲裁的特性,仲裁机构和仲裁员之间的关系如何界定就显得尤为关键。仲裁员独立于仲裁机构包括两方面的内容:一是对争议进行仲裁的实体审理权利在仲裁员而不在仲裁机构,仲裁员独立审理财产权益纠纷不应受到仲裁机构的任何干涉、剥夺和限制;二是为保证案件审理的质量和仲裁机构的声誉,仲裁机构应对仲裁员予以必要的监督。

当事人自愿选择通过仲裁的方式来解决财产权益争议,很大程度上是出于对仲裁员的信任,因此仲裁员独立审理案件的权利必须得到切实保障,否则将损害仲裁员的独立性,也违背了当事人选择仲裁的初衷。一方面,仲裁机构不应对仲裁员独立审理案件的权利进行干涉、限制和剥夺。另一方面,仲裁机构也应采取一定的措施对仲裁员和仲裁裁决书进行监督和审核。这些措施包括替换仲裁员和在裁决书寄发前由仲裁机构进行核阅。从规则规定上看,这种做法最早见于国际商会仲裁院仲裁规则第 12 条替换仲裁员的规定和第 27 条仲裁院核阅裁决书的规定。[①] 仲裁机构核阅裁决的做法在国内最早由中国国际经济贸易仲裁委员会采纳,后被其他仲裁机构广泛接受。我们认为,仲裁机构对仲裁员进行适当制约并无损于仲裁员的独立审判权,相反,制约的存在正是仲裁员独立于仲裁机构的体现。这种良性制约机制可以构建一个行之有效的仲裁公平审理和公正裁判的保障体系。[②]

(二) 公正性

公正,即"秉公办事"。"公"是与"私"相对的,所以要公正就不能有私念,不能有私欲。"正"按照《楚辞》第九章"惜诵"所说,就是指"苍天以为正"。苍天在上,我们办事要凭良心。[③] 公正仲裁是仲裁员的第一天职。公正是仲裁制度的灵魂和生命线,离开公正,仲裁制度就失去了存在和发展的基础,仲裁员也不再有存在的价值和立足的余地。只有具备公正性的仲裁员才能实现仲裁的公正。因此,公正性是仲裁员应具备的最基本道德规范之一,并应当贯穿于仲裁员的仲裁行为的始终。

与独立性相比,仲裁员的公正性比较抽象,它常常涉及人的心理状态,而衡量人的心理是否出于公正状态是特别困难的。[④] 因此,仲裁员的公正性应通过制定公平的程序规则、平等对待当事人、严格依据法律与事实等具体行为,并通过保持独立性来实现公正。

[①] 参见宋连斌、林一飞译编:《国际商事仲裁新资料选编》,武汉出版社 2001 年版,第 279、284 页。
[②] 参见宋连斌主编:《仲裁理论与实务》,湖南大学出版社 2005 年版,第 96 页。
[③] 参见刘文杰:《公正 廉洁 勤勉——对仲裁员的基本要求》,载《仲裁与法律》第 97 辑,法律出版社 2005 年版,第 6 页。
[④] 参见韩健:《现代国际商事仲裁法的理论与实践》,法律出版社 2000 年版,第 171 页。

仲裁员居中对案件进行裁判,仲裁员不是当事人的代理人,不能代表任何一方的意志和利益,而必须以自己的意志公正地、不偏不倚地实施仲裁行为。根据2006年9月1日实施的《北京仲裁委员会仲裁员聘用管理办法》第15条的规定,违背仲裁员独立、公正立场,在开庭审理中,违背公正原则,代替一方向另一方质证、辩论、提出要求的,情节严重的,北京仲裁委员会将予以解聘。当然,实践中经常存在的问题是,仲裁员的公正性要求是否允许仲裁员对一方当事人有预先倾向性?法国学者R.大卫指出,应现实地承认,在某些情况下不能期望所有的仲裁员具有同样的公正性,只能期望第三名仲裁员是完全公正的。① 笔者认为,在"熟人社会"中,人们希望仲裁员能或多或少地偏袒己方的心理是普遍存在的。仲裁员的倾向性是符合当事人的心理特征的,但是仲裁员具有一定倾向性并不是指仲裁员可以肆意偏袒,可以不顾事实与法律去维护一方当事人利益。仲裁员具有倾向性更不意味着仲裁员可以与当事人单独接触,与当事人打成一片,这种倾向性应当建立在独立性基础上。

二、仲裁员的行为责任

仲裁员的道德规范指导着仲裁员的行为,并通过仲裁员的具体行为得到落实和体现。因此,仲裁员的道德规范与行为准则是一致的。研讨仲裁员的道德规范,更重要的是从通过制定仲裁员的行为准则和考察仲裁员的行为入手。一些仲裁机构和协会通过制定类似规则来对仲裁员的行为进行引导和规范。如中国国际经济贸易仲裁委员会制定的《仲裁员守则》,北京仲裁委员会以及其他各地仲裁委员会制定的仲裁员守则等。总的来讲,仲裁员的行为要受到有关仲裁立法、当事人合意、仲裁委员会的规则以及仲裁员的自我约束等多种形式、不同层次的规范约束。② 这里,基于仲裁员本身的道德素养、自我约束或者自律是主要方式,但仲裁委员会适度的监督和行为考察也不可或缺。

结合国内外仲裁机构制定的仲裁行为准则,仲裁员在仲裁行为中应遵守的原则主要集中在以下几个方面。

(一)平等对待各方当事人

仲裁员居中裁判案件,就必须平等对待各方当事人,不代表、不偏袒、不歧视、不压制任何一方当事人。无论当事人的民族、职业、身份、社会地位、资产状况、企业性质、所在地域及案件争议标的等情况有何区别,均应确保双方当事人在仲裁中的法律地位平等,确保双方当事人行使各项仲裁权利平等,确保双方当

---

① 参见韩健:《现代国际商事仲裁法的理论与实践》,法律出版社2000年版,第172页。
② 参见侯登华:《论仲裁员的公正性保障》,载《仲裁与法律》第3期,法律出版社2002年版,第53页。

事人平等地进行举证、质证、辩论。否则当事人就有正当理由对案件审理的公正性产生怀疑。

仲裁员平等对待各方当事人,表现在程序权利和行为表现两方面。在程序权利方面,仲裁员应当给予当事人同等的权利,如给一方提供证据材料的机会,则应将这样的机会同时给予另一方当事人。在行为表现方面,仲裁员不能在庭审以及其他与当事人接触的场合,表现出对一方热情,对另一方冷淡。这种情况虽然并不表明仲裁员一定会偏袒某一方当事人,但仍不能排除合理怀疑,会给另一方当事人一种不平等的感觉。因此,仲裁员不仅应在实际的程序权利上,而且还应在行为表现中给予当事人平等的待遇。

(二) 不得私自接触任何一方当事人及其代理人

仲裁员与当事人之间的关系往往较为特殊。一方面,仲裁员的仲裁权基于当事人的协议授权而产生;另一方面,仲裁员为了保证仲裁的公正性又要谨慎地处理与当事人之间的关系,主要是不得私自接触当事人及其代理人。这一行为规范是仲裁员居中、独立公正裁判案件的必然要求和客观保障。单独、私下接触的后果必然是独立性的丧失,案件裁判结果的公正性也必然失去保障。因此,各国仲裁法均禁止仲裁员与当事人单独接触。根据我国《仲裁法》第34条、第38条和第58条的规定,如果仲裁员私自会见当事人、代理人,或者接受当事人、代理人的请客送礼的,必须回避;上述情形情节严重的,或者仲裁员在仲裁案件时有索贿受贿、徇私舞弊、枉法裁决行为的,应当承担法律责任,仲裁委员会应当将其除名;仲裁员在仲裁案件时有索贿受贿、徇私舞弊、枉法裁判行为的,当事人可以申请撤销仲裁裁决。仲裁员与一方当事人及其代理人单独接触,他们之间会或多或少谈及案件的有关情况,这样会使仲裁员在一定程度上先入为主,自觉或不自觉地偏向某一方当事人;即使未谈及争议的具体情况,也必然会使对方当事人对私自接触一方当事人及其代理人的仲裁员的公正性产生合理的怀疑。

仲裁员不得与当事人及代理人私自接触也存在例外情形。这一例外情形就是仲裁员在仲裁案件调解程序中,为使得调解成功,仲裁员可以采取适当的方式与一方当事人或者代理人单独会见。如果调解不成,任何一方当事人均不得在其后的仲裁程序、司法程序和其他任何程序中援引对方当事人或者仲裁庭在调解过程中发表过的、提出过的、建议过的、承认过的以及当事人愿意接受过的或否定过的任何陈述、意见、观点或者建议作为其请求、答辩及反请求的依据。因为仲裁员进行调解是必须征得双方当事人同意方能进行,并且仲裁员分别与当事人进行会谈是调解取得成功的必须手段。值得注意的是,这种单独接触尽管被允许,在调解中的谈话内容和调解方式上,仲裁员应当勤勉谨慎,应当尽可能地由仲裁庭的全部成员共同与一方当事人接触,慎用由某一位仲裁员与一方当事人单独会谈的方式,并且在调解过程中,仲裁委员会的案件经办秘书应当在场。

(三) 勤勉审慎履行职责

勤勉办案是仲裁员的重要职责。仲裁制度的特点和优点就在于讲究办案的质量和效率。仲裁机构凭借制度灵活性和专家办案的优势高效地解决纠纷,这是仲裁取信于当事人的法宝。而要做到这一点,就必须依赖于仲裁员尽到应有的谨慎和勤勉义务。

应当看到,人们正是基于对仲裁制度和仲裁机构的信任,才在达成交易之初或发生纠纷之后,放弃司法管辖,选择仲裁作为解决纠纷的方式。而一旦提交仲裁,当事人就把希望寄托在仲裁员身上,期待仲裁员能够公平、正确、快速地解决他们的纠纷,以便早日摆脱纠纷困扰。对当事人的这种信任和期望,仲裁员应当认真对待,而不应敷衍懈怠。仲裁也属于一项法律服务,作为服务提供者的仲裁员,理应勤勉、谨慎地为当事人提供服务。如果不能提供这样的服务,就难以称得上是合格的仲裁员。

为了保证仲裁的质量和效率,仲裁员应当努力做到:

第一,全面深入查明案情。这是保证仲裁质量的基础和前提。例如,根据 2006 年 9 月 1 日实施的《北京仲裁委员会仲裁员聘用管理办法》第 12 条的规定,仲裁员有不阅卷或不认真阅卷、不研究案情、不发表意见、不认真审查仲裁裁决的情形的,将被视为有违勤勉义务。仲裁员在审理案件中应当尽到勤勉义务,认真查明和认定事实,仔细读透案卷,做好庭审调查,必要时辅以现场调查或庭外取证等方法以期掌握案件真实情况。

第二,精心研究和正确适用法律。这里的关键是努力做到准确理解法律和审慎适用法律,不能在一知半解、似是而非的情况下决定适用法律,避免适用法律的随意性。根据 2006 年 9 月 1 日实施的《北京仲裁委员会仲裁员聘用管理办法》第 13 条的规定,仲裁员不熟悉《仲裁法》、《仲裁规则》、证据规则及仲裁实务的,不具备办理案件所需的法律或其他专业知识、经验的,将被视为不具备办案能力。所以,仲裁员应当精心研究法律及相关规定,正确适用法律,避免草率行事。

第三,认真撰写裁决书。根据 2006 年 9 月 1 日实施的《北京仲裁委员会仲裁员聘用管理办法》第 13 条的规定,仲裁员不能按本会要求制作裁决或提供制作裁决的书面意见的,将被视为不具备办案能力。裁决书是仲裁质量的集中体现,应当精心制作,不可吝惜精力。仲裁员应注意不要在裁决书中只是表达裁决结果,更多的是要阐明裁决的依据和理由,使裁决富有说服力。同时裁决书应力求严谨,文理通畅,避免冗长与语言晦涩,应当深入浅出地阐明道理,不要刻意援引高深的法律理论或使用冷僻的法律术语。

（四）主动履行披露义务

仲裁员主动履行披露义务是一项保证仲裁员公正性的基本准则，该准则要求仲裁员披露可能影响公正或者可能造成不公平、偏袒的任何利害关系以及可能影响公正的金钱、商业、职业关系等。一般而言，仲裁员的披露义务与仲裁员的回避制度是紧密联系的，实行仲裁员披露义务有利于增强仲裁员情况的透明度，同时也有助于仲裁员回避制度的有效实施。关于仲裁员的披露义务，许多具有影响的仲裁规则均作了相应的规定，如根据《联合国国际商事仲裁示范法》第12条的规定，仲裁员应该披露可能对其公正性或独立性引起正当怀疑的任何情况。仲裁员从被委任之时起直至在整个仲裁程序进行期间，应不迟延地向当事各方披露任何此类情况，除非其已将此情况告知当事各方。

尽管各仲裁规则对仲裁员披露义务的规定各具特色，但其实质内容并无大的区别。为保障仲裁员的公正性，通常认为仲裁员应披露的事项包括：第一，与仲裁结果有任何直接或者间接的利害关系；第二，可能在程序上造成双方当事人之间的不公平的情形；第三，所有现存的或者以往的金钱、商业、职业、家庭和社会交往方面的关系；第四，与案件有利害关系或者其他可能影响案件的公正审理的情形，甚至包括一些师生关系、同学关系、上下级关系、过去的同事关系、邻里关系等。

我国《仲裁法》第34条规定了仲裁员的回避制度，未使用"披露"一词，在《贸仲规则》(2005)第28条及其《仲裁员守则》第5条中明确规定了仲裁员的披露义务。根据上述规定，仲裁员是本案当事人或者当事人、代理人的近亲属，与本案有利害关系，与本案当事人、代理人有其他关系，可能影响公正仲裁的，仲裁员应当及时向仲裁委员会披露，并自行回避。关于完善仲裁员信息披露制度，有的学者认为，仲裁员不仅要向仲裁机构披露，还应向当事人披露。向当事人披露应当适度，不应导致当事人可以通过在披露过程中获得的信息来影响仲裁员。向当事人披露的范围应当以不影响案件的公正审理为原则，由仲裁机构来决定。[①] 例如，2007年1月1日实行的《武汉仲裁委员会仲裁规则》第26条规定："（一）被选定或者被指定的仲裁员应当签署声明书，向本会书面披露可能引起对其独立性或者公正性产生合理怀疑的任何事实或者情况。（二）在仲裁过程中出现应当披露的情形的，仲裁员应当立即书面向本会披露。（三）本会应当及时将仲裁员和书面披露的信息转交双方当事人。"

（五）依据事实与法律裁判案件

我国《仲裁法》第7条规定："仲裁应当根据事实，符合法律规定，公平合理

---

① 参见王有信：《造就一支高素质的仲裁员队伍》，载高菲主编：《中国特色社会主义仲裁理论研究文集》（第1卷），法律出版社2004年版，第189页。

地解决纠纷。"可见,依据事实和法律规定裁判案件,是仲裁员必须遵守的一个原则。当然,这里的法律规定可能是国内法,也可能是当事人约定的或者根据冲突规则应适用的外国法以及国际公约。

有观点认为,在一些情况下,仲裁员可以依据公平合理的自由裁量权进行裁决,而可以不严格遵守法律的规定。这种裁判方式在国外被称为"友好仲裁"。①笔者认为,严格依据事实与法律才能最大限度地保障仲裁案件审理的公正与公平,"友好仲裁"不应当被鼓励,并且应当限定在当事人有约定或者法律法规缺位的情况下才可以适用。

(六) 严格保守仲裁秘密

保密性是仲裁不同于诉讼的一大优势特点,也是吸引商事法律关系的当事人协议选择仲裁方式解决争议的重要原因之一。它可以保证当事人的声誉或者商业秘密不会因为仲裁而受到破坏或泄露,保障当事人其他商业活动不受仲裁的不利影响。我国《仲裁法》第40条规定:"仲裁不公开进行。当事人协议公开的,可以公开进行,但涉及国家秘密的除外。"因此,仲裁员应当遵守仲裁保密性这一原则,保守仲裁秘密,不向外界透露任何与案件有关的实体与程序问题,包括案情、仲裁程序进展、仲裁庭意见等。仲裁员的保密义务不仅体现在仲裁程序进行中,而且在仲裁案件审结以后,仲裁员仍然负有保密的义务。仲裁员不能在结案后以接受采访、撰写文章等方式向外界透露仲裁当事人的名称、仲裁程序进展的细节等内容。

三、仲裁员的法律责任

在仲裁员的责任形式中,法律责任最为复杂,争议也最多。仲裁员的法律责任在仲裁的立法和实践中都引起了很大关注。我们知道,当事人选择仲裁员主要基于对仲裁员的道德修养和业务能力的信任。但在实践中,由于仲裁员的过错,仲裁程序中总会出现一些违背公正、独立原则的行为或出现仲裁员不能胜任仲裁工作的现象,从而导致不公的裁决,给当事人造成经济损失。那么出现这种情形,仲裁员应否承担责任以及承担什么样的责任呢?当事人由于不熟悉仲裁实务或有所顾忌,往往很少在仲裁协议中约定仲裁员的责任,而社会舆论、社会道德的谴责好像又无关痛痒,既不能弥补当事人的经济损失,也无法对负有责任的仲裁员起到惩戒、警醒的作用,人们自然会想到给仲裁员施加法律责任。但是,对仲裁员施加法律责任的依据是什么呢?有过错的仲裁员究竟应负什么样的法律责任呢?

---

① 参见韩健:《现代国际商事仲裁法的理论与实践》,法律出版社2000年版,第26页。

（一）关于仲裁员法律责任的不同理论

关于仲裁员的法律责任，目前主要有三种理论：其一，以大陆法系为代表，主张仲裁员应承担民事责任；其二，以英美法系为代表，主张仲裁员像法官一样享有豁免权；其三，则是有限仲裁豁免说。

1. 仲裁员责任论

大陆法系国家基于仲裁为一种契约行为以及法官民事责任理论，认为仲裁员不应当享有职务豁免，仲裁员不仅应当承担违约责任，而且应承担违反法律的责任，承担责任的形式为公正责任和专业小心责任。

大陆法系国家确立仲裁员责任论的倾向性理论基础是仲裁契约说。在大陆法系国家，仲裁一般被视为契约行为，而不认为是准司法行为。大陆法系国家认为仲裁是一种特殊的契约行为，在这一契约行为里，仲裁员不仅承担着仲裁协议中双方当事人约定的契约责任，而且应承担相应的法律责任。在这种法律中，仲裁员对国家、对社会、对仲裁当事人承担着公正责任和专业小心责任。仲裁员的公正责任要求仲裁员公正地对待各方当事人，认真倾听各方当事人的陈述，不得因接受贿赂等偏袒一方当事人，从而滥用其仲裁权，否则，仲裁员应当承担责任。仲裁员的专业小心责任要求仲裁员在履行职务时，应同医生、建筑师、审计师和工程师等专业人员一样，在从事其专业行为时，要小心谨慎地履行职责，接受仲裁员责任论的国家，如奥地利、秘鲁、法国等均要求仲裁员为自己的行为给当事人造成的损失承担民事责任。

在大陆法系国家，法官并不享有绝对的豁免权，法官在行使其职权时，如因过错或犯罪行为而给当事人造成损失时，同样应给予赔偿，应负民事责任。只不过追究法官的民事责任前，必须用尽其他法律救济办法。既然法官和公务员都应为其职务行为承担责任，那么，仲裁员的职务行为当然无法获得豁免。

2. 仲裁员责任豁免论

英美法系国家流行着源自司法豁免论的仲裁豁免论。该理论认为，仲裁员在履行职务时不因自己的专业过错承担任何法律责任（包括民事责任）。虽然有些情况下，当事人可能会基于仲裁员的故意或者过失，以失职为由申请法院撤换仲裁员或者撤销仲裁裁决，但终究不能通过诉讼的方式，要求法院责令仲裁员对其不适当的仲裁行为给当事人造成的损失，承担任何个人的民事责任。该理论的主要依据是[①]：

（1）仲裁员责任豁免理论源自法官的司法豁免论。仲裁是一种替代法院解决争议的方式，仲裁程序被认为是一种准司法程序，仲裁员履行的是一种准司法职能，既然国家出于保证诉讼程序独立进行和司法活动权威性和严肃性的考虑，

[①] 杨秀清、史飚：《仲裁法学》，厦门大学出版社2007年版，第77—78页。

不要求法官对其职务行为承担民事责任,那么,对于作为实施准司法活动的仲裁员,其行使的权利也应当像法官那样受到保护,使其不受任意干扰。

（2）实行仲裁员责任豁免,有利于保证仲裁程序的完整性。如果确立仲裁员承担民事责任的制度,允许当事人对仲裁员提起诉讼或者指控,败诉一方当事人可能会滥用该权利,随意指控仲裁员缺乏应有的小心或者注意,而对仲裁员的行为提出异议,要求重新审理,这样可能会使仲裁员的行为甚至整个仲裁程序处于极为不确定的状态,客观上既不利于仲裁员独立地行使仲裁权,也不利于保证仲裁程序的完整性。

（3）实行仲裁员责任豁免,有利于排除仲裁员的心理顾虑。如果实行仲裁员责任制度,使仲裁员面临承担个人民事责任的风险,可能会导致仲裁员在仲裁过程中过于小心谨慎,甚至还可能会导致一些有责任心和有能力的仲裁员对于一些较为复杂疑难的争议案件,因担心承担个人民事责任而拒绝接受指定,从而引起仲裁质量的降低,无法迅速有效地解决纷争,反而阻碍了仲裁事业的发展。

3. 有限的仲裁员责任豁免论

无论是仲裁员豁免论还是仲裁员责任论,都有其合理的成分,但其偏颇之处也非常明显,前者可能不利于保障仲裁质量,而后者又可能不利于支持仲裁事业的发展,因此,两种观点均难以服众。有限仲裁豁免论就是在批判和调和这两种相互独立的观点基础上提出来的。其内容是：

（1）有条件的给予仲裁员以法律责任豁免权。其所谓的条件实际上是根据仲裁的双重性确定的:第一,仲裁员必须是真正的仲裁员。仲裁员必须是真正的仲裁员是仲裁司法性的反映。这一条件使得仲裁员区别于一般的调解人员或专家。第二,仲裁员的指定、仲裁协议必须有效。仲裁员的指定和仲裁协议必须有效,是仲裁契约性的反映。有效的契约才能赋予仲裁员以合法的仲裁权,并因此取得法律责任的豁免权,否则,仲裁员既无权仲裁也谈不上法律责任的豁免问题。

（2）对仲裁员责任的豁免划定范围。有限的仲裁员责任豁免论认为,仲裁员仅在一定的范围内享有责任豁免,如果仲裁员因故意或者重大过失导致其未能履行其接受指定时当事人所赋予的职责,则必须为其不当行为给当事人造成的损失承担法律责任。主要包括两个方面:第一,程序上的过错行为。对仲裁的程序性限制要求仲裁程序不得有悖于仲裁程序的自愿性、对抗性以及自动的司法复议权。如仲裁员积极参加因无效仲裁协议引起的仲裁程序,特别是欺骗性地把当事人引入仲裁程序;仲裁员明知自己与争议案件有利害关系而未依照仲裁规则的规定予以披露;仲裁员未能在仲裁规则规定的期限内及时作出仲裁裁决等。第二,契约上的过错行为。由于仲裁员与当事人之间存在一种特殊的契约关系,仲裁员应当负有契约法上诚实信用、实际履行等义务,如果仲裁员在仲裁程序中无正当理由退出仲裁程序,违反了其在接受指定时对当事人应承担的契约责任,由此给当事人造成损失,仲裁员应承担法律责任。此外,如果仲裁员违反了保密义务,泄露了当事人的商业秘密或者影响了当事人的商业信用,致使当事人的商业活动受到影响或者遭受损失,则仲裁员也应当承担责任。

仲裁的权利来源即仲裁员的任命在仲裁豁免的范围上起着关键作用。该理论倡导者提出了几种不当仲裁行为,作为仲裁员违反契约型限制而承担民事责任的依据。第一,仲裁员在其与案件有利害关系时没有回避。各国仲裁法律规范或有关仲裁规则都规定了仲裁员在一定的条件下自动回避。如果仲裁员应该回避而没有回避,会使得败诉方当事人申请撤销裁决的诉讼获得成功,导致仲裁的彻底失败,当事人双方为此花费的人力和财力全部浪费。在这种情况下,仲裁员不仅无权获取报酬,而且应为当事人因此遭受的损失承担责任。第二,仲裁员提前退出仲裁。仲裁员对当事人的指派有权接受和拒绝。但是,一旦仲裁员接受当事人的指派,即在仲裁员和当事人之间建立起一种仲裁契约关系,仲裁员负有公正裁决及时解决双方当事人纷争的义务。如果仲裁员无正当理由擅自中途退出仲裁,就会导致仲裁程序的终止或拖延,无法及时实现仲裁的终极目标——通过仲裁及时解决纷争,这就违反了其对当事人承担的契约责任,其行为自然不应该视为司法行为,因此给当事人造成的损失,无权要求豁免。第三,仲裁员没有及时作出裁决。仲裁员在仲裁契约中对当事人所负的责任,不仅仅是作出裁决,而且要讲究效率。仲裁规则一般都规定,仲裁员应在限定时间内作出裁决,仲裁员如果不能及时作出裁决,可能会使得败诉方申请撤销仲裁裁决之诉成功,从而前功尽弃。即便裁决不被法院撤销,也会使当事人因时间拖延而遭受不公正的损失,当事人有权要求仲裁员予以赔偿。①

(二) 确立有限的仲裁员豁免责任的理由

从其他国家仲裁立法关于仲裁员责任制度的规定来看,仲裁的独立性与公正性都是仲裁员责任制度赖以存在的基本价值。无论是仲裁员责任制度,还是仲裁员责任豁免制度,都不是对立的,过于强调一方面而压制另一方面都非明智之举,都是行不通的。因此,有限的仲裁员责任豁免制度较为现实而可行:一方面,可以通过对仲裁员行使仲裁权的行为所面临的民事责任予以豁免,以保证仲裁员行为的独立性,同时,为了保证仲裁员行为的公正性,这种豁免仅限于仲裁员的一般过失行为。另一方面,为了使仲裁员行为规范起到规范仲裁员行为的作用,确立有限的仲裁员责任豁免制度也是必要的。

(1) 符合权力制约的理论。在仲裁程序中,仲裁员直接决定着案件的程序

---

① 参见詹礼愿:《中国内地与中国港澳台地区仲裁制度比较研究》,武汉大学出版社2006年版,第63页。

进程以及仲裁裁决的结果,如果仲裁员的权力失去必要的监督必然会导致权力的滥用,从而侵犯当事人的合法权益。因此如果从立法上规定仲裁员对因其滥用权力而给当事人造成的损失承担相应的法律责任,则可以有效地防止仲裁员滥用其权力,从而维护当事人的合法权益。

(2) 符合权利义务相一致的原理。就国家与仲裁员的关系而言,既然国家法律对仲裁员的仲裁权、对仲裁裁决的终局性和强制执行的效力予以保证,仲裁员就应当在行使当事人授予的得到国家法律认可的仲裁权的时候,遵守其行为规范,勤勉、独立、公正地完成仲裁任务。否则,就应当依法承担法律责任。① 此外,就仲裁员与当事人的关系而言,既然仲裁员与当事人之间存在着一种特殊的契约关系,仲裁员在享有依法收取合理报酬权利的同时,就应当承担一种基于当事人的合理期待而产生的以其专业知识、社会经验以及对争议的处理与判断能力提供公正仲裁服务的义务。如果仲裁员违背了该项义务而给当事人造成相应的损失,基于权利义务相一致的原理,仲裁员理应承担相应的法律责任。

(3) 是当事人的权利救济的一条途径。虽然设置撤销仲裁裁决制度的目的也是对当事人的权利予以救济,但只是一种事后的补救措施。因此,这一事后补救程序不能从根本上阻止仲裁员故意或者过失实施不公正或不适当的行为。而且,就当事人而言,这些程序只能排除仲裁员不适当仲裁行为的结果,并不能为受到该不适当行为侵害的当事人提供有效的损害补偿,因此,仲裁员对其不适当行为遭受损失的当事人承担民事责任也是合理的。

"有限豁免论"要求仲裁员应为其不当行为负责。仲裁员不当行为是指仲裁员在仲裁过程中违反仲裁员行为准则的所有作为。仲裁员一旦接受当事人的选定或仲裁委员会的指定担任某一案件的仲裁员,就负有恪尽职守,严格遵守仲裁员行为准则、独立公正地处理仲裁案件、维护当事人正当权益的义务,仲裁员一旦违反其负有的义务,就构成了不当行为。笔者认为,可以从以下几个方面来认定仲裁员的不当行为:第一,作出不当仲裁行为的主体是仲裁员且必须是在仲裁过程中作出的;第二,仲裁员的不当行为必须是基于仲裁员的故意或过失作出的;第三,仲裁员的不当行为应该给当事人造成了实际的损失;第四,仲裁员的不当行为与实际损失之间应存在因果关系。上述四个条件应同时具备,缺一不可。

(三) 我国的仲裁员的法律责任

在我国1994年《仲裁法》实施前,有关仲裁法律并未明确规定仲裁员是否应就其与仲裁相关的行为承担法律责任,而且在仲裁实践中也未出现仲裁员承担法律责任的案例。《仲裁法》在参照国际仲裁通行做法的基础上,根据我国国情和发展市场经济的要求,对我国原先的仲裁制度进行了重大改革,仲裁的法律

---

① 参见黄进、宋连斌、徐前权:《仲裁法学》,中国政法大学出版社2002年版,第73页。

性质与过去相比已经有了根本性改变。《仲裁法》实施后,仲裁制度本身要求仲裁员的仲裁行为应当具备独立性、民事性、公正性。从权利制约的角度看,仲裁员直接决定着案件的处理进程和裁决结果,仲裁员的权利范围很广,因此,必须对仲裁员的权利进行有效的制约。从权利和义务统一的角度看,既然法律对仲裁员的仲裁权予以认可和保证,仲裁员就应该相应地遵守其义务。① 既然仲裁员接受了当事人的直接或间接的指定,且当事人支付了费用,仲裁员就有义务公正实施仲裁行为,并按期完成仲裁任务。因此,仲裁员行为不当而导致不公正裁决或导致当事人其他损失时,追究仲裁员责任也就有了理论基础。

根据我国现行《仲裁法》第38条的规定,仲裁员私自会见当事人、代理人,或者接受当事人、代理人的请客送礼,情节严重的,或者在仲裁该案时有索贿受贿,徇私舞弊,枉法裁决行为的,应当依法承担法律责任,仲裁委员会应当将其除名。事实上,我国现行《仲裁法》第38条的规定已经可以认为是一种有限的仲裁员责任豁免论的具体体现,即仲裁员出现法定应承担法律责任的两种情形时,即应承担法律责任;在两种法定情形之外,仲裁员的行为应当免于法律责任。

当然,关于仲裁员的责任问题,目前也有学者认为仲裁法把仲裁员责任仅仅限制在这两种情况下,是不合适的。还有其他一些重大的故意行为,如仲裁员(包括仲裁机构及相关人员)泄密、仲裁员故意不披露应予回避的其他情形从而未回避的、无故拖延程序以及仲裁员重大疏忽的,《仲裁法》都未规定仲裁员应承担相应责任,这显然是没有充分理由的。

此外,我国《仲裁法》虽然规定了仲裁员在法定情形之下应当承担法律责任,但并未明确规定该法律责任究竟是何种性质的法律责任。学界对于"法律责任"的理解存在争论,然而,从仲裁员承担法律责任的必要性主要在于对当事人因仲裁员的不当行为而遭受的损失予以补偿这一点来看,仲裁员承担的应主要是民事责任。当然,这并不排除仲裁员的违法行为触犯刑法时仲裁员应承担相应的刑事责任,根据2006年6月29日《中华人民共和国刑法修正案(六)》第20条的规定,在《刑法》第399条后增加一条,作为第399条之一:"依法承担仲裁职责的人员,在仲裁活动中故意违背事实和法律作枉法裁决,情节严重的,处3年以下有期徒刑或者拘役;情节特别严重的,处3年以上7年以下有期徒刑。"由此可见,我国仲裁员枉法裁决情节严重的可以被追究刑事责任。

社会各界对是否应该用《刑法》规制仲裁的讨论十分热烈。主要有两种对立的观点。赞成者认为,枉法仲裁罪能够对枉法仲裁人起到威慑作用,才能保证仲裁的公正性,也才能维护当事人的合法权益。② 反对者认为,《刑法修正案

---

① 参见韩健:《现代国际商事仲裁法的理论与实践》,法律出版社2000年版,第191—197页。
② 参见夏伟林:《刑法规制枉法仲裁有必要》,载《检察日报》2006年1月23日第6版。

(六)》中枉法仲裁罪的设立,为公权力介入社会权利又进行了一次尝试,而这无助于仲裁在我国初期的发展和在公众中权威地位的建立。① 笔者认为,虽然仲裁人员不是司法人员,但其实际上行使了国家授权的一部分司法权力。由于社会上存在着不良风气,仲裁活动并不是真空地带,也一定程度上存在徇私枉法的现象。当事人为了让仲裁裁决有利于自己,到处托关系,请客送礼,向仲裁人员行贿等现象日益增多。这不仅大大损害了仲裁机关和仲裁员的公信力,还给那些遭受枉法裁判的受害者带来严重的经济损失和精神损害。枉法仲裁对社会的危害性之大,已不能仅给仲裁员一个处分或是撤销其仲裁员资格这种行政处理就可以了事的,必须通过一定的威慑力量来保证仲裁员公正裁决案件。

拓展阅读

1. 傅郁林:《在合法与合理之间》,载《北京仲裁》2005年第2期。
2. 萧凯:《从富士施乐仲裁案看仲裁员的操守与责任》,载《法学》2006年第10期。
3. 徐前权:《仲裁员法律责任之检讨(上)——简评"枉法仲裁罪"》,载《仲裁研究》2006年第3期。
4. 徐前权:《仲裁员法律责任之检讨(下)——简评"枉法仲裁罪"》,载《仲裁研究》2007年第1期。
5. 张立平:《论首席仲裁员之职业道德》,载《北京仲裁》2006年第4期。
6. 张建华:《仲裁员的公平观》,载《北京仲裁》2007年第1期。
7. 宋连斌:《枉法仲裁罪批判》,载《北京仲裁》2007年第2期。
8. 郭玉军、胡秀娟:《美国有关仲裁员"明显不公"判定规则的新发展》,载《法学评论》2008年第6期。
9. 张圣翠、张心泉:《我国仲裁员独立性和公正性及其保障制度的完善》,载《法学》2009年第7期。

司法考试真题

1. 某仲裁委员会在开庭审理兰屯公司与九龙公司合同纠纷一案时,九龙公司对仲裁庭中的一名仲裁员提出了回避申请,经审查后该仲裁员被要求予以回避,仲裁委员会依法重新确定了仲裁员。关于仲裁程序如何进行,下列哪一选项是正确的?(2007年)

---

① 参见徐前权:《仲裁员法律责任之检讨(上)》,载《仲裁研究》2006年第3期。

A. 已进行的仲裁程序应当重新进行
B. 已进行的仲裁程序有效,仲裁程序应当继续进行
C. 当事人请求已进行的仲裁程序重新进行的,仲裁程序应当重新进行
D. 已进行的仲裁程序是否重新进行,仲裁庭有权决定

第五章 仲裁协议

本章提要

仲裁协议是双方当事人自愿达成的,将他们之间已经发生或者将来可能发生的特定民商事争议提请仲裁解决的意思表示。作为一种特殊的合同,仲裁协议具有自身独特的法律特征。无论是仲裁条款还是仲裁协议书,其一般表现形式为书面形式,但随着电子技术的不断进步,世界各国对书面形式进行了扩张解释,以满足仲裁制度发展的现实需要。有效的仲裁协议能够对仲裁当事人、仲裁机构和法院产生法定约束力。仲裁协议成立后,其效力能否产生、能否实现当事人所预期的法律后果,取决于其是否具备生效要件。仲裁协议的生效要件包括一般生效要件和特别生效要件。欠缺生效要件的仲裁协议无效,有效的仲裁协议也可能因为情况的变化而丧失其效力。仲裁协议,尤其是仲裁条款具有相对的独立性,与主合同的其他条款相分离,其效力亦独立于主合同而存在,不受主合同效力的影响。

关键词

仲裁协议　仲裁条款　仲裁协议书　仲裁协议的效力　仲裁协议的无效　仲裁协议的失效　仲裁协议的独立性

第一节　仲裁协议概述

作为仲裁制度的最基本要素,仲裁协议既是当事人将特定的民商事争议提交仲裁解决的依据,也是仲裁机构对该争议取得仲裁管辖权的基础。我国《仲裁法》第 4 条规定:"当事人采用仲裁方式解决纠纷,应当双方自愿,达成仲裁协议。没有仲裁协议,一方申请仲裁的,仲裁委员会不予受理。"据此,当事人之间合意订立的有效仲裁协议赋予了仲裁机构以管辖权且排除了法院的司法管辖权,并使仲裁机构作出的裁决具有了类似于法院判决的效力。故而,仲裁协议被称为仲裁制度的基石。

一、仲裁协议的概念与法律特征

(一) 仲裁协议的概念

何为仲裁协议？一直以来，学术界存在着各种不同的理解和解释。有学者认为，仲裁协议是"当事人自愿把他们之间业已发生或者将来可能发生的特定争议交付仲裁解决的共同意思表示"①。也有学者将仲裁协议界定为："双方当事人愿意将他们之间将来可能发生或者业已发生的争议交付仲裁的协议。"②还有学者从其表现形式出发，作出了较为详细地阐释，认为仲裁协议是"双方当事人自愿将他们之间已经发生或可能发生的争议，提交仲裁解决的书面契约，是双方当事人所表达的采用仲裁方式解决纠纷意愿的法律文书，是将双方当事人之间的仲裁合意书面化、法律化的形式"③。从这些定义中，我们不难看出，尽管有着或多或少的差别，但归根究底，学者们的基本观点仍是较为一致的：各种表述中皆蕴含了当事人合意采用仲裁方式解决纠纷的共同意愿。毕竟，"要求必须事先存在仲裁协议的意义在于，仲裁制度只有在当事人以合意要求解决某种纠纷时才得以利用。"④

一些国家的相关立法中亦明确界定了仲裁协议的内涵。《德国民事诉讼法》第1029条就规定："仲裁协议是双方当事人愿意将他们之间现已发生的或将来发生的属于合同的或非合同的一定的法律关系的全部的或个别的争议提交仲裁庭裁决的协议。"1985年，在仲裁法律制度发展进程中具有里程碑意义的《联合国国际商事仲裁示范法》颁布，其第7条第1款直言："仲裁协议是指当事各方同意将在他们之间确定的不论是契约性或非契约性的法律关系上已经发生或可以发生的一切或某些争议提交仲裁的协议。仲裁协议可以采取合同中的仲裁条款形式或单独的协议形式。"深受《联合国国际商事仲裁示范法》影响的《日本仲裁法》第2条也认为："仲裁协议是指将有关已经发生的民事上的争议或者将来可能发生的一定法律关系(无论是否基于合同)的民事上的争议的全部或者部分的解决委托给一名或两名以上的仲裁员，并且遵从其所作出的裁决的协议。"

综合各家观点、国际和各国立法的规定，笔者认为，仲裁协议，又称仲裁契约，是指双方当事人自愿达成的，将他们之间已经发生或者将来可能发生的特定民商事争议提请仲裁解决的意思表示。

当事人在平等的基础上经过自愿协商，就法定范围内的争议的解决方式达

---

① 黄进、宋连斌、徐前权：《仲裁法学》，中国政法大学出版社2007年版，第77页。
② 韩健：《现代国际商事仲裁法的理论和实践》，法律出版社2000年版，第42页。
③ 乔欣：《仲裁权研究》，法律出版社2001年版，第73页。
④ 〔日〕谷口安平：《程序的正义与诉讼》，王亚新等译，中国政法大学出版社1996年版，第300页。

成内容一致的意思表示就形成了仲裁协议。正因为如此,仲裁协议具有了民事契约的性质,是一种特殊类型的合同或合同的特殊条款。

(二) 仲裁协议的法律特征

仲裁协议作为一种特殊的合同,除了具备一般合同的特征外,还具有自身独立的法律特征。

1. 仲裁协议内容的同一性

仲裁协议的内容,是指当事人根据自愿达成的生效仲裁协议而依法应享有的权利和承担的义务。仲裁协议所确定的当事人的权利义务就是在发生特定争议时将之提交约定的仲裁机构进行仲裁。仲裁协议的内容是权利义务的统一体。我们知道,在一般的民商事合同中,双方当事人的权利义务是彼此相对的,此一方的权利往往为另一方的义务。可是仲裁协议的当事人却有着共同的目标,而且其权利义务合为一体无法截然分来。英国一位大法官曾在判决中指出:"仲裁协议与其他协议有着完全不同的性质,其他合同一般规定当事人间相互承担义务,而仲裁协议规定的不是一方当事人对另一方当事人承担的义务。它是双方当事人的协议,即如果产生了有关一方当事人对另一方当事人承担义务的争议,则这些争议将由他们自己成立的法庭解决。一个实质性的区别是:合同中当事人之间相互承担的义务一般不能专门予以强制执行,违反此项义务只能请求损害赔偿。仲裁协议则可以由仲裁法规定的专门机构强制执行,违反仲裁协议的适当补救办法不是损害赔偿,而是强制履行协议。"[①]发生约定范围内的争议后,协议的任何一方主体皆享有主动将争议提请仲裁解决的权利,与此同时,任何一方主体必须承担不得就该争议向法院提起诉讼的义务。

2. 仲裁协议适用范围的特定性

仲裁协议的适用范围,是指达成仲裁协议的主体之间共同的权利义务所指向的对象,即仲裁协议所适用的民商事争议的范围。依据我国《仲裁法》第 2 条的规定,能够提交仲裁的特定民商事争议是指作为平等主体的公民、法人和其他组织之间发生的合同纠纷和其他财产权益纠纷。除此之外的其他争议则不包括在仲裁协议的适用范围之内。这表明,仲裁协议的适用范围不是普遍的而是特定的。

3. 仲裁协议约束的广泛性

仲裁协议成立并生效后,无论何方当事人均不得就协议提交仲裁的争议向法院提起诉讼。对于仲裁机构和仲裁员而言,仲裁协议同样产生着约束力,仲裁机构和仲裁员应当凭藉有效的仲裁协议的授权行使仲裁管辖权,处理解决当事人之间的争议。除此之外,仲裁协议还约束着法院,仲裁协议一经生效,便产生

---

① 〔英〕施米托夫:《国际贸易法文选》,赵秀文译,中国大百科全书出版社 1993 年版,第 612 页。

了阻止当事人去法院提起诉讼寻求司法救济的法律效果,法院的司法管辖权被排除。即使当事人就已订仲裁协议的争议事项提起诉讼,法院也不得受理;另一方当事人有权要求法院终止诉讼程序。

4. 仲裁协议效力的独立性

各种类型的仲裁协议均具有独立性。单独订立的仲裁协议书的效力具有独立性自不待言。仲裁条款虽然是合同的一部分,但合同其他条款涉及的是当事人之间的实体权利义务,而仲裁协议是对作为第三方的仲裁机构的授权,即合同履行过程中发生的特定争议只能由仲裁庭审理并进行裁决。无论是合同中的仲裁条款,还是当事人另行签订的仲裁协议书,均不因主合同无效、变更、解除或终止而无效。换言之,即使仲裁庭裁决主合同无效,仲裁庭基于该无效合同当中的仲裁条款所取得的仲裁管辖权并不受其影响。

5. 仲裁协议履行的附条件性

仲裁协议的内容得以实现是附有条件的。虽然仲裁协议已经生效,但在合同当事人正常履行合同义务的过程中,其效力并不现实地发挥作用;只有合同法律关系处于非正常状态,在履行中出现了约定的纠纷且当事人之间不能通过其他非诉方式解决,仲裁协议才有履行之必要。

二、仲裁协议的种类

仲裁协议有着不同的类别。在仲裁理论研究与实践中,人们依据不同的标准将仲裁协议划分为不同的种类,如以仲裁协议是否具有涉外因素可将其分为国内仲裁协议与国际仲裁协议;依仲裁协议的达成方式,可将其分为明示的仲裁协议和默示的仲裁协议。而依仲裁协议的存在方式,我们可将之划分为如下四种类型:

(一)仲裁条款

仲裁条款,是指当事人在合同中订立的,自愿将此后可能发生的争议提交仲裁解决的条款。19世纪初期,曾经有许多国家只允许当事人将已发生的争议提交仲裁,而不允许其对将来可能发生的争议约定以仲裁的方式解决。所以合同中仲裁条款的效力很长时间都不被法律所认可。后来,随着各国国内国际商贸的迅猛发展,日趋完善的仲裁制度在解决民商事纠纷中起到的作用越来越重要,仲裁适用的范围愈加广泛,世界上绝大多数国家逐渐允许当事人将未来可能发生的争议提交仲裁,仲裁条款的效力也为众多的国家所承认。当事人所订立的包含仲裁协议的合同往往有很多条款,但体现当事人仲裁意思表示的则只是其中一个或数个条款。当事人在合同订立后通过补充协议来修改或添加有关仲裁意思表示的条款,也被看做原合同中仲裁条款的组成部分。因在仲裁条款订立的当时纠纷并未发生,故其内容多半简洁而概括。又兼之仲裁条款避免了订立其他形式仲裁协议时的烦琐手续,适合于商业快速发展及交易习惯的需要,对当事人而言,既经济又方便,因而成为最普遍与最重要的仲裁协议类型。我国《仲裁法》第 16 条所确定的仲裁协议的种类中,首先认可的就是在纠纷发生前或者纠纷发生后达成的"合同中订立的仲裁条款"。

(二)仲裁协议书

仲裁协议书,是指当事人在争议发生之前或发生之后,自愿达成的将争议提请仲裁解决的独立的协议。仲裁协议书并非当事人在纠纷发生之前所订立的合同之一部分,因此不受已签订的合同的约束,无论在形式上还是内容上都具有更大的独立性。相对而言,仲裁协议书在内容上常常比仲裁条款更为丰富、全面和详尽,其效力也容易得到认定。无论是契约性纠纷,还是非契约性纠纷,当事人皆能以仲裁协议书的形式约定将自身无法解决的争议提交仲裁予以裁决。尤其对非契约性纠纷的当事人而言,签订仲裁协议书是最佳的协议方式。

(三)其他有关文件中包含的仲裁协议

其他有关文件中包含的仲裁协议,是指当事人针对有关合同或非合同性质的民商事法律关系在相互之间的信函、电报、电传、传真、电子邮件、电子数据交换以及其他形式的往来中,所包含的各方同意将他们之间已经发生或将来可能发生的特定争议提交仲裁解决的一致意思表示。其具体要求为:当一方将记载有仲裁协议或仲裁条款的文件以电报或信函等方式发出后,收到该文件的另一方将该文件以电报或信函等方式发回且未表示反对;或者收到该文件的另一方虽未将文件发回,却在以后回传的其他函电或文件中认可收到了该文件。① 现代通讯技术的日新月异催生了此类仲裁协议。为此,2006 年修订后的《联合国国际商事仲裁示范法》关于仲裁协议的备选案文一②第 7 条第 2 款规定:"仲裁协议应是书面的。协议如载于当事各方签字的文件中,或载于往来的书信、电传、电报或提供协议记录的其他电讯手段中,或在申诉书和答辩书的交换中当事一方声称有协议而当事他方不否认即为书面协议。在合同中提出参照载有仲裁条款的一项文件即构成仲裁协议,如果该合同是书面的而且这种参照足以使该仲裁条款构成该合同的一部分的话。"在国际商事仲裁实践中,这一类仲裁协议十分常见。在 2006 年施行的《仲裁法解释》中,其第 1 条就开宗明义地指出:"仲裁法第 16 条规定的'其他书面形式'的仲裁协议,包括以合同书、信件和数据电文(包括电报、电传、传真、电子数据交换和电子邮件)等形式达成的请求仲裁的协议。"

---

① 参见黄亚英:《论纽约公约与仲裁协议的法律适用》,载《法律科学》2009 年第 2 期。
② 2006 年 7 月 6 日,联合国国际贸易法委员会第 39 届会议在美国纽约联合国总部审议通过了《国际商事仲裁示范法》的修改案文,其中第 7 条"仲裁协议的定义和形式"有两个备选案文。

（四）当事人通过援引达成的仲裁协议

当事人通过援引达成的仲裁协议，是指当事人之间并未直接订立仲裁协议，而是通过援引另一个合同中所订立的仲裁条款作为他们之间将纠纷提交仲裁的依据，或者在已有的合同或者仲裁协议中当事人只是明确表示了仲裁的意愿，仲裁协议所应包括的其他具体内容则按照现有的有关文件中的仲裁条款来认定。如1996年的《英国仲裁法》第6条第2款所规定的："协议中涉及一个书面形式的仲裁条款，或涉及一个含有仲裁条款的文件，只要这种涉及使该条款构成协议的一部分，即为仲裁协议。"上引《联合国国际商事仲裁示范法》第7条第2款后半段的规定也肯定了通过援引达成的仲裁协议的效力。

1996年，我国最高人民法院在对内蒙古自治区高级人民法院作出的《关于涉外经济合同未直接约定仲裁条款如何认定的请示报告》的复函中曾指出："中外双方当事人订立的外贸合同中约定合同未尽事宜适用中国和蒙古国之间的交货共同条件的，因该交货共同条件即1988年11月4日《中华人民共和国对外经济贸易部和蒙古人民共和国对外经济供应部关于双边对外贸易机构之间相互交货共同条件的议定书》规定了因合同所发生或者与合同有关的一切争议在双方达不成协商解决的协议时，应予仲裁方式解决，并规定了具体办法，应认定当事人愿意选择通过仲裁方式解决其纠纷，人民法院不应受理因该类合同引起的纠纷。"历时十年之后，最高人民法院在《仲裁法解释》第11条更是明确规定："合同约定解决争议适用其他合同、文件中的有效仲裁条款的，发生合同争议时，当事人应当按照该仲裁条款提请仲裁。涉外合同应当适用的有关国际条约中有仲裁规定的，发生合同争议时，当事人应当按照国际条约中的仲裁规定提请仲裁。"可见，当事人通过援引达成的仲裁协议在我国的仲裁实践中已得到认可。

三、仲裁协议的表现形式

争议当事人之间达成的仲裁合意，必须借助于一定的物质载体表现出来，才能为人所知晓并对其效力予以评判。作为一种法律文书，有效的仲裁协议也理当具备合法的表现形式。世界各国以及国际的仲裁立法、仲裁机构的仲裁规则对此非常重视，纷纷对仲裁协议的表现形式作出了规定。

（一）仲裁协议表现形式的一般规定

仲裁协议必须以书面形式出现早已成为现代国际商事仲裁法的一项统一要求。1958年在联合国经济及社会理事会召集的国际商事仲裁会议上通过的《承认及执行外国仲裁裁决公约》（即《纽约公约》）第2条第1款明确指出："当事人以书面协定承允彼此间所发生或可能发生之一切或任何争议，如关涉可以仲裁解决事项之确定法律关系，不论为契约性质与否，应提交仲裁时，各缔约国应承认此项协定。"英国仲裁法一直都十分坚持仲裁协议应以书面形式达成。我国

《仲裁法》第 16 条第 1 款亦对仲裁协议的表现形式进行了规范,其核心即在于仲裁协议"应当以书面方式订立"。

以书面形式订立仲裁协议,一方面能够产生警示作用,提醒当事人在作出决定前谨慎行事;另一方面一旦发生仲裁协议是否存在或有效的争议,借助于书面形式也易于得到证明。如此则可以有效减少仲裁协议存在与否及是否有效之类的争议,也便于有关国家或地区的仲裁机构承认与执行仲裁协议。

(二) 仲裁协议表现形式的扩张解释

现代科学技术的不断进步,特别是电子技术的推广对仲裁协议的表现形式产生了深远的影响。在此情况下,固守传统的书面协议的要求,无疑将会对仲裁制度的发展形成阻碍。于是,在全球范围内对仲裁协议的书面形式给予扩大化解释就成为一种必然的趋势。书面形式的扩张解释也引发了认定仲裁协议签署与否的变化。被多数国家认可的通行观点是双方通过互换等方式互相告知各自的意向并达成一致,其互换文件本身即构成了相互同意的关系,即使没有当事人的签署仲裁协议也具有形式效力。

1. 国外的立法例

1996 年的《英国仲裁法》是在 1950 年、1975 年、1979 年仲裁法的基础上修订而成的。以其为代表的各国立法纷纷对《承认与执行外国仲裁裁决公约》中的"书面形式"进行扩张性解释。该法认为书面仲裁协议囊括:(1) 协议以书面形式达成,无论当事人签署与否;(2) 协议以书面通讯交换方式达成,或被证明是书面形式的;(3) 当事人以非书面形式约定援引某项书面条款,当事人之间即被视为达成书面协议;(4) 非书面形式达成之协议被当事人中的一方或当事人授权的第三方予以记录,该协议即被证实为书面协议;(5) 在当事人之间的书面交换过程中,或在仲裁、诉讼程序中,一方当事人宣称存在一项非书面的仲裁协议,另一方当事人在其答辩中未予否认的,则当事人之间视为存在一个具有所声称的效力的书面仲裁协议;(6) 本部分所指记载和书面形式,包括任何方式的记录文件。

1998 年的《德国民事诉讼法》第 1031 条没有采用书面形式这一措辞,而是规定:(1) 仲裁协议必须载于当事各方签署的文件中,或者载于往来的书信、电传、电报或提供协议记录的其他电讯手段中。(2) 仲裁协议如果载于一方当事人交给另一方当事人或第三方交给双方当事人的文件中,接受文件的当事人没有及时提出异议,并且依照惯例文件内容被视为合同的一部分,则应认为符合第一款规定的形式要件。(3) 若符合第(1)款或第(2)款的形式要件的合同中援引包含有仲裁条款的文件,且该援引足以使所属仲裁条款成为合同的一部分,则该援引构成一项仲裁协议。(4) 如果海运提单中明确援引了记载于租船合同的仲裁条款,该提单的签发即为达成仲裁协议的证明。(5) 消费者作为一方当事人的仲裁协议应包括在当事人亲笔签署的文件之中。除诉诸仲裁的协议外,此类文件中不应包含有其他的约定,但经公证的仲裁协议不适用于这一严格的形式规定。就引致争议的交易而言,消费者是指为了为其行业或自营职业之外的目的而行事的自然人。(6)任何未遵守书面要求的缺陷,均可通过在仲裁程序中对争议实体问题应诉的行为予以弥补。

《日本仲裁法》第13条也规定:"仲裁协议应以全部当事人签字的文件、当事人之间交换的信函或电报(包含使用传真以及使用两地当事人之间的能向接收人提供传输内容的文字记录的其他通讯手段发送的)以及其他书面形式缔结。在以书面缔结的合同中,将含有仲裁协议的文件作为组成该合同的一部分予以引用时,该仲裁协议被视为以书面形式缔结。如果仲裁协议是以电磁记录(是指电子方式、磁力方式以及其他的由人的知觉无法认知的方式所作的,可供电子计算机进行信息处理的记录)的方式缔结的,则该仲裁协议被视为以书面缔结。仲裁程序中,一方当事人提出的书面主张中记载有仲裁协议的内容,对此另一方当事人提出的书面主张没有就此有争议的内容记载时,该仲裁协议被视为以书面进行。"①

2. 我国相关法律的规定

我国《仲裁法》同样强调了关于仲裁协议书面形式的一般规定。但随着时代的进步、观念的更新,在而后施行的法律或相关规定中,我国对仲裁协议的书面形式也作出了扩张性解释。《中华人民共和国合同法》第11条就规定:"书面形式是指合同书、信件和数据电文(包括电报、电传、传真、电子数据交换和电子邮件)等可以有形地表现所载内容的形式。"《中华人民共和国电子签名法》第4条也指出:"能够有形地表现所载内容,并可以随时调取查用的数据电文,视为符合法律、法规要求的书面形式。"前文已提及的最高人民法院《仲裁法解释》的第1条也更为直接地承认了书面仲裁协议的新的表现形式。

3. 仲裁协议的其他表现形式

(1)口头仲裁协议

虽然仲裁协议以书面作为一般的表现形式,但这并非意味着口头协议就绝对无效。英国仲裁法在肯定仲裁协议应采用书面形式的同时,依然承认口头仲裁协议的效力。而《德国民事诉讼法》第1031条关于"任何未遵守书面要求的缺陷,均可通过在仲裁程序中对争议实体问题应诉的行为予以弥补"的规定,实际上也确认了"口头方式达成的协议,只要当事人参与了仲裁案件实质问题的

---

① 日本《仲裁法》第13条第2、3、4、5款,翻译者:日本国安德森·毛利律师事务所,监修者:梁华、杨帆,转引自徐好:《我国〈仲裁法〉中仲裁协议相关规定修改完善的建议》,载《仲裁研究》2006年第2期。

讨论,即以行为弥补了仲裁协议的非书面形式,该仲裁协议仍然有效。"①2006年7月6日通过的《联合国国际商事仲裁示范法》的修改案文中,第7条的备选案文二就未涉及仲裁协议的具体表现形式,"言外之意,仲裁协议是口头的或者书面的无关紧要"②。不过,根据我国现行《仲裁法》的规定,仲裁协议必须采取书面形式。

（2）默示仲裁协议

默示仲裁协议,是相对于明示仲裁协议而言的,是指双方当事人之间非以书面或者口头的方式,而以作为或不作为的行为达成的仲裁协议。换言之,默示仲裁协议的当事人之间并未达成通过仲裁解决争议的明确意思表示,但以当事人作为或不作为的行为可推知其并不反对以仲裁方式解决争议,故而推定当事人之间存在仲裁的共同意思表示。当前,国际上及各国国内法对默示仲裁协议大抵持谨慎态度。但英国、希腊等国家则有条件地承认默示仲裁协议的效力,美国也已在判例中承认默示仲裁协议有效。在这些国家看来,仲裁协议的书面形式仅仅是为了起到证明的作用。也即是说,无论当事人是否在仲裁协议或含有仲裁条款的合同上签字,也不管是否存在信函、电报、电传的交换,只要能够证明仲裁协议的存在,即使只是默示或者暗示的接受,仲裁协议依然有效。③ 1996年的《英国仲裁法》第73条即规定了默示仲裁协议的达成方式:如果仲裁程序一方当事人实质性地参与了仲裁程序或者没有在仲裁庭允许或第一规定的时间内对仲裁庭的管辖权提出异议,那么他将因此而丧失抗辩仲裁庭管辖权的权利,除非其能证明在参与仲裁程序时不知晓且以合理谨慎无法了解到得以提出异议的理由。也即该方当事人的行为已足以在他与另一方当事人之间构成了一项默示的仲裁协议。④《希腊民事诉讼法》第9条则规定:"仲裁协议必须以书面形式作出,并须遵循有关合同的实体法规定。如协议双方当事人均已出席,在仲裁员面前毫无保留地进行仲裁程序,即可不要书面文件。"《联合国国际商事仲裁示范法》第7条备选案文一第3款、第5款在对仲裁协议的书面形式做扩张解释时强调:"若仲裁协议的内容以任何形式记录下来,则为书面形式,无论该仲裁协议或合同是以口头方式、行为方式还是其他方式订立的。""另外,如在申请书和答辩书的交换中,一方当事人声称有仲裁协议而另一方当事人不予否认的,仲裁协议即为书面协议。"

我国立法尚无关于默示仲裁协议的直接规定,但《贸仲规则》(2005)已涉及

---

① 乔欣:《仲裁权研究》,法律出版社2001年版,第91页。
② 赵健:《联合国〈国际商事仲裁示范法〉2006年修订条款评述》,载《中国国际私法与比较法年刊》(2007第10卷),北京大学出版社2007年版。
③ 参见韩建:《现代国际商事仲裁法的理论与实践》,法律出版社2000年版,第133页。
④ 参见邓杰:《伦敦海事仲裁制度研究》,法律出版社2002年版,第64页。

默示仲裁协议的问题,其第 5 条第 3 项指出:"在仲裁申请书和仲裁答辩书的交换中一方当事人声称有仲裁协议而另一方当事人不做否认表示的,视为存在书面仲裁协议。"从尊重当事人意思自治的角度出发,为了更为有效地保障当事人仲裁意愿的实现,促进仲裁制度正常有序地发展,我国立法宜对默示仲裁协议有条件地予以认可。

第二节 仲裁协议的成立与生效要件

我们知道,合同有所谓成立与生效之别。合同成立一般是指当事人之间因达成协议而建立了合同关系;而合同生效,则是已经成立的合同因符合法定要件而按当事人意思表示的内容产生了法律约束力。合同成立意味着合同在客观上存在,属于事实判断;合同生效是合同效力的发生,属于法律价值判断。在多数情况下,当事人订立合同时即具备了相应的生效要件,其成立和生效时间是一致的。仲裁协议作为一种特殊类型的合同,其成立和生效要件既与普通的合同有着相通之处,同时也因其所具有的特性而别具一格。

一、仲裁协议的成立要件

合同的成立要件是依照法律规定或者当事人的约定,构成合同所必不可少的事实因素。合同只有具备最基本的成立要件,才能作为一种法律事实而存在,进而接受法律的评价。合同成立是判定合同生效与否的前提条件。仲裁协议也受普通合同法原则的支配,其成立意味着各方当事人在解决相互之间争议的方式上意思表示一致。具体而言,具备下列要件就表明仲裁协议成立了:

1. 存在缔约的双方当事人

缔约的当事人是指实际订立仲裁协议的人。根据我国《仲裁法》第 2 条的规定,能够成为订立仲裁协议的当事人的,是地位平等的公民、法人和其他组织。无论缔约的当事人属于其中何种形态,订立仲裁协议都必须要有两个以上利益不同的主体存在,只有一方当事人是无法成立仲裁协议的。

2. 缔约当事人达成将争议提交仲裁的合意

上一节已提及,仲裁协议是当事人合意将未来可能发生或已经发生的争议提交仲裁的意思表示。"仲裁合意的取得并不是纠纷当事者经相互对峙和交涉终于就接受仲裁机关的仲裁达成合意,而是具有解决纠纷的意志和热情的仲裁机关介入交涉,把各方当事者对仲裁机关所持有的信赖结合起来,形成一个合意整体的过程。"① 如是,则当事人愿意将争议提交仲裁解决就成为仲裁协议成立的必备要件,而且仲裁协议成立的根本标志就在于当事人就进行仲裁达成了合意。

3. 缔约经过要约与承诺阶段

我国《合同法》第 13 条规定:"当事人订立合同,采取要约、承诺方式。"凡缔结合同,双方当事人要经过要约、承诺两个阶段,才能就合同的主要条款达成合意,从而在双方主体间形成合同关系。仲裁协议亦是如此,也须经历当事人意思表示一致的要约与承诺阶段。所谓要约是指意图与他人达成仲裁协议的意思表示;而承诺就是受要约人同意达成协议的意思表示。在默示仲裁协议的情形下,一方当事人发出要约后,对方当事人的作为或不作为的行为方式被视为承诺。

二、仲裁协议的一般生效要件

仲裁协议的生效要件是法律对当事人达成的仲裁合意进行评价的标准,不同于仲裁协议的成立要件。仲裁协议成立后,能否发生法律效力、产生当事人所预期的法律后果,非缔约当事人之意志所能完全决定。只有符合生效要件的仲裁协议,才受法律保护产生约束力。反之则仲裁协议因无效而无法引发当事人预想的法律效果。所以,仲裁协议具备各项生效要件就意味着双方当事人通过仲裁协议欲实现的预期目标获得了国家法律的承认和保护。世界上多数国家的仲裁立法以及国际公约均对有效仲裁协议的要件作出了明确规定。仲裁协议的生效要件可分为与普通合同相同的一般生效要件以及作为特殊合同而独具的特别生效要件。

对于一般生效要件,我们可在有关合同的法律规定中寻找到答案,如根据《法国民法典》的规定,契约的生效要件包括:(1) 承担义务当事人的承认;(2) 当事人具有缔约能力;(3) 构成约束客体的确定标的;(4) 债的原因合法。《日本民法典》亦指明:(1) 当事人应具有相应的缔约能力;(2) 意思表示无瑕疵;(3) 契约的内容应当:第一,具有确定的可能性;第二,实现的可能性;第三,内容合法并不违反公共秩序和善良风俗。从我国《合同法》的规定出发,笔者认为,仲裁协议的一般生效要件为:

(一) 当事人具有相应的行为能力

民事行为能力是民事主体独立地以自己的行为设定民事权利和承担民事义务的资格。仲裁协议理所当然地受到当事人行为能力的影响,只有具备相应民事行为能力的公民、法人或其他组织才有资格订立以及履行仲裁协议。

---

① 〔日〕棚濑孝雄著:《纠纷的解决与审判制度》,王亚新译,中国政法大学出版社 2004 年版,第 108—109 页。

1. 自然人的行为能力

我国《民法通则》将民事主体分为无民事行为能力人、限制民事行为能力人和完全民事行为能力人三种。仲裁协议是当事人对争议解决方法的选择,关涉当事人对诉权等重大利益的处分,因而需要其具有完全的民事行为能力。我国的仲裁立法明确否定了无民事行为能力人和限制民事行为能力人订立的仲裁协议的效力。《联合国国际商事仲裁示范法》第 36 条第 1 款 A 项也强调,如果订立仲裁协议的当事一方欠缺行为能力,则该协议是无效的。1996 年的《英国仲裁法》第 103 条第 2 款第 1 项从仲裁裁决效力的角度表明,被申请承认或执行裁决的一方当事人若能证明仲裁协议的一方当事人(根据适用于他的法律)无行为能力,则裁决可被拒绝。

由于各国对自然人行为能力的界定存在差异,为解决可能出现的法律上的冲突,在认定缔约当事人的行为能力时必须遵循一定的共同原则:在国内仲裁中,当事人的行为能力依国内法来判定,在涉外仲裁或国际商事仲裁中,自然人的行为能力受属人法的支配,即以自然人的本国法和住所地法作为确定其行为能力的准据法。具体来讲就是,缔约当事人是否具有缔约能力,以当事人订立仲裁协议所在地国家的法律为依据。依照我国《民法通则》第 143 条以及《最高人民法院关于贯彻执行〈中华人民共和国民法通则〉若干问题的意见》第 179 条至第 185 条的规定,我国对中国公民以外的自然人采用依国籍主义为主,居所地主义为辅的原则来认定其行为能力。《中华人民共和国涉外民事关系法律适用法》(以下简称《涉外民事关系法律适用法》)第 12 条则明确规定:自然人的民事行为能力,适用经常居所地法律。自然人从事民事活动,依照经常居所地法律为无民事行为能力,依照行为地法律为有民事行为能力的,适用行为地法律。

2. 法人或其他组织的行为能力

法人或其他组织的行为能力与其权利能力一样,自成立时产生,至终止时消灭。如果法人或其他组织的民事行为超出其民事权利能力的范围,该行为即为无效。国际范围内对法人或其他组织的行为能力大多依属人法即根据国籍国法或住所地法而确定。《涉外民事关系法律适用法》第 14 条规定:法人及其分支机构的民事权利能力、民事行为能力、组织机构、股东权利义务等事项,适用登记地法律。法人的主营业地与登记地不一致的,可以适用主营业地法律。法人的经常居所地,为其主营业地。

(二) 当事人意思表示真实

所谓意思表示真实,是指当事人订立仲裁协议时的表示行为真实地反映了其内心的效果意思。简言之,也就是当事人的表示行为与效果意思相一致。仲裁协议中当事人意思表示是否真实,可从两个层面来加以判断:(1) 当事人是否有着将纠纷提交仲裁的意思表示;(2) 当事人的该意思表示是否真实。意思表示真实要求"双方当事人对是否签订仲裁协议,以及所签订的仲裁协议的内容都处于完全自愿"①。仲裁协议是双方当事人在平等、自愿、协商一致的基础上订立的,自愿性是生效仲裁协议最基本的要素,所以不允许任何一方以欺诈、胁迫或乘人之危等手段,迫使对方在违背自己真实意思的情况下签订仲裁协议。

(三) 不违反法律和社会公共利益

所谓不违反法律和社会公共利益,是指当事人达成仲裁协议的目的和内容不违反法律的强行性或禁止性规定,不侵害社会公共利益和国家利益。此处的不违反法律,既指仲裁协议不得违反法律的强行性规定,也包括不得以改变或变通的方式刻意规避法律。法律的强行性或禁止性规定,当事人必须遵守,凡与国家法律的强制性规范相悖的仲裁协议均无效。同时,在国际商事仲裁中,公序良俗已经成为一项重要原则并得到普遍承认。因而当事人之间订立的仲裁协议也不得损害社会公共利益,不得违背公序良俗。

三、仲裁协议的特别生效要件

仲裁协议的特别生效要件是指仲裁协议基于本身的性质和特点而必须具备的有别于其他合同的生效要件。仲裁协议毕竟不同于普通的合同,除了满足合同的一般生效要件以外,它还有着遵从自身特性的特别生效要件,即仲裁协议的形式和内容必须满足法律规定的条件。生效的仲裁协议直接关系到当事人对诉权的处分,以及仲裁机构管辖权和裁决权的实现,因此,各国以及国际性的立法常常会对仲裁协议的形式要件和内容必须蕴含的要素作出直接规定,以便于对其进行规范。我国《仲裁法》要求仲裁协议应当采取书面形式,至于其内容,第16条第2款明确要求:"仲裁协议应当具有下列内容:(一)请求仲裁的意思表示;(二)仲裁事项;(三)选定的仲裁委员会。"

(一) 请求仲裁的意思表示

仲裁协议的成立要求双方当事人对将争议提交仲裁达成合意,而其特别生效要件则要求当事人将这一合意在协议中鲜明且直白无误地表达出来,也就是将仲裁的意思表示直接地呈现于仲裁协议之中。当事人请求仲裁的意思表示是仲裁协议最基本的内容。即如我国台湾地区学者吴光明所言:"如要以合意作为确定争议解决方式之依据,仅有双方当事人之合意,则有不足,盖合意之内容,必须经由一定之形式表现出来,才能被采认。换言之,所谓仲裁意思自治,亦必须经由一定之形式,才能具体呈现,此种形式,即是仲裁协议。"②世界各主要国家均将当事人的仲裁意愿列为对生效仲裁协议内容的强制性要求。澳大利亚的

---

① 乔欣:《仲裁权研究》,法律出版社2001年版,第83页。
② 吴光明:《仲裁协议之自由与限制》,载《河南省政法管理干部学院学报》2006年第5期。

立法甚至将当事人请求仲裁的意思表示作为仲裁协议的唯一内容。

（二）仲裁事项

仲裁事项是当事人意欲提交仲裁解决的具体争议。各国和国际立法通常会对可提请仲裁解决的争议事项及性质进行限定，当事人只能在仲裁协议中约定就法定范围内的争议事项向仲裁机构提出仲裁申请。反之，仲裁机构亦只能受理当事人申请的符合法定范围的仲裁事项并作出裁决。此即为争议事项的可仲裁性问题。可仲裁争议是一个国家允许以仲裁解决的争议；而不可仲裁争议是国家以法律禁止仲裁，并坚持由法院审理的争议。[①] 可仲裁性划分了一个国家仲裁机构和其他机构解决纠纷的权限和分工，在国际上，则决定了仲裁裁决能否得到别国的承认与执行。哪些争议具有可仲裁性由此成为任何国家的仲裁制度中都无可回避的问题。我国立法亦将仲裁事项列为仲裁协议的特别生效要件之一。《仲裁法》第18条就规定：仲裁协议对仲裁事项没有约定或者约定不明确的，当事人可以补充协议；达不成补充协议的，仲裁协议无效。

尽管各国出于自身的实际需要会对纠纷的可仲裁性作出各自相异的规定，然而平等主体之间的具有可处分性的权利纠纷已然成为判断争议是否具备可仲裁性的较为公认的标准。各国立法也大都以此标准来确定本国仲裁管辖权的范围。《德国民事诉讼法》第1030条对可仲裁性进行了专门界定，规定：任何一项涉及经济利益的请求都可以成为仲裁协议的标的。对于不涉及经济利益的纠纷，要以当事人是否有权对其争议事项进行和解作为能否可以提交仲裁的标准。而且关于公用征收之赔偿亦可提交仲裁。《联合国国际商事仲裁示范法》在其注释中对可仲裁争议进行了列举式的解释，以便包括所有具有商业性质关系的事项，而不论这种关系是否为契约关系，即"商事性质的关系包括但不限于下列交易：任何提供或交换商品或劳务的交易；销售协议；商事代表或代理；保付代理；租赁；工厂建造；咨询；设计；许可；投资；融资；银行业；保险；开采协议或特许；合营企业或其他形式的工业或商业合作；客货的航空、海洋、铁路或公路运输"。1958年《承认及执行外国仲裁裁决公约》第1条第3款也确定了该公约适用的仲裁范围是："任何国家亦得声明，该国唯于争议起于法律关系，不论其为契约性质与否，而依提出声明国家之国内法认为系属商事关系者，始适用本公约。"

我国《仲裁法》从正反两个方面划定了仲裁的受案范围。在第2条直接确定了仲裁的受案范围——平等主体的公民、法人和其他组织之间发生的合同纠纷和其他财产权益纠纷——之后，紧接着于第3条规定了不可仲裁的争议事项：婚姻、收养、监护、扶养、继承纠纷；依法应当由行政机关处理的行政争议。而且，

---

① 参见杨良宜：《关于可仲裁性（一）》，载《北京仲裁》2005年第3期。

由于劳动争议仲裁和农村土地承包经营纠纷仲裁不同于民商事纠纷仲裁,《仲裁法》亦将之排除在外,由其他法律另行规定。

另外,为了紧随仲裁快速发展的步伐,让更多的纠纷被纳入仲裁事项之内,最高人民法院在《仲裁法解释》第 2 条对仲裁的受案范围作出了更为广泛的解释:"当事人概括约定仲裁事项为合同争议的,基于合同成立、效力、变更、转让、履行、违约责任、解释、解除等产生的纠纷都可以认定为仲裁事项。"

(三) 选定的仲裁委员会

选定的仲裁委员会也是我国立法所确定的仲裁协议的生效要件。当事人订立的仲裁协议中必须约定将具有可仲裁性的争议事项提交给哪一个仲裁委员会进行仲裁,否则仲裁协议的效力得不到承认。根据我国《仲裁法》第 18 条的规定,对仲裁委员会没有约定或者约定不明确的仲裁协议无效。不过,在仲裁协议中选定仲裁委员会并非要求当事人丝毫不差地写出仲裁机构的正确名称,《仲裁法解释》第 3 条已规定:"仲裁协议约定的仲裁机构名称不准确,但能够确定具体的仲裁机构的,应当认定选定了仲裁机构。"

从全球范围来看,仲裁的组织形式包括常设的仲裁机构和临时的仲裁机构即临时仲裁庭。临时仲裁庭多半无固定的组织、地点、人员和仲裁规则,而由双方当事人直接在仲裁协议中指定仲裁员组成,案件处理完毕,临时仲裁庭自行解散。在临时仲裁中,仲裁员的指定方法及其管辖范围或权力、仲裁地点和仲裁程序都由双方当事人决定。临时仲裁的显著特点在于其形式灵活,符合当事人的意愿和特定争议的实际情况,能够快速、低廉地解决纠纷。不过,我国仲裁法和民事诉讼法均未涉及临时仲裁,故《仲裁法》未对临时仲裁庭作出规定。但是,由于我国参加了联合国的《承认及执行外国仲裁裁决公约》,该公约明确规定缔约国或者参加国对在其他成员方境内作出的临时仲裁裁决有承认和执行的义务。所以,如果有关当事人约定在公约成员国境内临时仲裁且该成员国法律对此并不禁止,则人民法院须认定该临时仲裁庭作出的裁决的效力。由此,赋予临时仲裁庭以仲裁管辖权的仲裁协议实际上也就被认为是有效的。

必须注意的是,世界各国或地区以及国际商事仲裁的立法中关于仲裁协议的特别生效要件的规定与我国并不相同。例如,《法国民事诉讼法》第 1442 条规定:"仲裁条款应以书面规定于主协议或者主协议援引的文件中,否则它是无效的。受同样约束,仲裁条款必须指定仲裁员或者规定仲裁员的指定方式。"也就是说,在法国只要仲裁协议是书面的且指定了仲裁员或者规定了仲裁员的指定方式则仲裁协议为有效。《美国统一仲裁法(示范法)》第 1 条规定:"当事人之间达成的将任何现存争议提交仲裁解决的书面协定或者契约中将任何争议提交仲裁解决的条款都是有效的、可执行的、不可撤销的,除非其具有法律或者衡平法所规定的撤销契约的理由。"由此可见,美国立法并未对仲裁协议的内容进行限定,法律对当事人达成的具有仲裁意愿的协议,无论条文表述明确与否、内容完备与否皆赋予其可执行的效力。有学者依据《承认及执行外国仲裁裁决公约》的规定,将其关于仲裁协议有效性的认定标准概括为五条:(1)仲裁协议是否采用了书面形式;(2)协议是否表明了提请仲裁解决争议的意愿;(3)仲裁协议中约定提请仲裁解决的争议事项是否属于可仲裁事项;(4)当事人是否具有行为能力;(5)根据可适用的法律,仲裁协议是否属无效协议。[①] 总而言之,大多数国家并未将选定的仲裁机构这一条件纳入仲裁协议的生效要件之中。

(四)仲裁协议内容的其他要件

除了特别生效要件之外,有些国家或国际立法还涉及了仲裁地点、仲裁规则以及仲裁裁决的效力等仲裁协议所需包含的其他要素。

1. 仲裁地点

仲裁地点是仲裁程序进行和作出仲裁裁决的所在地。仲裁地点实际上决定了仲裁所适用的法律。各国的仲裁制度各不相同,不同仲裁地点的仲裁法及仲裁规则也存在着差别。当事人选择仲裁地点对其仲裁所适用的程序及实体法律有着重大影响。因而有些国家的仲裁法要求当事人在仲裁协议中就仲裁地点进行约定。《瑞典仲裁法》第22条即规定:"当事人应约定仲裁地。如果当事人未约定仲裁地,则应由仲裁员决定。"《联合国国际商事仲裁示范法》第20条第1款亦强调:"当事各方可以自由地就仲裁地点达成协议。如未达成此种协议,仲裁地点应由仲裁庭确定,但应考虑到案件的情况,包括当事各方的方便。"在国际范围内,仲裁地点还决定了是内国仲裁还是国际仲裁,仲裁裁决的国籍及执行等事项,对当事人意义深远。《承认及执行外国仲裁裁决公约》第3条已明确指出:"各缔约国应承认仲裁裁决具有拘束力,并依援引裁决地之程序规则及下列各条所载条件执行之。承认或执行适用本公约之仲裁裁决时,不得较承认或执行内国仲裁裁决附加过苛之条件或征收过多之费用。"

我国立法虽未要求当事人就仲裁地点进行约定,也未将之作为仲裁协议特别生效要件的一项内容,然而,结合我国的现实情况,当事人选定了仲裁机构就决定了仲裁地点,即仲裁机构所在地。

2. 仲裁规则

仲裁规则是常设的仲裁机构依据仲裁法律制定的规范仲裁主体之间的法律关系和具体仲裁程序的规则。仲裁规则不同于由国家立法机关制定的仲裁法,其制定主体是商会或仲裁机构,内容包括仲裁机构、仲裁员、仲裁当事人以及其他仲裁参与人进行仲裁活动所必须遵循的程序准则。仲裁规则是任意性较强的

---

① 参见韩健:《仲裁协议中关于仲裁机构的约定——兼评我国仲裁法有关条款的规定》,载《法学评论》1997年第4期。

行为规范,且不得违反仲裁法中的强制性规定。世界上众多仲裁机构皆备有自己的仲裁规则以供当事人选择适用。仲裁规则一旦被当事人选定,就成为具体仲裁活动中的行为规范,无论是仲裁庭行使仲裁权抑或是当事人参加仲裁活动都必须遵循这些规则。

对仲裁协议的当事人而言,一旦选定了仲裁机构,其实就是选择了该机构的仲裁规则。《贸仲规则》(2005)第4条就是关于规则的适用,其内容表明:本规则统一适用于仲裁委员会及其分会。凡当事人同意将争议提交仲裁委员会仲裁的,均视为同意按照本规则进行仲裁。当事人约定适用其他仲裁规则,或约定对本规则有关内容进行变更的,从其约定,但其约定无法实施或与仲裁地强制性法律规定相抵触者除外。当事人约定适用仲裁委员会制定的行业仲裁规则或专业仲裁规则且其争议属于该规则适用范围的,从其约定;否则,适用本规则。《中国海事仲裁委员会仲裁规则》第7条第1款亦规定:"当事人协议将争议提交仲裁委员会或其物流争议解决中心或渔业争议解决中心仲裁的,适用本仲裁规则的规定;渔业争议同时适用《中国海事仲裁委员会仲裁规则关于渔业争议案件的特别规定》。但当事人对仲裁程序另有约定并经仲裁委员会同意的,从其约定。"

在国际方面,1976年4月的《联合国国际贸易法委员会仲裁规则》第1条第1款规定:"凡契约当事人各方间已书面协议,有关该契约的争议应根据《联合国国际贸易法委员会仲裁规则》提交仲裁,则该争议应按照本规则处理。但以当事人各方用书面协议的方式对规则所作出的修改为准。"

从上引条文我们可以明了,当事人在仲裁协议中约定了仲裁规则的,应遵从当事人的约定,只有在当事人未对仲裁规则进行约定的情形下,才适用仲裁机构制定的规则。

3. 仲裁裁决的效力

仲裁裁决的效力主要是指仲裁裁决是否具有终局效力,当事人能否对仲裁裁决向法院提出上诉。仲裁裁决的效力由仲裁所在地国家的法律及仲裁规则予以规定。通常,仲裁法或仲裁规则会赋予仲裁裁决以终局的效力,如《联合国国际贸易法委员会仲裁规则》第32条第2款规定:"裁决应以书面作成,属于终局性,对当事人各方具有约束力。当事人各方承担从速执行裁决的责任。"《联合国国际商事仲裁示范法》第35条第1款也规定:"仲裁裁决不论在何国境内作出,均应承认具有约束力,而且经向管辖法院提出书面申请,即应依照本条和第36条之规定予以执行。"

但有些国家在仲裁法中允许当事人对仲裁裁决的效力作出约定。当事人可以在仲裁协议中言及仲裁裁决是否具有终局效力,能否就仲裁裁决向法院提起上诉等问题。1996年的《英国仲裁法》第58条规定:"除非当事人各方另有约定,依据仲裁协议作出的裁决系终局的,对双方均具有约束力,且对经由该双方或以其名义提出主张者亦产生效力。本条并不影响任何人通过必要的上诉或复审仲裁程序,或依据本部分的规定,对裁决提出异议之权利。"该法就认可了当事人在仲裁协议中约定仲裁裁决效力的内容。而按照我国《仲裁法》第9条的规定,仲裁实行一裁终局的制度。仲裁裁决作出后,当事人不得就同一纠纷再向仲裁机构申请仲裁或向人民法院起诉。所以我国的当事人无权就仲裁裁决的效力进行约定。

除上述事项之外,在国际商事仲裁中,当事人还有权对仲裁协议的其他内容,诸如仲裁员的任职资格、仲裁庭的组成方式、仲裁协议所适用的法律、裁决期限以及仲裁使用的语言等事项进行约定。《联合国国际贸易法委员会仲裁规则》第17条即规定:"以不违反当事人的协议为条件,仲裁庭于指定后应迅速决定在仲裁程序中所应使用的一种或数种语文。此项决定适用于要求书、答辩书和任何其他书面的陈述;如果举行口头审理,并适用于此种审理中所应使用的一种或数种语文。仲裁庭得命令以原有语文递送的任何附于要求书或答辩书之后的文件和在仲裁程序进行中提出的任何补充文件或证物,都应附有当事人所约定的或仲裁庭所决定的那一种或那几种语文的译本。"

第三节 仲裁协议的无效与失效

有效的仲裁协议能够对仲裁当事人、仲裁机构和法院产生约束力。但是,如果仲裁协议不符合法定的生效要件,就得不到法律的认可和保护,其效力无以产生;已经生效的仲裁协议由于情势的变更也会丧失其本来所具有的效力,成为失效的仲裁协议。我国《仲裁法》为此专门作出了规定,最高人民法院的司法解释对之进行了细化。

一、仲裁协议的效力

仲裁协议的效力,是指仲裁协议成立并生效后对仲裁主体及法院所(应)具有的法律约束力。仲裁协议的效力经有关机关或机构确认后,对不同的主体形成的约束力并不相同。

(一) 仲裁协议效力的确认机构

依据我国现行《仲裁法》的规定,仲裁协议的效力由人民法院和仲裁委员会确认,而其他国家以及国际仲裁立法中的确认机构则为法院和仲裁庭。

1. 人民法院

当事人因仲裁协议的效力引发争议的,按照我国《仲裁法》第20条第1款的规定,可以请求人民法院作出裁定。当一方请求仲裁委员会作出决定,另一方请求人民法院作出裁定时,由人民法院裁定。故而,人民法院享有确认仲裁协议效力的权力。

由法院确认仲裁协议效力的规定并非为我国所独有,而是国际通行的做法。英国法院亦坚持软性的仲裁独立原则,并继续限制仲裁员的管辖权决定权。他们重申了是由法院而不是仲裁员来解决关于仲裁条款的范围、有效性或者存在性等一系列存在争议的问题。当事人也越来越倾向于找法院解决该类问题。①法院的此项权力鲜明地展示了仲裁权与司法权之间的内在联系。

我国最高人民法院在司法解释中还区分不同情况具体指明了享有此项权力的法院:当事人向人民法院申请确认仲裁协议效力的案件,由仲裁协议约定的仲裁机构所在地的中级人民法院管辖;仲裁协议约定的仲裁机构不明确的,由仲裁协议签订地或者被申请人住所地的中级人民法院管辖。申请确认涉外仲裁协议效力的案件,由仲裁协议约定的仲裁机构所在地、仲裁协议签订地、申请人或者被申请人住所地的中级人民法院管辖。涉及海事海商纠纷仲裁协议效力的案件,由仲裁协议约定的仲裁机构所在地、仲裁协议签订地、申请人或者被申请人住所地的海事法院管辖;上述地点没有海事法院的,由就近的海事法院管辖。

2. 仲裁委员会

我国《仲裁法》在明确人民法院享有此项权力的同时,也强调了如当事人对仲裁协议的效力有异议,也可以请求仲裁委员会作出决定。这表明我国各个仲裁委员会亦享有此项职权。《贸仲规则》(2005)第6条第2项则具体规定:"如果仲裁委员会依表面证据认为存在由仲裁委员会进行仲裁的协议,则可根据表面证据作出仲裁委员会有管辖权的决定,仲裁程序继续进行。仲裁委员会依表面证据作出的管辖权决定并不妨碍其根据仲裁庭在审理过程中发现的与表面证据不一致的事实及/或证据重新作出管辖权决定。"

从世界范围来看,我国立法所规定的由仲裁委员会来确认仲裁协议效力的做法,是比较少见的。我国学术界和实务界对这一规定的共同看法是,将仲裁协议效力异议的决定权赋予仲裁机构的做法并不符合国际商事仲裁的通例而应予修改和完善。② 其他国家就很少在仲裁法中作如此规定。

3. 仲裁庭

对于仲裁协议效力的确认,各国早期立法均认为属于法院的职权范围。1950年的《英国仲裁法》曾规定,法院有权主动撤销仲裁协议、命令仲裁员将法律问题和裁决向其报告。然而,1955年德国高等法院却针对"当事人可否通过

---

① 参见 Stewart Shackleton:《英国仲裁司法年度评论——2002》,罗洁琪编译,载《仲裁研究》2005年第1期。

② 马占军:《我国仲裁协议效力异议规则的修改与完善》,载《法学评论》2011年第2期。

协议赋予仲裁员对其管辖权作出有拘束力的决定的权力"的争议作出裁定,确认了仲裁员有权对作为其权力基础的仲裁协议的范围作出决定。这一裁定的内容体现了仲裁庭自裁管辖权原则的意旨。仲裁庭自裁管辖权原则是关于仲裁管辖权的理论学说,其意在于强调在当事人已经达成仲裁协议的情形下,仲裁庭有权对仲裁协议的效力以及自身的管辖权作出决定。也就是在这一年,国际商会仲裁员在《国际商会仲裁规则》中首次正式将仲裁庭自裁管辖原则应用到仲裁实践中。[①]

进入20世纪70年代以后,为了促使国际商事争议尽可能通过仲裁方式解决,各国及有关国际立法大多将决定仲裁协议有效性的权力赋予仲裁庭以及仲裁员。这已经成为仲裁法的一项基本原则。人们普遍认为,对仲裁协议的效力进行审查是仲裁庭所享有的仲裁权中不可分割的一部分。这一审查既涉及仲裁庭对当事人仲裁程序权利的判定,还涉及仲裁协议中有关仲裁事项的可仲裁性问题、主体资格、当事人适格等需要进行实体审理方能确定的内容,而这些很难由仲裁机构作出正确的抉择。根据1996年的《英国仲裁法》第30条第1款的规定,除非当事人另有不同协议,仲裁庭可以裁决是否存在一份有效的仲裁协议。

在一些国际性的仲裁规则中也有着同样的规定,如《联合国国际商事仲裁示范法》第16条关于"仲裁庭对自己的管辖权作出裁定的权力"第1款规定:"仲裁庭可以对它自己的管辖权包括对仲裁协议的存在或效力的任何异议,作出裁定。"为此目的,构成合同的一部分的仲裁条款应视为独立于其他合同条款以外的一项协议。仲裁庭作出关于合同无效的决定,不应在法律上导致仲裁条款的无效。《国际商会仲裁规则》第6条第2款亦规定:"如果被申请人未按第5条规定提交答辩,或者任何一方就仲裁协议存在、有效性或范围提出一项或多项抗辩,则仲裁院在表面上根据商会仲裁规则确信仲裁协议可能存在但在不影响异议的可接受性或实质性的情况下可以决定仲裁程序继续进行。在此情况下,就仲裁庭的管辖权的决定应由该仲裁庭自行作出,如果仲裁院对仲裁协议的存在从表面上不能肯定,应通知当事人仲裁程序不能进行。在此情况下,任何一方均有权请求有管辖权的法院裁定是否存在一项具有约束力的仲裁协议。"《贸仲规则》(2005)第6条第1项顺应了这种观念的要求,规定:"仲裁委员会有权对仲裁协议的存在、效力以及仲裁案件的管辖权作出决定。如有必要,仲裁委员会也可以授权仲裁庭作出管辖权决定。"我国立法亦有必要就此问题适时加以改进,以促进我国仲裁制度更趋完善与合理。

(二)仲裁协议效力的具体表现

仲裁协议生效后,对协议当事人、仲裁机构和人民法院形成的法律约束力各

[①] 参见赵秀文:《国际商事仲裁及其适用法律研究》,北京大学出版社2002年版,第41页。

不相同,其具体表现如下:

1. 对协议当事人的效力

一方面,当事人达成的仲裁协议生效后,当仲裁协议约定的争议发生时,任何一方都有权将之提交仲裁予以解决。这是仲裁协议赋予当事人的权利。另一方面,仲裁协议也限制了当事人选择诉讼手段解决争议。因为认真履行仲裁协议的内容,不得就仲裁协议中的仲裁事项向法院起诉是协议当事人的义务。我国《仲裁法》第5条特别强调,当事人有义务将仲裁协议约定的争议提交仲裁解决,并且应当以自己的行为积极、善意、适当地履行仲裁裁决。生效仲裁协议的存在使得当事人丧失了将争议事项提起诉讼的权利,一方当事人仍然坚持向法院起诉的,另一方当事人有权要求法院终止诉讼程序。

2. 对仲裁庭的效力

仲裁庭的仲裁管辖权源于当事人的授权,而仲裁协议正是仲裁庭行使仲裁管辖权的根据。仲裁协议不仅赋予了仲裁庭以仲裁管辖权,同时,也限定了其仲裁管辖权。仲裁机构在何种程度上以及多大范围内享有该项权力受到当事人约定的限制。仲裁庭不得超出仲裁协议中约定的事项行使仲裁权,否则其行使权力的行为无效。

3. 对司法机关的效力

有效的仲裁协议排除了法院对约定的仲裁事项的司法管辖权。如果当事人就约定仲裁的事项向法院起诉,则相对方当事人可以在首次开庭前向受理该争议的法院提出异议,请求法院不经实体审理即以裁定方式驳回其起诉。法院必须尊重当事人的合法要求。《联合国国际商事仲裁示范法》第5条即规定:"由本法管辖的事情,任何法院均不得干预,除非本法有此规定。"我国《仲裁法》第5条也规定:"当事人达成仲裁协议,一方向人民法院起诉的,人民法院不予受理,但仲裁协议无效的除外。"此外,由仲裁协议引发的仲裁程序以及仲裁裁决也应得到法院的支持,当义务人不履行仲裁裁决确定的义务时,经权利人申请,法院有必要采取强制措施保障仲裁裁决效力的实现。

二、仲裁协议的无效

仲裁协议的无效,是指由于不具备法定的生效要件,当事人订立的仲裁协议自始不具有法律约束力。一般情形下,仲裁协议一经成立并生效,即产生法定约束力。然而在仲裁实践中,当事人达成的仲裁协议,有时却出于种种原由未能满足法定的要件而难以得到法律的承认,无法产生当事人预期的效果。

(一)仲裁协议无效的具体情形

与仲裁协议的生效要件相对应,根据我国《仲裁法》的规定,出现下列情形时,仲裁协议无效:

1. 协议约定的仲裁事项超出了法律规定的范围

我国立法明确规定了仲裁的受案范围,只有当事人享有自由处分权的民事争议,才能订立仲裁协议提交仲裁解决。根据我国《仲裁法》第 17 条第 1 项的规定,约定的仲裁事项超出法律规定的仲裁范围的,仲裁协议无效。

2. 无民事行为能力人或限制民事行为能力人订立的仲裁协议

根据我国《仲裁法》第 17 条第 2 项的规定,对自然人而言,无行为能力人或限制行为能力人订立的仲裁协议,属于无效的仲裁协议。

2008 年生效的《最高人民法院、澳门特别行政区关于内地与澳门特别行政区相互认可和执行仲裁裁决的安排》第 7 条第 1 款将"仲裁协议一方当事人依对其适用的法律在订立仲裁协议时属于无行为能力的"视为法院不予认可和执行仲裁裁决的原因。这其实就意味着当事人的行为能力影响了仲裁协议的效力,使得仲裁裁决丧失了合法的前提。联合国《承认与执行外国仲裁裁决公约》第 5 条第 1 款亦对此种情形进行了规范:"裁决唯有于受裁决援用之一造向声请承认及执行地之主管机关提具证据证明有下列情形之一时,始得依该造之请求,拒予承认及执行:(甲)第二条所称协定之当事人依对其适用之法律有某种无行为能力情形者,或该项协定依当事人作为协定准据之法律系属无效,或未指明以何法律为准时,依裁决地所在国法律系属无效者。"

3. 一方采取胁迫手段订立的仲裁协议

仲裁协议是双方当事人意图通过仲裁解决纠纷的真实意思表示的产物。当一方当事人在受到对方胁迫之时所订立的仲裁协议,是无法体现其真意的,也不符合仲裁协议的生效要件。根据我国《仲裁法》第 17 条第 3 项的规定,一方采取胁迫手段,迫使对方订立的仲裁协议无效。

4. 仲裁协议约定的内容不明确或者存在欠缺,又未能达成补充协议的

仲裁协议的内容应当满足特别生效要件的要求,做到条款完备、明确。如果在内容方面存在重大瑕疵,当事人又未能采取补救措施的,仲裁协议无效。我国《仲裁法》第 18 条规定:"仲裁协议对仲裁事项或者仲裁委员会没有约定或者约定不明确的,当事人可以补充协议;达不成补充协议的,仲裁协议无效。"对于此类情形,最高人民法院的《仲裁法解释》第 4 条至第 7 条有着更为细致的列举,具体分为以下几种:

(1) 仲裁协议仅约定纠纷适用的仲裁规则,且当事人未达成补充协议或者按照约定的仲裁规则无法确定仲裁机构的,视为未约定仲裁机构。

(2) 仲裁协议约定两个以上的仲裁机构,当事人不能就仲裁机构选择达成一致的,仲裁协议无效。

(3) 仲裁协议约定由某地的仲裁机构仲裁,该地有两个以上的仲裁机构,当事人不能就仲裁机构选择达成一致的,仲裁协议无效。

(4) 当事人约定争议可以向仲裁机构申请仲裁也可以向人民法院起诉的,仲裁协议无效。

此外,实践中还存在导致仲裁协议无效的其他情形,例如,1999 年 12 月 3 日北京市高级人民法院《关于执行"关于审理请求裁定仲裁协议效力、申请撤销仲裁裁决案件的'暂行规定'和'若干问题的意见'"的说明》第 5 条规定:"下列仲裁协议应当认定无效:……(三) 仲裁协议显失公平。如:'发生争议,由卖方选择其认为适当的仲裁机构进行仲裁。该协议直接剥夺了一方当事人寻求解决纠纷途径的权利。'"在国外,仲裁协议无效还会出于其他的原由。美国最高法院曾在 *Green Tree Financial Corp-Alabama v. Randolph* 一案的判决中明确指出,仲裁费用过高可构成仲裁条款无效的理由。①

(二) 仲裁协议存在缺陷时的处理

在我国,仲裁协议内容不规范或者存在缺陷,其效力究竟怎样,由于立法语焉不详,在实践中极易引起争议,形成因人而异的处理结果。此时,可参考世界其他各国以及国际仲裁发展变化的主流趋势,以最高人民法院的司法解释为依据,从尽可能尊重与保护当事人仲裁意愿的角度出发,认可其仲裁协议。在出现下列情况时,不应轻易否定仲裁协议的效力:

1. 仲裁与诉讼并举的仲裁协议

当事人在仲裁协议中既约定了仲裁,同时又约定向法院提起诉讼的,《仲裁法解释》第 7 条虽主张该协议无效,但也作了例外规定,即一方向仲裁机构申请仲裁,另一方未在仲裁庭首次开庭前对仲裁协议的效力提出异议的,仲裁协议仍然有效。

其实,在当事人将仲裁与诉讼并举时,这两种方式皆可为当事人用来解决争议。至于实际解决纠纷的方式,当然在于当事人的选择:寻求权利救济者首先选择向仲裁机构提交仲裁申请的,仲裁机构即被赋予了仲裁管辖权。香港高等法院在 *Willian Company v. Chu Kong Agency* 一案中,认定提单中作为索赔依据的解决争议的条款"在中华人民共和国法院解决或在中华人民共和国仲裁解决"是有效的,因为当事人只要选择其中之一起诉或申请仲裁,问题自然迎刃而解。

在国际仲裁的实践中,仲裁管辖权优先的理论已得到极为广泛的支持,世界上许多国家或地区的法院与仲裁机构在判定不确定的仲裁协议的效力时通常都会对仲裁给予支持,除非不确定性使得该协议难以被认为是合理的。② 德国联邦最高法院的判例也显示,倘若仲裁协议中规定由任何一方当事人在仲裁程序

---

① 参见邓杰:《电子仲裁协议的实质有效性探析》,载《北京仲裁》2007 年第 3 期。
② 参见〔英〕艾伦雷德芬、马丁亨特等:《国际商事仲裁法律与实践》,林一飞、宋连斌译,北京大学出版社 2005 年版,第 177 页。

和诉讼程序之间进行选择,并不影响该协议的有效性。因为双方当事人都能够有效控制仲裁庭的管辖权,未超出该国民事诉讼法规定的限制。英国的施米托夫教授曾指出,最重要的是当事人表现出的仲裁解决纠纷的意愿,而不是舍本逐末,把精力放在细枝末节上,毕竟仲裁条款与合同中其他条款的性质不同,因而在解释该条款时,将比对合同其他条款的解释更为宽容,并且总是试图赋予仲裁条款以商业上的效力。①

2. 约定两个以上仲裁机构的仲裁协议

当事人在仲裁协议中约定两个以上仲裁机构的,根据《仲裁法解释》第5条的规定,当事人可以协议选择其中的一个仲裁机构申请仲裁。这一规定意味着该仲裁协议并不必然无效,当事人有权在选定的两个仲裁机构中作出选择。早在1996年,最高人民法院就在关于同时选择两个仲裁机构的仲裁条款的效力问题给山东省高级人民法院的答复中指出:"本案当事人订立的合同中仲裁条款约定'合同争议应提交中国国际贸易促进委员会对外经济贸易仲裁委员会,或瑞典斯德哥尔摩商会仲裁院仲裁',该仲裁条款对仲裁机构的约定是明确的,亦是可以执行的。当事人只要选择约定的仲裁机构之一即可进行仲裁。根据《中华人民共和国民事诉讼法》第111条第2项之规定,本案纠纷应由当事人提交仲裁解决,人民法院对本案没有管辖权。"②可见,最高人民法院一直倾向于认定此种仲裁协议有效。

3. 仲裁机构不存在或不明确

《仲裁法解释》第3条规定:"仲裁协议约定的仲裁机构名称不准确,但能够确定具体的仲裁机构的,应当认定选定了仲裁机构。"此前,最高人民法院也曾就仲裁条款中所选择的仲裁机构名称出现漏字的情形,在对中国国际经济贸易仲裁委员会作出批复意见时表示:"《中外合资经营连云港云卿房地产开发有限公司合同》(以下简称合营合同)系灌云县建银房地产开发公司、灌云县煤炭工业公司和美国西雅图凡亚投资公司三方所订立,该合营合同约定争议解决方式是提交仲裁,虽然当事人的仲裁条款中将你会名称漏掉'经济'二字,但不影响该仲裁条款的效力,因而上述三方凡因执行该合营合同所发生的或与该合营合同有关的一切争议,你会具有管辖权。"③上海市高级人民法院在《关于执行〈中华人民共和国仲裁法〉若干问题的处理意见》中也曾提出:"关于仲裁协议对仲

---

① 参见〔英〕施米托夫著:《国际贸易法文选》,赵秀文译,中国大百科全书出版社1993年版,第615页。

② 参见最高人民法院《关于同时选择两个仲裁机构的仲裁条款效力问题给山东省高级人民法院的函》,法函[1996]6号。

③ 参见最高人民法院《对仲裁条款中所选仲裁机构的名称漏字,但不影响仲裁条款效力的一个案例的批复意见》,法经[1998]159号。

裁机构名称表述不规范如何处理的问题根据仲裁法第16条的规定,仲裁协议应当包括'选定的仲裁委员会'。但是,由于法人、其他经济组织、自然人受其自身法律知识和对仲裁制度、仲裁机构了解程度的局限性,往往在订立合同时不能正确表述仲裁机构名称。对此,法院不能简单地以仲裁机构约定不明而否定仲裁协议的效力。只要该表述在文字和逻辑上不发生歧义,并能够从文字和逻辑上确定仲裁机构,法院应当对仲裁协议的效力予以确认。"这些观点与意见考虑了当事人对仲裁机构了解程度的实际状况,为确当之论。

《贸仲规则》(2005)第2条第3项则更进一步,直接规定:"仲裁协议或者合同中的仲裁条款订明由中国国际经济贸易仲裁委员会或其分会仲裁或使用其旧名称为仲裁机构的,均应视为双方当事人一致同意由仲裁委员会或其分会仲裁。"第4项规定:"当事人在仲裁协议或合同中的仲裁条款订明由中国国际贸易促进委员会/中国国际商会仲裁的或由中国国际贸易促进委员会/中国国际商会的仲裁委员会或仲裁员仲裁的,均应视为双方当事人一致同意由中国国际经济贸易仲裁委员会仲裁。"该规则确认了仲裁机构确定仲裁协议内容的权利,而不需要当事人另行协商便可直接认定仲裁协议的效力。

4. 约定了仲裁规则或仲裁地点未约定仲裁机构

根据最高人民法院《仲裁法解释》第4条的规定,当事人达成的仲裁协议仅约定解决纠纷适用的仲裁规则未约定仲裁机构,但当事人达成补充协议或者按照约定的仲裁规则能够确定仲裁机构的,应承认其仲裁协议的效力。《贸仲规则》(2005)第4条第2款也强调注重仲裁规则与仲裁机构之间的联系,主张认可当事人这类协议的效力:"凡当事人约定按照本规则进行仲裁但未约定仲裁机构的,均视为将争议提交仲裁委员会仲裁。"仲裁规则往往由仲裁机构制定,据当事人约定的仲裁规则判断适用该规则的仲裁机构并无多大困难,在这种情况下确实不应轻易否定仲裁协议的效力。

根据《仲裁法解释》第6条的规定,当事人约定的仲裁地点仅有一个仲裁机构的,该仲裁机构视为约定的仲裁机构。该地有两个以上仲裁机构的,当事人可以协议选择其中的一个仲裁机构申请仲裁。如此规定应该说是比较切合实际的。

三、仲裁协议的失效

仲裁协议的失效,是指原本有效的仲裁协议因特定仲裁事项的结束或当事人的放弃或其他原因而丧失了法律效力。

(一) 仲裁协议失效的具体情形

1. 仲裁协议得到履行或强制执行

当事人以有效的仲裁协议为依据将争议提交到仲裁机构,仲裁庭按照仲法和仲裁规则的规定对案件进行审理并作出裁决,在裁决生效且被当事人自觉履行或经权利人申请被法院强制执行后,仲裁事项得以解决,仲裁协议因内容实现而完成了自身的使命,丧失其效力。我国《仲裁法》第9条第1款规定:"仲裁实行一裁终局的制度。裁决作出后,当事人就同一纠纷再申请仲裁或者向人民法院起诉的,仲裁委员会或者人民法院不予受理。"

2. 当事人合意放弃仲裁协议

经合意订立仲裁协议,依合意放弃已成立并生效的仲裁协议,皆是当事人所享有的权利。有效的仲裁协议一经双方当事人协议而放弃,则失去其效力。当事人合意放弃仲裁协议可采取两种方式达到目的:

(1) 当事人明示放弃仲裁协议。当事人凭借新达成的协议明确表示放弃原来的仲裁协议,或者直接变更纠纷解决方式的,则仲裁协议失效。

(2) 当事人默示放弃仲裁协议。当事人以作为或不作为的行为达成一致表明放弃原有的仲裁协议,或者变更纠纷解决方式的,仲裁协议同样丧失法律效力。我国《仲裁法》第26条规定:"当事人达成仲裁协议,一方向人民法院起诉未声明有仲裁协议,人民法院受理后,另一方在首次开庭前提交仲裁协议的,人民法院应当驳回起诉,但仲裁协议无效的除外;另一方在首次开庭前未对人民法院受理该案提出异议的,视为放弃仲裁协议,人民法院应当继续审理。"这种情形可视为法律对当事人默示放弃仲裁协议的认可。

国外也有类似的规定。《德国民事诉讼法》第1032条第1款规定:"就仲裁协议的标的向法院提起诉讼,如被告在争议实体予以聆讯前提出异议,则法院应以不可受理为由驳回起诉,除非法院认定仲裁协议是绝对或者相对无效或者不可执行的。"从中可以看出,倘若被告"在争议实体予以聆讯前"未提出异议,则法院不应"以不可受理为由驳回起诉",从而双方当事人之间的仲裁协议就失效了。在英国,当事人主动放弃仲裁的权利通常需要通过毫无保留地参与诉讼程序的事实行为来表示同意或者服从当地法院的管辖而实现。

3. 仲裁裁决被法院撤销或者不予执行

我国《仲裁法》第9条第2款规定:"裁决被人民法院依法裁定撤销或者不予执行的,当事人就该纠纷可以根据双方重新达成的仲裁协议申请仲裁,也可以向人民法院起诉。"尽管仲裁裁决被法院撤销或者不予执行,仅仅是法院对仲裁裁决效力的否定,并不意味着仲裁协议当然失效,除非人民法院是以仲裁协议无效为由裁定撤销或者不予执行仲裁裁决。[①] 然而,当仲裁裁决被人民法院裁定撤销或不予执行,当事人重又达成新的仲裁协议或者向人民法院起诉,实际上原有的仲裁协议已然失效。

---

① 参见马占军:《我国内地与澳门地区商事仲裁协议之比较(下)》,载《仲裁研究》2007年第2期。

此外，附期限的仲裁协议会因期限届满而失效。如当事人在仲裁协议中约定，该仲裁协议在签订后6个月内有效，如果超过了6个月的约定期限，该仲裁协议失效。

（二）仲裁协议失效的法律后果

仲裁协议除了因仲裁裁决得到当事人的履行或被法院强制执行而失效之外，会产生如下法律后果：

1. 仲裁机构丧失对争议的仲裁权

在仲裁协议因当事人合意放弃或仲裁裁决被法院撤销、不予执行而失效之后，因为实体争议并未消除，故当事人可依法选择其他的纠纷解决方式，如果当事人并不再次选择仲裁方式，则仲裁机构就失去了对该争议的仲裁权。

2. 法院恢复对争议的司法裁判权

仲裁协议失效后，当事人为解决争议而向法院提起的诉讼因符合起诉的条件能够得到受理，从而法院重新恢复了对该争议进行审理并作出裁判的权力。

3. 当事人可达成新的仲裁协议

丧失效力的仲裁协议失却了法律约束力，当事人可摆脱其制约，就争议的解决重新达成新的仲裁协议。不过，必须注意的是，仲裁协议失效前的效力并不能一概被否认，除被法院依法裁定撤销以及不予执行仲裁裁决的情形外，依照该仲裁协议所进行的仲裁程序和相关仲裁裁决依旧是有效的。

（三）仲裁协议失效与仲裁协议无效的区别

上述分析已然显示出仲裁协议失效与仲裁协议无效之间存在着区别，归纳起来，其主要表现在以下两个方面：

1. 引发原因不同

仲裁协议无效是由于协议欠缺生效要件，或存在无法补救的缺陷；而导致仲裁协议失效的原因则往往是情势的变迁使得仲裁协议原本具有的有效因素发生了变化。

2. 法律后果不同

仲裁协议无效则该协议自始不具有任何法律约束力，建立在无效仲裁协议基础之上的仲裁程序以及相关仲裁裁决也自始无效；而仲裁协议失效仅只对失效事由出现之后的仲裁程序和仲裁裁决产生影响，并不全然否定其效力。

四、仲裁协议的独立性

仲裁条款以外的仲裁协议，从订立的时间、内容、形式上看，皆是单独存在的，其效力的独立性不言自明。那么，包含于主合同中的仲裁条款是与主合同的无效或失效相伴相生呢，还是与其他类型的仲裁协议一样也具有独立性呢？此一问题涉及仲裁协议的独立性理论。我们有必要对之加深了解与认知，以便作出正确的判断。

(一) 仲裁协议独立性的含义

仲裁协议的独立性,又称为仲裁协议的分离性或自治性,是指仲裁条款与主合同的其他条款相分离而独立存在,具有相对的独立性,其有效性不受主合同效力的影响。即使主合同被撤销、终止或无效,仲裁庭仍可依据其中有效的仲裁条款来行使对该争议案件的管辖权,并最终作出裁决。仲裁条款恰恰是由于主合同在履行中发生困难或产生了争议而得以施行的,是作为主合同不能履行或不能完全履行时的一种救济手段而存在的。

(二) 仲裁条款独立性理论的发展

传统观点认为,仲裁条款是含有该条款的主合同不可分离的一部分,主合同无效,合同中的仲裁条款理应也无效,因为有效的合同是仲裁条款的基础。一旦当事人对主合同的有效性提出异议,只要其仍试图以仲裁方式解决争议,则应由法院对合同的效力及仲裁条款的效力作出裁定。

传统的认识自有其道理,但于仲裁实践中却在仲裁管辖权以及仲裁效率等方面产生了负面影响,因此遭致了众多的批评,仲裁条款应具有独立性的观点应运而生。

仲裁条款独立性理论由英国法院于 1942 年在 *Heyman v. Darwins* 一案中初步确立,审理该案的上诉法院法官认为,仲裁条款是从属于主合同的独立合同,它可以独立于主合同而存在,未违约的一方当事人是否可以继续履行合同的问题应交由仲裁庭而不是法院决定。[①] 之后,仲裁条款独立性理论逐渐得到了世界各国的广泛接受和采纳,一般都认为仲裁条款独立于主合同之外是一个普遍的规则。于是,承认仲裁条款的独立性成为各国仲裁立法的发展方向。世界各主要国家在其立法中均正式采纳了仲裁条款独立性理论。

日本最高法院曾经指出:"仲裁协议通常是和主契约订立在一起的,但是仲裁协议的效力应该同主契约分开,互相独立地加以考察。因此,除当事人另有约定外,主契约订立时的瑕疵,不能影响仲裁协议的效力。"[②] 1996 年的《英国仲裁法》第 7 条也规定:"除非当事人另有约定,不能因为一个协议的无效、不存在或已经失效,而将该协议一部分的仲裁条款视为无效、不存在或已经失效。该协议应被视为可分割的协议。" 1998 年《德国民事诉讼法》第 1040 条第 1 款的规定同样体现了对这一普遍规则的遵循:"仲裁庭可以对其管辖权和与此相关的仲裁协议的存在及其效力作出裁定。为此,构成合同一部分的仲裁条款应当被视为一项独立于合同其他条款的协议。"

---

① 参见郭守康、赵秀文主编:《国际经济贸易仲裁法》,中国法制出版社 1999 年版,第 134 页。
② 李玉泉:《论国际商事仲裁协议的效力》,载《法商研究》1994 年第 2 期。

在国际立法及仲裁规则中,该理论亦得到广泛的遵从。《联合国国际商事仲裁示范法》第16条第1款规定:"仲裁庭可以对其管辖权包括对仲裁协议的存在或效力的任何异议,作出裁定。为此目的,构成合同一部分的仲裁条款应视为独立于合同其他条款的一项协议。仲裁庭作出关于合同无效的决定,不应在法律上导致仲裁条款无效。"1998年《国际商会仲裁规则》第6条第4款亦规定:"除非另有约定,只要仲裁庭认可仲裁协议有效,仲裁就不得因有人主张合同无效或不存在而终止管辖权。即使合同本身可能不存在或无效,仲裁庭仍应继续行使管辖权以便确定当事人各自的权利并对他们的请求和抗辩作出裁定。"

(三) 我国的有关规定

我国《仲裁法》第19条已明确规定:"仲裁协议独立存在,合同的变更、解除、终止或无效,不影响仲裁协议的效力。"与之相应,我国《合同法》第57条也规定:"合同无效、被撤销或者终止的,不影响合同中独立存在的有关解决争议方法的条款的效力。"

最高人民法院在其裁判中也渐趋遵循了立法的要求。1996年5月,江苏省物资集团轻工纺织总公司(以下简称轻纺公司)与香港裕亿集团有限公司(以下简称裕亿公司)及加拿大太子发展有限公司(以下简称太子公司)签订销售合同,由裕亿公司与太子公司向轻纺公司提供普通旧电机,合同约定有关争议提交仲裁机构解决。裕亿公司与太子公司实际上欲利用合同进行诈骗,最终提供给轻纺公司的是各种废结构件、废钢管、废齿轮箱、废元钢等,轻纺公司遂向江苏省高级人民法院提起诉讼。裕亿公司与太子公司以双方当事人之间对合同纠纷已自愿达成仲裁协议为由,提出管辖权异议,江苏省高级人民法院认为被告利用合同欺诈,构成侵权,原告有权提起侵权之诉,不受仲裁条款约束,裁定驳回裕亿公司、太子公司提出的管辖权异议,判决其败诉。两被告不服,向最高人民法院上诉。最高人民法院认为,本案各方当事人均应受合同中订立的仲裁条款的约束,所发生的纠纷应通过仲裁解决,人民法院无管辖权,于1998年5月13日裁定撤销江苏省高级人民法院一审判决,驳回轻纺公司的起诉。① 显然,最高人民法院认为,即使合同本身存在瑕疵,但仲裁条款的效力并未受其影响。而后,最高人民法院在《仲裁法解释》第10条直接规定:"合同成立后未生效或者被撤销的,仲裁协议效力的认定适用仲裁法第19条第1款的规定。当事人在订立合同时就争议达成仲裁协议的,合同未成立不影响仲裁协议的效力。"

《中国海事仲裁委员会仲裁规则》第5条规定:仲裁协议独立存在,合同的变更、解除、终止、失效或无效以及存在与否,均不影响仲裁协议的效力。《贸仲规则》(2005)第5条第4款也强调指出,合同的仲裁条款应视为与合同其他条

---

① 参见《最高人民法院公报》1998年第3期。

款分离地、独立存在的条款,附属于合同的仲裁协议也视为与合同其他条款分离地、独立存在的一个部分;合同的变更、解除、终止、转让、失效、无效、未生效、被撤销以及成立与否,均不影响仲裁条款或者仲裁协议的效力。

拓展阅读

1. 刘想树:《仲裁条款的独立性问题》,载《现代法学》2002 年第 3 期。
2. 王瀚、李广辉:《论仲裁庭自裁管辖权原则》,载《中国法学》2004 年第 2 期。
3. 刘晓红:《论国际商事仲裁协议的法律适用》,载《法学》2004 年第 4 期。
4. 吴光明:《仲裁协议之自由与限制》,载《河南省政法管理干部学院学报》2006 年第 5 期。
5. 邓杰:《电子仲裁协议的实质有效性探析》,载《北京仲裁》2007 年第 3 期。
6. 孙南申:《涉外仲裁司法审查的若干问题研究——以仲裁协议为视角》,载《法商研究》2007 年第 6 期。
7. 马占军:《我国仲裁协议效力认定研究》,载《环球法律评论》2008 年第 5 期。
8. 黄亚英:《论纽约公约与仲裁协议的法律适用》,载《法律科学》2009 年第 2 期。
9. 毕玉谦、孙瑞玺:《仲裁协议与司法审查的关系:以一则案例为中心而展开》,载《北京仲裁》2010 年第 4 期。
10. 丁颖:《仲裁协议的书面形式要求——网络时代的再思考》,载《河北法学》2011 年第 3 期。

司法考试真题

1. 根据我国有关法律规定,在下列哪些情形下仲裁协议当然无效?(2003 年)

A. 约定的仲裁事项属于平等主体之间有关人身关系的纠纷
B. 约定的仲裁事项是不动产纠纷,在民事诉讼法上属于法院专属管辖的案件
C. 载有仲裁条款的合同因违反法律的禁止性规定而无效
D. 仲裁条款约定"因本合同履行发生的一切争议,由地处北京市的仲裁委员会进行仲裁"

2. 下列哪些仲裁协议为无效或失效？（2005年）

A. 甲、乙两公司签订合同，并约定了仲裁条款。后合同双方又签订补充协议，约定"如原合同或补充协议履行发生争议，双方协商解决或向法院起诉解决"

B. 双方当事人在合同中约定："因本合同履行发生的争议，双方当事人既可向南京仲裁委员会申请仲裁，也可向南京市鼓楼区法院起诉"

C. 甲、乙两公司在双方合同纠纷的诉讼中对法官均不满意，双方商量先撤诉后仲裁。甲公司向法院提出了撤诉申请，法院裁定准许撤诉。此后甲乙两公司签订了仲裁协议，约定将该合同纠纷提交某仲裁委员会仲裁

D. 丙、丁两公司签订的合同中规定了内容齐全的仲裁条款，但该合同内容违反法律禁止性规定

3. 甲、乙在合同中约定因合同所发生的争议，提交某仲裁委员会仲裁。后双方发生争议，甲向约定的仲裁委员会申请仲裁，但乙对仲裁协议的效力提出异议。对此，乙就仲裁协议的效力有权向谁申请认定？（2005年）

A. 该仲裁委员会所在地基层法院

B. 该仲裁委员会所在地中级法院

C. 该仲裁委员会

D. 甲居住地的基层法院

4. A市水天公司与B市龙江公司签订一份运输合同，并约定如发生争议提交A市的C仲裁委员会仲裁。后因水天公司未按约支付运费，龙江公司向C仲裁委员会申请仲裁。在第一次开庭时，水天公司未出庭参加仲裁审理，而是在开庭审理后的第二天向A市中级人民法院申请确认仲裁协议无效。C仲裁委员会应当如何处理本案？（2007年）

A. 应当裁定中止仲裁程序

B. 应当裁定终结仲裁程序

C. 应当裁定驳回仲裁申请

D. 应当继续审理

5. A市甲公司与B市乙公司在B市签订了一份钢材购销合同，约定合同履行地在A市。同时双方还商定因履行该合同所发生的纠纷，提交C仲裁委员会仲裁。后因乙公司无法履行该合同，经甲公司同意，乙公司的债权债务转让给D市的丙公司，但丙公司明确声明不接受仲裁条款。关于本案仲裁条款的效力，下列哪些选项是错误的？（2007年）

A. 因丙公司已明确声明不接受合同中的仲裁条款，所以仲裁条款对其无效

B. 因丙公司受让合同中的债权债务，所以仲裁条款对其有效

C. 丙公司声明只有取得甲公司同意，该仲裁条款对丙公司才无效

D. 丙公司声明只有取得乙公司同意,该仲裁条款对丙公司才无效

6. 甲公司与乙公司签订了一份钢材购销合同,约定因该合同发生纠纷双方可向 A 仲裁委员会申请仲裁,也可向合同履行地 B 法院起诉。关于本案,下列哪些选项是正确的?(2010 年)

A. 双方达成的仲裁协议无效
B. 双方达成的管辖协议有效
C. 如甲公司向 A 仲裁委员会申请仲裁,乙公司在仲裁庭首次开庭前未提出异议,A 仲裁委员会可对该案进行仲裁
D. 如甲公司向 B 法院起诉,乙公司在法院首次开庭时对法院管辖提出异议,法院应当驳回甲公司的起诉

第六章　仲裁程序通则

本章提要

　　仲裁当事人,包括申请人和被申请人。仲裁协议当事人、仲裁协议当事人的法定及约定继受人皆为适格的仲裁当事人。仲裁当事人向仲裁委员会提出申请之后,要由仲裁委员会进行审查并作出受理的决定。对于申请人的仲裁请求,被申请人能够进行答辩与提出反请求。当事人还可以通过提出仲裁协议效力异议,使得仲裁程序无法启动或阻却正在进行的仲裁程序。为了保障仲裁程序的顺利进行,我国仲裁立法规定了财产保全与证据保全等临时措施。除此之外,在海事仲裁中还存在着特有的其他临时措施。案件受理后,要由当事人选定或仲裁委员会指定的仲裁员组成合议制或者独任制仲裁庭负责案件的审理与裁决。当仲裁员遇有法定情形时,当事人有权提出回避申请,仲裁员也可以在披露相关信息之后,主动退出对案件的审理。仲裁员被更换而重新选定或指定后,仲裁程序有可能重新进行。在庭审前的准备阶段,仲裁当事人及其代理人、仲裁庭应调查收集有关证据,进行证据交换以确定案件的争议焦点。然后仲裁庭视需要采取开庭或书面的方式审理案件,并作出裁决。仲裁审理以不公开为原则。在庭审前或庭审过程中,除非双方当事人能够达成和解或经仲裁员主持达成调解协议以结束仲裁,否则仲裁庭将作出最终的裁决。对于仲裁标的额比较小,或者当事人协议通过简易程序解决的争议,仲裁委员会将适用简易程序予以审理和裁决。简易程序能够减少耗费,加快仲裁进程,提高仲裁效率。但如因情况的变化,案件已不再适宜适用简易程序审理的,仲裁机构可决定进行程序变更,采用普通的仲裁程序解决该纠纷。

关键词

　　仲裁当事人　仲裁第三人　仲裁申请　反请求　仲裁协议效力异议　仲裁临时措施　仲裁员的回避　仲裁和解　仲裁调解　仲裁裁决　简易程序

第一节 仲裁当事人

一、仲裁当事人概述

（一）仲裁当事人的概念与特征

1. 仲裁当事人的概念

仲裁当事人，是指依据已经达成的仲裁协议，以自己的名义提起或参加仲裁，要求仲裁庭维护其合法权益，并接受仲裁裁决约束的公民、法人及其他组织。

在仲裁程序中，仲裁当事人有着特定的称谓：向仲裁机构提出仲裁申请的人，为仲裁申请人，简称申请人；被仲裁申请人列为相对方当事人的，则称为被申请人。在仲裁裁决的执行程序中，当事人的称谓分别为申请执行人、被申请执行人或被执行人。仲裁当事人也可以简称为当事人。

除了仲裁当事人之外，仲裁理论与实践中还存在有仲裁参加人、仲裁参与人等称谓，必须注意其间的区别：仲裁参加人除仲裁当事人外，还包括仲裁代理人，仲裁参加人、证人、鉴定人与翻译人员等共同组成仲裁参与人。

2. 仲裁当事人的特征

仲裁当事人具有以下特征：

（1）仲裁当事人的法律地位平等。在我国，能够依据《仲裁法》以仲裁方式解决的纠纷为民商事纠纷。民商事法律关系主体彼此之间的法律地位是平等的。如果双方当事人之间的法律地位处于不平等状态，则可能属于刑事或行政法律关系，这些争议是不能通过仲裁方式加以解决的。刑事或行政法律关系主体自然也就无法成为仲裁当事人。

（2）仲裁当事人之间存在合法有效的仲裁协议。仲裁协议是仲裁赖以存在的基础，也是产生仲裁当事人以及进行仲裁程序的基础。没有仲裁协议，也就不可能有仲裁当事人。缺乏合法有效的仲裁协议，仲裁机构不会受理当事人的仲裁申请，仲裁程序无法启动，仲裁庭也不可能裁决纠纷。

（3）仲裁当事人之间的纠纷具有可仲裁性。可仲裁性是以仲裁方式解决的民商事纠纷所特有的属性。不具有可仲裁性的纠纷，被排除在仲裁法所规定的仲裁范围之外，不能经由仲裁方式解决，纠纷主体当然也就不可能成为仲裁当事人。

（4）仲裁当事人受仲裁裁决的约束。民商事纠纷的主体之间事先达成了合法有效的仲裁协议，后又确因该项民商事权益发生了争议并且为寻求解决该纠纷而请求仲裁，仲裁程序启动后，仲裁机构就该争议所作的仲裁裁决也就顺理成章地对双方当事人产生约束。假如仲裁当事人可以无故不受仲裁裁决的约束，则仲裁程序、仲裁制度存在的意义就荡然无存了。因此,仲裁当事人必须受到仲裁裁决的约束。

(二) 仲裁当事人的权利与义务

1. 仲裁当事人的权利

在仲裁程序中,为了保障仲裁当事人有效地维护自身的合法权益,法律赋予其广泛的权利:

(1) 申请人所享有的权利包括:有权申请仲裁;申请后有权放弃或者变更仲裁请求;有权撤回仲裁请求。

(2) 被申请人所享有的权利包括:可以承认或者反驳对方当事人的仲裁请求;有权提出反请求。

(3) 双方当事人共同享有的权利主要包括:有权协商订立仲裁协议,选择仲裁委员会及约定仲裁庭的组成方式;有权调查收集、提供证据,如有需要有权申请财产保全和证据保全;可以委托律师和其他代理人进行仲裁活动;有权申请仲裁员回避;在仲裁程序中有权对证据进行质证,有权进行辩论、陈述意见;在仲裁过程中有权自行和解和请求调解;有权决定是否开庭以及是否公开审理,还有权要求裁决书不写明争议的事实和理由,必要时也有权请求对裁决书的错误进行补正;有权申请人民法院执行仲裁裁决;有权提出证据证明仲裁裁决违法并申请撤销裁决。

2. 仲裁当事人的义务

仲裁当事人在享有广泛权利的同时,也应承担相应的义务,以确保仲裁程序的顺利进行。依照《仲裁法》的规定,仲裁当事人必须承担的义务主要有:(1) 在仲裁活动中依法行使权利;(2) 按照规定交纳仲裁费用;(3) 对自己提出的主张提供证据;(4) 按时出庭,并遵守庭审秩序;(5) 自觉履行生效的仲裁调解书及仲裁裁决书。

二、仲裁当事人的适格

(一) 仲裁当事人适格的概念

所谓仲裁当事人适格,又称正当仲裁当事人,是指在具体的仲裁程序中,对解决纠纷最为恰当的程序法和实体法上的主体,也即能够以自己的名义申请或被申请参加仲裁并受本案裁决约束的资格。

在仲裁实践中,进入到仲裁程序中来的当事人未必是正当的仲裁当事人,但是只有仲裁庭针对正当仲裁当事人作出的裁决才具有法律意义,也只有适格的仲裁当事人才受本案仲裁裁决的拘束。经审查,仲裁当事人不适格,仲裁机构不会受理其仲裁申请。

同时,必须注意的是,尽管作为一种特殊的契约,仲裁协议具有相对性。但是随着商业贸易活动的不断发展,民商事法律关系变得越来越复杂,于是在契约相对性理论方面出现了契约相对性例外原则。该原则在仲裁制度中的表现就是仲裁协议效力的扩张,也即是仲裁协议的效力能够及于非仲裁协议表面签约人,从而使其成为仲裁协议当事人受仲裁协议的约束。在此种情况下,非仲裁协议表面签约人也能成为适格仲裁当事人。

(二) 适格仲裁当事人的种类

从上述理论出发,可对适格的仲裁当事人进行分类,如此将有助于我们准确认定具体案件中的正当仲裁当事人。

1. 仲裁协议当事人

订立仲裁协议的主体即为仲裁协议当事人。当事人自愿达成将其纠纷提请仲裁解决的合意而形成仲裁协议。仲裁协议生效后,仲裁协议当事人受其约束,应当将双方之间产生的仲裁协议约定范围内的争议提请仲裁解决。于是双方由仲裁协议当事人变为仲裁当事人。

2. 仲裁协议当事人的法定继受人

这是指按照法律规定承受仲裁协议当事人权利义务的人,包括自然人的继承人,法人、其他组织被合并、分立或终止时的继受人,设立分支机构的法人,破产清算人或管理人等。《荷兰仲裁法》第1032条第1款明确规定:"除非当事人已另有协议,仲裁协议或仲裁庭的委任均不应因为一方当事人的死亡而终止。"1996年的《英国仲裁法》第8条第1款同样规定:"除非当事人另有约定,仲裁协议不因一方当事人死亡而解除,其仍可由或向该当事人的个人代表执行。"我国《仲裁法解释》第8条也规定:"当事人订立仲裁协议后合并、分立的,仲裁协议对其权利义务的继受人有效。当事人订立仲裁协议后死亡的,仲裁协议对承继其仲裁事项中的权利义务的继承人有效。"

关于当事人的合并与分立,我国《合同法》第90条规定:"当事人订立合同后合并的,由合并后的法人或者其他组织行使合同权利,履行合同义务。当事人订立合同后分立的,除债权人和债务人另有约定的以外,由分立的法人或者其他组织对合同的权利和义务享有连带债权,承担连带债务。"可见,仲裁协议当事人合并与分立后,仲裁协议的效力并未丧失。根据《上海市高级人民法院关于执行〈中华人民共和国仲裁法〉若干问题的处理意见》第5条的规定,订立仲裁协议的当事人被合并、分立或终止,原仲裁协议对其权利义务继受者是否具有约束力的问题根据《仲裁法》第19条规定,"仲裁协议独立存在,合同的变更、解除、终止或者无效,不影响仲裁协议的效力"。在仲裁协议有效的情形下,订立仲裁协议的主体发生合并、分立或终止,其权利义务继受者与仲裁协议相对方未达成新的仲裁协议或未达成放弃仲裁的协议时,原仲裁协议对各方当事人具有约束力,各方当事人应当按照原仲裁协议,通过仲裁解决争议。

由此可见,仲裁协议主体的合法更新并不影响仲裁协议的效力。

3. 仲裁协议当事人的约定继受人

在合同转让、提单转让等情况下,其中的仲裁协议也随之对合同和提单的受让人产生法律效力,此为仲裁协议的转移。一旦发生仲裁协议的转移,仲裁协议当事人也相应的会出现变化。这种变化非出于法律的规定,乃因法律关系主体的约定而形成,故称其为仲裁协议当事人的约定继受人。

我们知道,合同转让可分为合同权利与义务的概括让与、合同义务的承担及合同权利的转让三种形态。

(1) 合同权利义务概括让与时的约定继受人。合同权利义务概括让与,是指由原合同当事人一方(出让人)将债权债务一并转移给第三人(受让人),由第三人概括地继受原合同的债权债务。根据《合同法》第88条的规定,合同权利义务的概括让与必须征得对方当事人的同意。在这种情况下,适用仲裁协议的"自动转移规则",合同的出让人经合同另一方或者其他方当事人的同意,将其在合同中的权利义务概括转移给受让人,倘若原合同中订有仲裁条款,则该仲裁条款对合同的受让人与合同的其他当事人具有约束力,除非在转让过程中,受让人或合同的其他方当事人有相反的意思表示。[①] 例如,1998年最高人民法院关于V97329号武汉金龙高科技有限公司合资争议仲裁案仲裁条款效力一事的复函认为:"武汉中苑科教公司与香港龙海(集团)有限公司签订的协议书只是对原合营合同部分条款的变更,未变更的原合营合同其他条款仍然有效。双方在工商行政管理部门变更登记时,没有就争议解决条款进行修改变更登记。工商行政管理部门审批备案的是香港龙海(集团)有限公司与武汉中苑科教公司签订的协议和香港龙海(集团)有限公司与武汉东湖新技术开发进出口公司签订的原合营合同,应视为双方当事人对原合营合同的仲裁条款是认同的。故当事人因合营合同而发生的争议,应按原合营合同的约定提交中国国际经济贸易仲裁委员会仲裁,法院对此合营纠纷无管辖权。"显然,最高人民法院认可了出让人与合同另一方当事人所签订的仲裁条款对于受让人与合同另一方当事人仍然具有约束力。

(2) 合同义务承担时的约定继受人。在合同义务承担的情形下,同样应征得相对方即债权人的同意。与合同概括让与相类似,此种情形同样可以适用仲裁条款"自动转移规则",原合同中的仲裁协议对受让人和债权人具有约束力,除非受让人或债权人在合同转让时有相反的意思表示。

(3) 合同权利转让时的约定继受人。合同权利的转让是指不改变债的内容,债权人将其享有的债权移转于第三人享有。由于债权人将其债权转移给受

---

① 参见赵健:《长臂的仲裁协议:论仲裁协议对未签字人的效力》,载《仲裁与法律》2000年第1期。

让人并不需得到债务人的同意，出让人或受让人只要通知债务人，该转让即对债务人发生效力。为此，大多数国家否定了仲裁条款对受让人和债务人的效力，其理由在于仲裁协议没有受让人意思表示的因素，如果合同双方事先约定的仲裁条款对第三人仍有约束力将与当事人意思自治原则相悖。

然而，对于这一问题也有不同的认识。1997 年瑞典的 EMJA 案是国际商事仲裁中极具影响力的案件。在该案中，法院认为：在债权转让中，受让人不能取得比转让人更优的地位，这项原则对仲裁条款同样有效；而且，如果债权一经让与，债务人就必须到法院打官司的话，债务人的地位就会受到相当大的损害。况且，在商业实践中，当事人之间因存在人身信任关系而订立仲裁条款是极为罕见的；同时，如果允许合同的另外一方当事人在仲裁与诉讼之间进行选择，则使他有机会通过挑选仲裁庭或者法院而捞取好处。因此，如果受让人知道或者应当知道原来合同中的仲裁条款，他理应受到仲裁条款的约束。因为合同的另外一方当事人与转让人签订合同时，本来是希望通过仲裁方式解决争议，如果作为合同原来一方当事人的转让人通过自己的单方行为使合同另外一方当事人的仲裁愿望落空的话，这对合同的另外一方当事人来说是难以接受的。①

我国最高人民法院亦持相同的意见。1998 年 8 月 10 日，中国有色金属进出口河南公司（以下简称河南公司）与鑫泉贸易（私人）有限公司（以下简称鑫泉公司）签订 AL0606/98 号合同，约定鑫泉公司供给河南公司氧化铝，河南公司供给鑫泉公司"SML"牌铝锭。该合同第 5 条约定："仲裁：FTAC 中国"。1999 年 10 月 2 日，鑫泉公司又与辽宁渤海有色进出口有限公司（以下简称辽宁公司）签订"债权转让协议书"，约定：鑫泉公司与河南公司在 No. AL0606/98 合同项下，河南公司欠交鑫泉公司的铝锭折款和进口氧化铝的货款利息及应承担的延期交货的违约金等受偿权利全部转让给辽宁公司，用以清偿鑫泉公司欠辽宁公司的债务。同月 12 日，鑫泉公司将"债权转让协议书"和"关于债权转让的通知"及该两份文件的邮寄送达证据进行了公证。1999 年 10 月 8 日，辽宁公司依据债权转让协议书向河南省高级人民法院起诉，请求判令河南公司按债权转让协议的数额偿还债务。河南公司在答辩期内对河南高院的管辖裁定提起上诉。河南省高级人民法院经审理认为：河南公司与鑫泉公司订立的来料加工合同，该合同的仲裁条款对仲裁机构约定不明，应属无效。辽宁公司是以债权转让纠纷为由提起的诉讼，其与河南公司未直接签订合同，事后双方又未能达成仲裁协议，故辽宁公司在本院提起诉讼，符合法律规定。遂依照《中华人民共和国民事诉讼法》第 38 条的规定，裁定驳回了河南公司对管辖权提出的异议。

河南公司不服上述裁定书，向最高人民法院提起上诉。最高人民法院认为：

---

① 参见赵健：《长臂的仲裁协议：论仲裁协议对未签字人的效力》，载《仲裁与法律》2000 年第 1 期。

河南公司和鑫泉公司在 AL0606/98 号合同中约定："Arbitration:FTAC of China"。"FTAC of China"系"Foreign Trade Arbitration Commission of China"的英文缩写，译文为中国对外贸易仲裁委员会，是该会的旧名称。因此，可以确定 FTAC 即指中国对外贸易仲裁委员会。因此，该仲裁条款约定的仲裁机构是明确的，仲裁条款应为有效。鑫泉公司与辽宁公司签订债权转让协议并书面通知了河南公司，因该债权是基于原合同产生的，且需依附于原合同实现。辽宁公司接受债权转让协议，其中应包括解决争议的条款。而依据鑫泉公司与河南公司所签订的合同的约定，双方解决权利义务争议要通过仲裁裁决，因此，辽宁公司要实现其受让的权利，亦需要通过仲裁解决。故本案应依据仲裁条款的约定，通过约定的仲裁机构裁决，人民法院不应受理。① 从中可以看出，我国法院亦认为在合同债权转让的情况下，其中的仲裁条款对受让人具有约束力。

秉承着一以贯之的观念，《仲裁法解释》第 9 条规定："债权债务全部或者部分转让的，仲裁协议对受让人有效，但当事人另有约定、在受让债权债务时受让人明确反对或者不知有单独仲裁协议的除外。"

三、仲裁第三人

（一）仲裁第三人的概念与立法例

1. 仲裁第三人的概念

所谓仲裁第三人，是指对仲裁当事人及其继受人争议的仲裁标的认为自己有独立的请求权，或虽无独立的请求权，但案件的处理结果与其存在法律上的利害关系，为保护自己的合法权益而参加到正在进行的仲裁程序中来的非仲裁协议签约人。

由此可见，仲裁第三人并非仲裁协议的签约人或者继受人，而是因本人申请，或者被仲裁当事人要求追加，或者被仲裁庭通知加入到已经开始但尚未作出仲裁裁决的仲裁程序中来的仲裁当事人。② 依据这一定义，有学者认为仲裁第三人同民事诉讼第三人一样，可分为有独立请求权的第三人和无独立请求权的第三人两种。③

2. 仲裁第三人的立法例

世界上大多数国家对仲裁第三人持否定态度，并未在仲裁立法和仲裁规则中对仲裁第三人作出明文规定。但也有少数国家于立法中明确认可了仲裁第三人。《荷兰仲裁法》第 1045 条即规定："（1）根据与仲裁程序的结果有利害关系

---

① 参见最高人民法院(2000)经终字第 48 号民事裁定书。
② 参见叶永禄、曹莉：《论仲裁协议第三人制度与传统仲裁理论的冲突与协调》，载《仲裁研究》2011 年第 1 期。
③ 参见谭兵主编：《中国仲裁制度研究》，法律出版社 1995 年版，第 129 页。

的第三人的书面请求,仲裁庭可以允许该第三人参加或介入程序。仲裁庭应毫不迟延地将一份请求发送给当事人。(2)声称第三人应予赔偿的一方当事人可以将一份通知送达该第三人。一份通知应毫不迟延地发送给仲裁庭和其他当事人。(3)如果第三人根据他与仲裁协议的当事人之间的书面协议参加仲裁,其参加、介入或联合索赔仅可由仲裁庭在听取当事人意见后许可。(4)一俟准许了参加、介入或联合索赔的请求,第三人即成为仲裁程序的一方当事人。除非当事人另有协议,仲裁庭应决定程序上如何进一步行事。"比利时《仲裁法》也有类似的规定:"仲裁的一方当事人可以要求第三方参加仲裁程序,第三方也可以自动请求加入仲裁程序,仲裁庭必须一致接受第三方的加入,而且原先的当事人和加入的当事人必须签订一份仲裁协议。"

根据伦敦国际仲裁院 1996 年的仲裁规则第 22 条第 1 款第 8 项的规定,在并仅在一方当事人申请时,仲裁庭可以允许第三人作为一方当事人参与仲裁,如果第三人和提出该申请的当事人书面同意并且此后就因此所涉及的所有仲裁当事人作出一份单一的或分开的终局裁决。①

与大多数国家一样,我国《仲裁法》未对仲裁第三人作出规定。

(二)我国关于仲裁第三人的争议

在仲裁程序中是否与民事诉讼程序一样应该设立第三人呢?对此,我国仲裁法学界有着截然不同的两派观点:一派积极主张设立仲裁第三人;另一派则对仲裁第三人持否定的态度。

1. 支持设立仲裁第三人的主要观点

有学者认为,在仲裁制度中完全应该并且能够设立第三人。其原因在于:

(1)设立仲裁第三人有利于公平高效地彻底解决纠纷。仲裁第三人制度实际上是将同一纠纷中的多个当事人或数个有牵连的纠纷纳入同一纠纷解决程序中合并起来予以处理。这样,一方面有利于查清整个案件事实,彻底解决纠纷;另一方面能够有效简化程序且避免有关联的案件因分开审理而出现相互矛盾的裁决。无论对仲裁机构还是对当事人来说,设立第三人都意味着投入的减少和效率的提高。民事诉讼中注重实效和正当程序的理念同样影响着仲裁制度,在必要时应当允许追加仲裁第三人,以便公平全面地解决争议。

(2)仲裁的性质决定了仲裁员有权适时追加第三人。仲裁具有准司法性质,是自治性和司法性的结合。仲裁员可以像法官一样,根据案件的具体情况追加第三人参加仲裁。有独立请求权的仲裁第三人可以独立的实体权利主体的资格向仲裁庭提出新的权利要求,仲裁庭理应把两个争议合并审理;而无独立请求权的第三人只能自己申请参加或由仲裁庭追加其参加到当事人一方进行仲裁。

---

① 参见林一飞:《论仲裁与第三人》,载《法学评论》2000 年第 1 期。

（3）契约相对性的限制为引入仲裁第三人提供了理论依据。契约的相对性是古典契约法体系构建的基石。可是自19世纪以来，世界各国在私法领域普遍出现了由个人本位向社会本位转变的趋势，人们逐渐认识到，社会关系具有整体性，人与人之间的权利义务关系是社会关系的一部分，没有第三方效应的契约几乎是不存在的。于是，契约相对性原则受到了越来越多的限制。各国渐渐在立法中承认了契约相对性的例外。仲裁协议作为契约的一种，其相对性也应有例外。① 如果仲裁协议所要求解决的纠纷涉及了第三方的利益，应当将之作为仲裁第三人引入仲裁程序以便其维护自身的合法权益。

2. 反对设立仲裁第三人的主要观点

持该观点的学者认为仲裁不同于诉讼，仲裁中设立第三人毫无必要。其理由为：

（1）仲裁第三人制度有悖于当事人意思自治原则。仲裁制度存在的理论基础就是当事人的意思自治。正是仲裁协议当事人的授权赋予了仲裁机构以仲裁权。仲裁程序的进行是以仲裁协议为基础的，仲裁事项和仲裁当事人都必须在仲裁协议范围内。"仲裁协议以外的当事人无权授予仲裁庭行使仲裁权，仲裁庭也无权依据所谓第三人的请求行使仲裁权。"②所以无论是法院还是仲裁庭皆无越俎代庖追加第三人的权力。允许第三人参加仲裁，显然动摇了仲裁得以存在的基础。

（2）仲裁第三人制度将损害仲裁机构的民间性。仲裁机构乃非官方的民间机构，进行仲裁的权力来源于当事人的授权，而不像民事诉讼那样以国家强制力为后盾。在仲裁中引入第三人制度，赋予仲裁机构追加第三人的权力，极有可能损害仲裁机构的这种民间性。③

（3）仲裁第三人制度与仲裁的保密性和经济性相冲突。仲裁制度的重要特点之一就在于其保密性，"仲裁当事人出于某种理由，或是商业秘密，或是商业信誉，或是其他别的理由，可能不大愿意把这种争议的实体或是程序甚至是产生争议这种事实公诸于世。而如果有第三方当事人参与仲裁，仲裁的这种优点显然就要失去，有违当事人采取仲裁解决争议的初衷。"④在有第三人参加仲裁的情形下，仲裁庭或者必须履行通知的职责，或者必须对之进行审查确认以决定是否追加，整个纠纷因此而变得更加复杂。这不仅增加了程序的繁杂程度，也必将延缓时间，阻碍仲裁的顺利进行。可见，仲裁第三人制度根本无助于仲裁效率的

---

① 参见刘亚玲：《新合同法代理制度对我国仲裁的影响——兼论仲裁制度的完善》，载《法律科学》2001年第5期。
② 乔欣：《仲裁权研究》，法律出版社2001年版，第250页。
③ 参见林一飞：《论仲裁与第三人》，载《法学评论》2000年第1期。
④ 同上。

提高。

关于应否设立仲裁第三人制度在我国仍处于研讨与争论之中。我们在作出抉择之前,依然还需要进行更为广泛深入的观察和思考,并进一步地分析论证。唯其如此,我们的选择才能跟上仲裁理论发展的步伐,才能真正满足仲裁实践的需求,我国的仲裁法律制度才能日益趋向于成熟与完善。

第二节 仲裁的申请与受理

仲裁的申请和受理是仲裁程序启动阶段极为重要的两种行为。仲裁申请是启动仲裁程序的前提和基础。但是,当事人提出仲裁申请,并不必然引起仲裁的开始,仲裁程序能否真正启动,更为主要的取决于仲裁委员会对仲裁申请的受理。仲裁申请得到受理之后,仲裁程序才真正开始了。

一、申请

(一) 申请的概念

在仲裁中,申请是指在自愿达成仲裁协议后,作为平等主体的公民、法人和其他组织,对发生的仲裁协议范围内的纠纷,以自己的名义提请有关仲裁委员会进行仲裁并作出裁决的行为。

当事人之间虽已达成有效的仲裁协议,但在双方发生争议后,任何一方均未向仲裁委员会提出申请,要求通过仲裁解决争议,则该仲裁协议并不能自动引起仲裁程序的发生。仲裁申请是当事人实践仲裁协议的行为。

(二) 申请仲裁的条件

我国《仲裁法》第21条详细列明了当事人申请仲裁所应具备的条件,其具体内容如下:

1. 有仲裁协议

仲裁协议既是当事人申请仲裁的依据之所在,也是仲裁机构享有仲裁管辖权的根源。如果并不存在仲裁协议,即使争议主体向仲裁委员会提出申请,仲裁委员会也不可能接受。

2. 有具体的仲裁请求和事实、理由

(1) 有具体的仲裁请求。仲裁请求,是仲裁申请人通过仲裁机构向被申请人所提出的权利主张,是申请人申请仲裁所期望达到的目的。仲裁请求应当明确而具体。仲裁申请人必须告知仲裁委员会其请求仲裁裁决的具体事项,即要清晰地表明希望如何解决与对方当事人之间发生的纠纷,以及对方当事人承担责任的方式、金额及履行期限。

(2) 有具体的事实和理由。所谓事实和理由,就是仲裁申请人提出的仲裁请求所依据的事实和法律。事实的主要内容包括：当事人之间争议的民商事法律关系发生的时间、地点及具体内容；该民商事法律关系的发展，纠纷产生的原因、经过和后果及持续至今的状态。这样，仲裁机构才能够准确地确定仲裁的范围。叙述事实要按照时间顺序，将已经发生的、有证据证明的或者当事人一致认可的案件经过清楚明白地呈现出来，同时要找准并突出重点，详述主要情节及因果关系。申请仲裁的理由是仲裁申请人结合争议事实和有关法律、法规等对纠纷的性质、法律责任和如何适用法律所提出的看法和主张。

3. 属于仲裁委员会的受理范围

当事人申请仲裁的事项应当属于法律许可的具有可仲裁性的事项。我国《仲裁法》已然明确划定了可仲裁事项的范围，当事人的申请不能超出这个范围。另外，仲裁申请人还应向达成的仲裁协议中约定的仲裁委员会提出申请，否则依然超出了具体的仲裁委员会的受案范围，申请同样不会得到受理。

（三）申请仲裁的方式

1. 仲裁申请书

根据我国《仲裁法》第22条的规定，当事人申请仲裁，应当向仲裁委员会递交仲裁协议、仲裁申请书及副本。这一规定意味着申请仲裁必须采取书面形式。仲裁申请人应当向仲裁委员会递交仲裁申请书，同时还要提交其副本和仲裁协议，并附具申请人提出仲裁请求所依据的争议事实的证明文件，然后按照仲裁委员会制定的仲裁费用表的规定预缴仲裁费。

我国《仲裁法》第23条规定了仲裁申请书应当载明的事项，包括：当事人的姓名、性别、年龄、职业、工作单位和住所，法人或者其他组织的名称、住所和法定代表人或者主要负责人的姓名、职务；仲裁请求和所根据的事实、理由；证据和证据来源、证人姓名和住所。仲裁申请书既可由申请人自己制作，也可请律师或其他人代书。

2. 申请仲裁所需准备的材料

在仲裁实践中，申请人申请仲裁所需要准备的材料主要有：（1）仲裁申请书（一式五份）；申请人是自然人的，仲裁申请书要由本人签字按手印，申请人是法人或其他组织的需加盖公章。（2）合同（即仲裁协议）复印件（一式五份），申请仲裁时需持合同原件。（3）相关证据材料（一式五份）。（4）申请人是自然人的需提交身份证复印件一份，申请人是法人或其他组织的需要提交营业执照副本复印件一份。（5）申请人是法人或其他组织的需提交本单位出具的法定代表人或主要负责人身份证明书一份。（6）申请人委托了仲裁代理人的，需填写授权委托书。中国公民和外国公民均可以接受委托，担任仲裁代理人。在授权委托书中必须写明仲裁代理人的代理权限，未注明特别授权委托的具体事项仅表明"全权委托"的，代理人无权代为当事人承认、放弃、变更仲裁请求，进行和解，提出仲裁反请求及代为签收法律文书。

二、受理

仲裁当事人向仲裁委员会递交仲裁申请书之后，整个仲裁程序是否能够启动，要由仲裁委员会进行审查并作出决定。根据我国《仲裁法》第 24 条的规定，仲裁委员会收到申请人的仲裁申请书及其附件后，应当在法定期限内进行审查，认为符合受理条件的，应当受理，并通知当事人；认为不符合受理条件的，应当书面通知当事人不予受理，并说明理由。

（一）受理的概念

所谓受理，是指特定的仲裁委员会收到当事人提交的仲裁申请后，经过审查认为符合法定的条件，决定接受其申请，展开仲裁活动并作出裁决以最终解决争议的行为。

当仲裁委员会决定接受申请人的仲裁申请，并向当事人发出通知时，仲裁程序就真正开始了。

（二）受理的程序

仲裁委员会决定是否受理仲裁申请人的申请可分为两个步骤：

1. 审查仲裁申请

依照法律规定，仲裁委员会应在收到仲裁申请书之日起 5 日内进行审查并作出决定。首先，仲裁委员会应审查仲裁申请人的申请是否符合法定的三个条件，不符合条件的，则决定不予受理；其次，审查仲裁申请人的申请手续是否完备，若有欠缺则要求其限期补正。

2. 作出受理的决定

经审查，如果仲裁申请人的申请符合法定条件且手续完备，仲裁委员会应立即向被申请人发出仲裁通知，并将申请人的仲裁申请书及其附件，连同仲裁委员会的仲裁规则、仲裁员名册和仲裁费用表各一份，一并发送给被申请人，同时也将仲裁通知、仲裁规则、仲裁员名册和仲裁费用表送交申请人。仲裁委员会向申请人和被申请人发出仲裁通知后，应指定一名仲裁委员会秘书局或秘书处的人员负责仲裁案件的程序管理工作。

3. 受理的法律效果

（1）确定了仲裁管辖权。当仲裁委员会决定受理仲裁申请后，就实际地取得了该争议的仲裁管辖权，有权对争议进行仲裁并作出裁决。当事人无权再就本案向人民法院提起民事诉讼，法院也不得受理本案当事人的起诉。

（2）仲裁法律关系得以确立。仲裁委员会受理案件之后，申请人与被申请人正式成为本案的当事人。仲裁委员会、仲裁当事人以及其他仲裁参与人之间的仲裁权利义务关系就此形成，并接受仲裁法律法规的调整。

（3）仲裁程序正式启动。仲裁委员会的受理行为是仲裁程序开始的标志。自受理时起，仲裁委员会和仲裁参与人必须依照仲裁法律法规规定的程序和期限，将整个仲裁程序向前推进直至作出仲裁裁决，以解决双方当事人之间的争议。

三、答辩与反请求

对于申请人的仲裁请求，被申请人往往会提出反驳与对抗。被申请人进行抵抗的方式多种多样，但归纳起来不外乎两类：一类是消极性的抵抗，即主张申请人的权利请求不成立；另一类是积极性的抵抗，即以权利来扼制权利。① 被申请人的答辩与反请求就是这两类抵抗的表现。其中答辩为消极性的抵抗，而反请求则为积极性的抵抗。

（一）答辩

仲裁答辩，是指仲裁案件的被申请人为了维护自身的合法权益，针对仲裁申请书的内容，作出回答和辩解的行为。根据我国《仲裁法》的规定，被申请人收到仲裁申请书副本后，应当在仲裁规则规定的期限内向仲裁委员会提交答辩书。

各仲裁委员会的仲裁规则所确定的答辩期限并不相同。施行于2007年的《武汉仲裁委员会仲裁规则》与《广州仲裁委员会仲裁规则》皆规定，被申请人应当自收到仲裁申请书副本之日起15日内作出答辩。而中国海事仲裁委员会作为常设的涉外仲裁机构，则在其仲裁规则中将答辩期定为：被申请人应在收到仲裁通知之日起45天内，向仲裁委员会秘书处提交答辩书和有关证明文件。逾期提交，仲裁庭有权决定是否接受。基于同样的原由，《贸仲规则》(2005)亦要求被申请人应在收到仲裁通知之日起45天内向仲裁委员会秘书局或其分会秘书处提交答辩书。仲裁庭认为有正当理由的，可以适当延长此期限。被申请人未提交答辩书的，不影响仲裁程序的进行。被申请人应在各仲裁委员会仲裁规则要求的期限内作出答辩。

仲裁委员会收到被申请人的仲裁答辩书后，应当在仲裁规则规定的期限内将答辩书副本和有关证明材料以及其他文件送达申请人。

（二）反请求

在仲裁过程中，申请人可以放弃或者变更仲裁请求。被申请人可以承认或者反驳仲裁请求，也有权提出反请求。

1. 反请求的概念

反请求，是指在已经开始的仲裁程序中，被申请人依据同一仲裁协议，以仲裁申请人为被申请人，向仲裁委员会提出的与仲裁请求之标的存在事实上或法

---

① 参见魏超：《抗辩与反请求》，载《北京仲裁》2005年第3期。

律上的牵连,旨在抵消、吞并或者排斥仲裁请求的独立请求。

在仲裁活动中,仲裁反请求是被申请人维护自身合法权益的重要手段。同时,仲裁机构将仲裁请求与反请求合并审理,能够有效地提高仲裁效率,并防止就同一事实或者法律问题作出相互矛盾的裁决。

2. 提出反请求的条件

被申请人的反请求也属于一种仲裁申请,因此,必须满足仲裁申请需具备的三个条件。除此之外,被申请人提出反请求还必须符合下列要求:

(1)反请求的当事人与仲裁申请的当事人相对立。由于反请求是针对仲裁请求的,故只能由被申请人提出,而且其对方当事人为仲裁申请人。

(2)反请求应向受理仲裁申请的仲裁委员会提出。反请求是以申请人的仲裁请求为前提的,所以只能向受理仲裁申请的仲裁委员会提出,否则不成其为反请求。

(3)反请求与仲裁请求在同一仲裁协议约定的仲裁事项范围内。如果被申请人提出的反请求依据的是与申请人之间达成的另一仲裁协议,那么被申请人提出的仲裁请求就不属于反请求。

(4)被申请人提出的反请求与申请人的仲裁请求存在关联。被申请人提出的反请求应当与申请人的仲裁请求存在事实上的或法律上的联系。所谓事实上的联系,是指反请求与仲裁请求在事实上存在着牵连;法律上的联系则是指反请求与仲裁请求以同一民事法律关系为依据或双方当事人的权利义务基于同一民事法律关系而产生。

3. 提出反请求的程序

(1)提出反请求的期限。反请求的期限由仲裁委员会的仲裁规则予以规定。《贸仲规则》(2005)规定:被申请人如有反请求,应当自收到仲裁通知之日起45天内以书面形式提交仲裁委员会。仲裁庭认为有正当理由的,可以适当延长此期限。《中国海事仲裁委员会仲裁规则》要求的期限为:最迟应在收到仲裁通知之日起30天内,以书面形式提交仲裁委员会。《武汉仲裁委员会仲裁规则》(2007)则指出:被申请人提出反请求,应当在答辩期内(即自收到仲裁申请书副本后的15日内)以书面形式提交仲裁委员会。对超过此期限提交反请求申请的,仲裁庭组成前由仲裁委员会决定是否接受,仲裁庭组成后由仲裁庭决定是否接受。

(2)提出反请求应履行的手续。被申请人提出反请求时,应在其书面反请求书中写明具体的反请求及其所依据的事实和理由,并附具有关的证明文件,且按照仲裁委员会制定的仲裁费用表在规定的时间内预缴仲裁费。

4. 仲裁委员会对反请求的处理

仲裁委员会认为被申请人提出反请求的手续已完备的,应将反请求书及其附件发送申请人。申请人接到反请求书及其附件后,应在规定的时间内对被申请人的反请求进行答辩。仲裁庭有权决定是否接受逾期提交的反请求答辩书。申请人对被申请人的反请求未提出书面答辩的,不影响仲裁程序的进行。同时,申请人可以对其仲裁请求提出修改,被申请人也可以对其反请求提出修改;但是,仲裁庭认为当事人修改的提出过迟而影响仲裁程序正常进行的,可以拒绝其修改。

申请人的仲裁请求和被申请人的仲裁反请求应合并审理。仲裁庭应充分考虑双方当事人的意见,依据事实和法律作出公平公正的裁决。

四、仲裁协议效力异议

仲裁协议效力异议,是指当事人通过对作为仲裁基础的仲裁协议的效力表示异议,使得仲裁程序无法启动或阻却正在进行的仲裁程序继续推进的行为。当事人对仲裁协议的效力提出异议,直接关系到相关纠纷的解决方式,其实是对仲裁机构的仲裁管辖权表示了不同意见。当事人凭借仲裁协议效力异议能够有效地阻止仲裁程序的开始和进一步进行,以达到维护自身合法权益的目的。

(一)仲裁协议效力异议的提出

1. 提出的方式

我国《仲裁法》将确认仲裁协议是否有效的权力赋予了人民法院和仲裁委员会。当事人既可以向有管辖权的人民法院提起仲裁协议效力异议,也可以向有关仲裁委员会提出。而依据仲裁庭自裁管辖权原则,世界各主要国家以及国际性的仲裁规则均将此项权力赋予了仲裁庭。关于其具体内容,仲裁协议一章已有专门论述,此处不再赘述。

(1)当事人向人民法院提起仲裁协议效力异议的,表现为两种方式:一种方式是直接就有关争议向有管辖权的人民法院提起民事诉讼。《最高人民法院关于适用〈中华人民共和国民事诉讼法〉若干问题的意见》(以下简称《民诉意见》)第148条指出:"当事人一方向人民法院起诉时未声明有仲裁协议,人民法院受理后,对方当事人又应诉答辩的,视为该人民法院有管辖权。"这就表明双方当事人借助于向人民法院起诉并应诉的行为直接否定了仲裁协议的效力。另一种方式是向人民法院提出仲裁协议效力异议,请求人民法院就此作出裁定。

(2)当事人向仲裁委员会提起仲裁协议效力异议,由仲裁委员会作出决定。如果双方当事人就仲裁协议的效力发生争议,一方请求仲裁委员会裁决,另一方请求人民法院裁定的,根据我国《仲裁法》的规定,由人民法院作出裁定。但是,如果仲裁委员会先于人民法院接受申请并已作出决定,依《仲裁法解释》第13条第2款,应以仲裁委员会的决定为准。当事人再向人民法院申请确认仲裁协议效力或者申请撤销仲裁机构的决定的,人民法院不予受理。

2. 提出的时限

当事人必须在法定的时间内对仲裁协议的效力提出异议。世界各国的商事仲裁立法大多将当事人提出仲裁协议效力异议的时间限定在首次答辩期内。1996年的《英国仲裁法》第31条第1款第1项就规定："在仲裁程序开始时,当事人关于仲裁庭缺乏实体管辖权的异议,必须不迟于其在程序中就所异议之仲裁庭管辖权有关的任何事项的实体予以答辩之前提出。"与之略有不同的是,1998年德国的《民事诉讼法典》第1040条第2款规定："对仲裁庭无管辖权的抗辩不得在提交答辩书之后提出。"国际商事仲裁立法亦有类似规定,《联合国国际商事仲裁示范法》第16条第2款就指出："有关仲裁庭无权管辖的抗辩不得在提出答辩书之后提出。"

与上述异议时限不同,我国《仲裁法》第20条第2款规定："当事人对仲裁协议的效力有异议,应当在仲裁庭首次开庭前提出。"由于仲裁庭审理案件未必开庭,故该时限的规定容易引发歧义,或为当事人恶意利用以拖延时间。为此,有不少仲裁委员会的仲裁规则对之进行了细化,如《北京仲裁委员会仲裁规则》(2008)第6条第1款就指明："当事人对仲裁协议的效力或者仲裁案件的管辖权有异议,应当在首次开庭前以书面形式提出;书面审理的,应当在首次答辩期限届满前以书面形式提出。"《广州仲裁委员会仲裁规则》(2007)第11条第1款亦要求："当事人对仲裁协议的效力或者仲裁案件的管辖权有异议的,应当在首次开庭日前以书面形式提出;约定不开庭的,应当在答辩期限届满前以书面形式提出。"仲裁协议效力异议期限在给予当事人提出异议的充分考虑时间的同时,更要保证仲裁协议效力的尽早确定,使仲裁程序得以顺利进行。在答辩的15天以内,已足以保证当事人有时间去考虑是否对仲裁协议效力提出异议①,所以将当事人提出仲裁协议效力异议的时限确定为答辩期限届满以前是比较适宜的。

如果当事人在规定的期限内不提出仲裁协议效力异议的,将丧失该项权利。《仲裁法解释》第13条就直接规定："依照仲裁法第20条第2款的规定,当事人在仲裁庭首次开庭前没有对仲裁协议的效力提出异议,而后向人民法院申请确认仲裁协议无效的,人民法院不予受理。仲裁机构对仲裁协议的效力作出决定后,当事人向人民法院申请确认仲裁协议效力或者申请撤销仲裁机构的决定的,人民法院不予受理。"《武汉仲裁委员会仲裁规则》(2007)第8条第3款亦规定："当事人未依照前款规定对仲裁协议的效力或者仲裁案件的管辖权提出异议的,视为承认该仲裁协议的效力或者本会对该案件的管辖权。"这就意味着当事人放弃了提出仲裁协议效力异议的权利,认可了仲裁机构的管辖权。

---

① 马占军:《我国仲裁协议效力异议规则的修改与完善》,载《法学评论》2011年第2期。

(二) 对仲裁协议效力异议的处理

1. 人民法院对仲裁协议效力异议的处理

《仲裁法解释》第 15 条规定:"人民法院审理仲裁协议效力确认案件,应当组成合议庭进行审查,并询问当事人。"这一规定要求人民法院以合议庭的审判组织形式审查仲裁协议的效力,鲜明地体现出对仲裁协议效力异议案件的重视。

2. 仲裁委员会对仲裁协议效力异议的处理

《武汉仲裁委员会仲裁规则》(2007)第 8 条第 4 款规定:"如果本会依表面证据认为存在由本会进行仲裁的协议,则可根据表面证据作出本会有管辖权的决定,仲裁程序继续进行。本会依表面证据作出的管辖权决定并不妨碍其根据仲裁庭在审理过程中发现的与表面证据不一致的事实或者证据重新作出管辖权决定。"而且,其第 5 款明确规定:"在对仲裁协议效力和管辖权异议作出决定前,仲裁程序可以继续进行。"如果当事人的异议成立,则应认定仲裁协议不存在或者无效。

五、仲裁临时措施

在仲裁中,为保障程序的顺利推进及仲裁裁决的执行,仲裁机构或者法院在必要时有权发出财产保全、证据保全或以其他方式在仲裁结束之前保持现状的裁定。此即为仲裁临时措施。2006 年修订后的《联合国国际商事仲裁示范法》第 17 条规定的仲裁临时措施包括:在裁决之前维持现状或恢复原状;采取行动防止正在或即将对仲裁程序发生的损害或影响,或不得采取可能造成这种损害或影响的行动;提供将来裁决得以执行的保全财产的方式;保全对争议解决可能具有相关性和重要性的证据。我国仲裁立法及仲裁规则规定的临时措施主要为财产保全与证据保全。除此之外,在海事仲裁中还存在着特有的其他仲裁临时措施。

(一) 财产保全

1. 财产保全的概念

仲裁中的财产保全,是指在仲裁程序中,为确保将来生效的裁决得以执行,经一方当事人的申请,仲裁委员会提请有管辖权的人民法院或直接由有管辖权的人民法院对另一方当事人的财产或争议的标的物采取的强制措施。

财产保全措施并非对当事人之间争议的权利义务关系作出实体上的判定,而只是临时对有关财产采取的一种强制措施。但是财产保全制度能够有效地维护当事人的合法权益,保障仲裁程序的顺利进行,也有利于仲裁裁决的执行,并且充分体现了司法权对仲裁权的支持。我国《仲裁法》第 28 条即对财产保全作出了规定。

2. 财产保全的条件

采取财产保全措施需要具备相应的条件,具体包括:

(1) 存在使将来生效的裁决难以执行的情形。依据《仲裁法》的规定,只有当出现可能因一方当事人的行为或其他原因而使将来生效的裁决不能执行或难以执行的情形时,才有必要进行财产保全。"使裁决不能执行或者难以执行的"情形通常表现为争议所涉及的财产将被实际控制的当事人处分、转移、隐匿、毁损或者因时间、条件的变化将导致财物出现物理、化学变化而丧失或减少其价值。

(2) 当事人提出申请。财产保全必须先由当事人提出申请,而不能由仲裁委员会主动提请人民法院采取保全措施。这里的当事人既包括申请人,也包括被申请人。财产保全的申请一般应当在案件被受理后,仲裁庭作出仲裁裁决之前提出。仲裁庭组成之前,当事人向仲裁委员会提出申请;仲裁庭组成之后,当事人应向仲裁庭提出申请。但皆由仲裁委员会将申请提交人民法院。海事仲裁中的当事人在仲裁程序开始前申请海事请求保全的,可依照《中华人民共和国海事诉讼特别程序法》(以下简称《海事诉讼特别程序法》)第3章的规定,直接向被保全的财产所在地的海事法院提出。

3. 财产保全的范围

因财产保全由人民法院依照民事诉讼法来进行,故必须遵循民事诉讼法关于财产保全的具体规定。根据我国《民事诉讼法》第94条的规定,财产保全限于请求的范围,或者与本案有关的财物。此一规定同样适用于仲裁中的财产保全。

(1) 限于请求的范围。限于请求的范围,要求财产保全只能针对当事人双方的争议所指向的具体财物;倘若争议的对象是金钱,则不得超过申请人提出的仲裁标的额。当然,考虑到采取财产保全措施所需的费用等因素,只要财产保全对象的价值与仲裁请求的金额大致相当即可,而不必强求完全一致。

(2) 与本案有关的财物。这是指被保全的财产应为当事人之间争议的民商事法律关系所及的财产或被申请人的财产,以及与仲裁标的物有牵连的其他有关物品。对案外人的财产以及案外人善意取得的与案件有关的财产不得采取保全措施。

4. 财产保全的程序

(1) 申请。当事人首先要提出财产保全的申请,至于申请采用何种形式,法律未明确规定。不过,虑及财产保全申请需要由仲裁委员会提交给人民法院,且必须确定财产的对象及范围,宜采用书面形式。在申请书中应写明请求采取保全措施的原因何在,并说明请求保全的标的物或有关财物的品名、规格、数量、价额以及存放地点等。

(2) 审查。仲裁委员会接受申请后,依据我国民事诉讼法的规定,应提交被执行人住所地或者被执行的财产所在地人民法院审查并执行。海事争议案件则提交被申请人住所地或其财产所在地的海事法院审查与执行。人民法院的执行机构接到仲裁委员会提交的申请后,应及时审查是否符合财产保全的条件,必要时可责令申请人提供担保。

(3) 采取财产保全措施。假如情况紧急,人民法院应在 48 小时之内作出采取财产保全措施的裁定;对于情况不紧急的,则可适当延长。具体的保全措施依财产的不同而存在差别,包括查封、扣押、冻结、变卖、保存价款、提存财产以及法律规定的其他方法。如果因为申请有错误,使得被申请人因被采取财产保全措施而遭受损失的,申请人应当赔偿。

(二) 证据保全

1. 证据保全的概念

证据保全,是指对有可能灭失或者以后难以取得的证据,人民法院直接根据当事人的申请或经当事人申请并由仲裁委员会提交而决定预先采取相应措施加以固定和保护。

仲裁中的争议事实已因时间的推移而消逝,必须依靠证据来探究其真相。然而作为客观物质资料的证据受到物理、化学和生物等因素的影响,不可能长时间地存在或持续维持原状而不产生任何变化。有些证据若不采取适宜的措施及时提取,将会因毁损而不复存在;而另有一些证据如果不尽快提取,则有可能难以取得甚至无法取得。一旦面临这些情形就需要借助适当的救济手段来对该证据予以保护和存留。证据保全正是这种现实需要在仲裁立法上的体现。

2. 证据保全的实质条件

综合仲裁法和民事诉讼法的规定来看,证据保全的实质要件包括两个方面:(1) 需要保全的证据与证明对象具有关联性,也即是该证据能够证明仲裁案件中的争议事实。(2) 需要保全的证据确实存在以后难以取得或灭失的可能性。例如作为物证的鲜活物品将要腐烂、变质;证人即将出国或者已经病入膏肓等。

3. 证据保全的形式要件

证据保全的形式要件表现为:(1) 采取证据保全措施的动因必须符合法律规定,即只能是依仲裁当事人的申请而进行,不能由仲裁委员会主动提请人民法院或人民法院主动采取证据保全措施。(2) 当事人申请采取证据保全措施应当在仲裁程序开始以后,如果仲裁尚未开始,则由公证机关承担证据保全的任务。不过,根据《中国海事仲裁委员会仲裁规则》第 23 条第 2 款的规定,当事人在仲裁程序开始前申请证据保全的,应当依照《海事诉讼特别程序法》的规定或其他有关法律规定,直接向被保全的证据所在地海事法院或其他法院提出。在其他民商事仲裁中,仲裁委员会应当将当事人的申请提交证据所在地的基层人民法院采取保全措施。

4. 证据保全的具体措施

关于证据保全的具体措施，最高人民法院《关于民事诉讼证据的若干规定》第 24 条规定："人民法院进行证据保全，可以根据具体情况，采取查封、扣押、拍照、录音、录像、复制、鉴定、勘验、制作笔录等方法。人民法院采取措施保全证据，可以要求当事人或者诉讼代理人到场。"

(三) 其他仲裁临时措施

1. 海事强制令

海事强制令，是指海事法院根据海事仲裁当事人的申请，为使其合法权益免受侵害，责令被申请人作为或者不作为的强制措施。

海事强制令是海事仲裁中特有的临时强制措施。常见的海事强制令主要有责令货物的承运人放货、责令货物的承运人签发提单、责令光船出租人或承租人放船等。

《中国海事仲裁委员会仲裁规则》第 22 条第 3 款规定："当事人申请海事强制令的，仲裁委员会应当将当事人的申请提交海事纠纷发生地的海事法院；当事人在仲裁程序开始前申请海事强制令的，应当依照《中华人民共和国海事诉讼特别程序法》的规定，直接向海事纠纷发生地的海事法院提出。"

海事仲裁当事人申请海事强制令，应当向海事仲裁委员会或海事法院提交书面申请。申请书应当载明申请理由，并附有关证据。海事法院接受海事强制令申请的，可以责令申请人提供担保；申请人不提供担保的，则驳回其申请。海事法院应审查申请人是否有具体的海事请求；是否存在需要纠正被申请人违反法律规定或者合同约定的行为之情形；是否存在情况紧急，不立即作出海事强制令将造成损害或者使损害扩大等情形，然后在接受申请后 48 小时内作出裁定。裁定作出海事强制令的，应当立即执行；对不符合海事强制令条件的，裁定驳回其申请。利害关系人对海事强制令提出异议，经审查理由成立的，海事法院应当裁定撤销海事强制令。申请海事强制令错误的，申请人应当赔偿被申请人或者利害关系人因此所遭受的损失。

2. 设立海事赔偿责任限制基金

《中国海事仲裁委员会仲裁规则》第 23 条规定："当事人申请设立海事赔偿责任限制基金的，仲裁委员会应当将当事人的申请提交事故发生地、合同履行地或者船舶扣押地海事法院；当事人在仲裁程序开始前申请设立海事赔偿责任限制基金的，应当依照《中华人民共和国海事诉讼特别程序法》第九章的规定，直接向事故发生地、合同履行地或者船舶扣押地海事法院提出。"

申请设立海事赔偿责任限制基金，申请人应当提交书面申请。申请书必须载明申请设立海事赔偿责任限制基金的数额、理由，以及已知的利害关系人的名称、地址和通讯方法,并附有关证据。海事法院接受设立海事赔偿责任限制基金申请后,应当在7日日内向已知的利害关系人发出通知,同时通过报纸或者其他新闻媒体发布公告。利害关系人对申请人申请设立海事赔偿责任限制基金有异议的,应当在收到通知之日起7日内或者未收到通知的在公告之日起30日内,以书面形式向海事法院提出。利害关系人在规定的期间内没有提出异议的,海事法院裁定准予申请人设立海事赔偿责任限制基金。准予申请人设立海事赔偿责任限制基金的裁定生效后,申请人应当在海事法院设立海事赔偿责任限制基金。设立海事赔偿责任限制基金可以提供现金,也可以提供经海事法院认可的担保。申请人申请设立海事赔偿责任限制基金错误的,应当赔偿利害关系人因此所遭受的损失。

第三节 仲裁庭的组成

当申请人提出仲裁申请后,仲裁委员会经审查决定受理其申请,仲裁程序就正式启动了。仲裁委员会向申请人和被申请人发出仲裁通知,并将相关文书送达给当事人,仲裁程序即将进入纠纷处理的实质性阶段。但是,对案件的审理与裁决并非由仲裁委员会来完成。这时,就需要组成仲裁庭了。

一、仲裁庭的组织形式与组成程序

(一) 仲裁庭的组织形式

仲裁庭是仲裁委员会仲裁案件的基本组织形式。纵观世界各国的仲裁立法和各仲裁规则,仲裁庭有两种组织形式:合议制仲裁庭和独任制仲裁庭。我国也概莫能外。

1. 合议制仲裁庭

合议制仲裁庭,是指由一名以上的仲裁员组成仲裁庭,对当事人提请仲裁的争议案件进行审理并作出裁决的组织形式。关于合议制仲裁庭的仲裁员人数,各国的规定有所不同。《联合国国际商事仲裁示范法》第10条赋予了当事人自由确定仲裁员人数的权利,如果当事人未作出此种确定,仲裁员的人数应为3名。《荷兰仲裁法》第1026条关于"仲裁员人数"则指出:"(1)仲裁庭应由奇数仲裁员组成。仲裁庭也可由一名独任仲裁员组成。(2)如果当事人未就仲裁员人数达成协议,或者如果协议的确定人数的方法未执行而当事人不能就人数达成协议,则根据任何一方当事人请求,地方法院院长应决定仲裁员人数。(3)如果当事人已协议偶数仲裁员,该仲裁员应指定另外一名仲裁员作为仲裁庭的首席仲裁员。(4)仲裁员之间未就指定另外一名仲裁员达成协议,则除非当事人已另有约定,地方法院院长应根据任何一方当事人请求指定另外一名仲裁员。"

可见,在荷兰,合议制仲裁庭的人数为三人以上的奇数。与之相异的是,根据1996年《英国仲裁法》的规定,当事人可自由约定组成仲裁庭的仲裁员人数,以及是否有一名首席仲裁员或公断人。如果协议中仲裁员人数为两名或者其他偶数时,除非当事人另有约定,应被理解为要求指定另外一名仲裁员作为首席仲裁员或公断人。

与上述规定不同,我国《仲裁法》第30条直接规定合议制仲裁庭由3名仲裁员组成,并设首席仲裁员。

2. 独任制仲裁庭

独任制仲裁庭,是指由一名仲裁员组成仲裁庭,对当事人提请仲裁的争议案件进行审理并作出裁决的组织形式。根据《英国仲裁法》的规定,如果当事人对仲裁员的人数没有约定,仲裁庭应由一名独任仲裁员组成。我国《仲裁法》第30条也明确肯定了由一名仲裁员组成的仲裁庭。通常情况下,适用普通程序的仲裁庭由三名仲裁员组成,适用简易程序的仲裁庭由一名仲裁员组成。

(二) 仲裁庭的组成程序

我国《仲裁法》第31条和第32条对合议制仲裁庭与独任制仲裁庭的组成程序进行了规定,在仲裁过程中应该得到严格遵循。基于当事人意思自治的要求,立法确认了仲裁当事人有权约定仲裁庭的组织形式。如果仲裁案件有两个或者两个以上申请人或者被申请人时,仲裁员的选定或者委托指定,应当在申请人内部或者被申请人内部协商一致,未能达成一致的,由仲裁委员会主任指定。假如当事人未能在仲裁规则规定的期限内约定仲裁庭的组成方式或者选定仲裁员的,由仲裁委员会主任结合具体案件的实际需要进行确定。

1. 约定合议制仲裁庭的程序

当事人约定由三名仲裁员组成合议制仲裁庭的,仲裁员的选任应经过这样几个阶段:首先,当事人从仲裁委员会提供的仲裁员名册中各自选定或者各自委托仲裁委员会主任指定一名仲裁员;然后,由当事人共同选定或者共同委托仲裁委员会主任指定第三名仲裁员,第三名仲裁员乃首席仲裁员。双方当事人未能在仲裁规则规定的期限内选定仲裁员或者未委托仲裁委员会主任指定仲裁员的,仲裁委员会主任可行使职权进行指定。

2. 约定独任制仲裁庭的程序

当事人选择独任制仲裁庭时,应依当事人的选择确定一名独任的仲裁员,即由双方当事人共同选定或者共同委托仲裁委员会主任指定仲裁员。双方当事人在仲裁规则规定的期限内未选定仲裁员的,则由仲裁委员会主任行使其权利,指定仲裁员。

当事人指定仲裁员的期限,我国各仲裁委员会仲裁规则的规定存在着差别。《武汉仲裁委员会仲裁规则》(2007)第23条和第24条分别规定的当事人指定合议制仲裁庭仲裁员、独任仲裁员的期限为自被申请人收到仲裁通知书之日起10日、7日内。而主要负责处理涉外仲裁案件的《贸仲规则》与《中国海事仲裁委员会仲裁规则》则一律规定为15日。

《贸仲规则》(2005)第21条第2款还规定:"当事人约定在仲裁委员会仲裁员名册之外选定仲裁员的,当事人选定的或根据当事人之间的协议指定的人士经仲裁委员会主任依法确认后可以担任仲裁员、首席仲裁员或独任仲裁员。"

仲裁庭组成后,仲裁委员会应当将仲裁庭的组成情况书面通知双方当事人。

二、仲裁员的回避

仲裁员的回避,是指当仲裁员遇有法定的情形时,应退出仲裁程序而不得参与具体案件的审理及裁决。在仲裁程序中,仲裁庭成员应当保持中立,不得代表任何一方当事人,而应公正、平等地对待双方当事人。回避制度其意正在于确保仲裁员持超然中立的立场以实现仲裁公正,是仲裁的基本制度之一。各国及国际仲裁立法均对回避制度作出了规定。我国仲裁法及各仲裁委员会的仲裁规则也严格遵循了这一制度的要求。

(一)回避的法定事由

根据我国《仲裁法》的规定,回避的法定事由包括如下四种情形:

1. 是本案当事人或者当事人、代理人的近亲属

本案的当事人理所当然不能再担任该案的仲裁员。当事人或者代理人的近亲属也不能成为本案的仲裁员。不过,在我国,民事法律中的近亲属一般指的是配偶、父母、子女、兄弟姐妹、祖父母、外祖父母、孙子女、外孙子女。从仲裁实践来看,这一范围过于狭窄,不利于实现回避制度的目的。最高人民法院2001年1月印发的《关于审判人员严格执行回避制度的若干规定》就审判人员的回避专门予以规定,将回避情形的第1项改为:是本案的当事人或者与当事人有直系血亲、三代以内旁系血亲及姻亲关系。显然,这样的近亲属范围才是较为适宜的。

2. 与本案有利害关系

此处的利害关系主要是指案件的裁决结果会直接或间接涉及仲裁员本人的利益。仲裁员不仅不能裁决与自己有关的纠纷,也不得与案件处理结果存有任何利益上的关系。倘若仲裁员与案件有着利益上的关联,其中立的立场难以保持,也无法得到当事人的认可。这无疑是会影响裁决结果的公正性与社会公信力的。所以遇有此种情形,仲裁员应予回避。

3. 与本案当事人、代理人有其他关系,可能影响公正仲裁的

其他关系多指除上述关系以外的其他亲密关系或恩仇关系,如师生、同学、朋友、邻居、上下级关系或曾发生过纠纷、相处不睦等。有权力裁决争议的主体不得对任何一方当事人存有歧视或偏爱。因为这些歧见会妨碍其平等地对待当

事人各方,公平地处理纠纷。虑及"其他关系"的内容较为繁杂,仲裁实践中的认定差别较大不利于实现法律适用的统一,《广州仲裁委员会仲裁规则》(2007)第25条第2款专门进行了列举,"其他关系"包括但不限于下列几项:"(1)为当事人事先提供过咨询的;(2)现任当事人法律顾问或者其他顾问,或曾担任当事人法律顾问或者其他顾问,该顾问关系结束未满两年的;(3)曾担任当事人的代理人结案未满两年的;(4)与任何一方当事人、代理人在同一单位工作的;(5)在本会同时审理的案件中,互为案件的代理人和仲裁员的,后一案件被选定或指定成为仲裁员的。"

4. 私自会见当事人、代理人,或者接受当事人、代理人的请客送礼的

如果仲裁员曾私自会见过当事人、代理人,或者接受当事人、代理人的请客送礼,则其难免先入为主或偏听偏信,同样也会有损于仲裁的公正性。这时,该仲裁员理当回避;情节严重的,仲裁员还要依法承担法律责任,仲裁委员会应当将其除名。

《仲裁法》规定的回避的四种情形就其实质而言可归纳为两类:一类是应回避人员与案件具有利益上的关系,即利害关系;另一类是应回避人员与案件具有感情上的关系,即亲近关系。

(二) 回避的方式

依照我国《仲裁法》的规定,仲裁员回避的方式有两种:

1. 自行回避

当遇有回避的法定事由时,承办案件的仲裁员自己主动要求回避,即为自行回避。关于自行回避的具体程序,《仲裁法》未予明确,主要依照各仲裁委员会的仲裁规则来进行。

2. 申请回避

仲裁当事人及其代理人认为仲裁员具备法定的回避事由,而该仲裁员又未自行回避的,有权提出申请,要求该仲裁员退出仲裁程序。

(三) 申请回避的程序

1. 申请

仲裁委员会受理案件后应告知当事人有申请回避的权利。当事人提出回避申请,必须说明提出回避请求所依据的具体事实和理由,并提供必要的证据,而且一般应在首次开庭前提出。回避事由在首次开庭后发生或知道的,可以在最后一次开庭终结前提出。对于不开庭审理的案件,对仲裁员的回避请求应在第一次实体答辩前以书面形式提出,但所主张之回避事由的发生或得知是在第一次实体答辩之后的,则不受此限制。

《北京仲裁委员会仲裁规则》(2008)第21条第7款规定:"当事人在获知仲裁庭组成情况后聘请的代理人与仲裁员形成本章规定的应予回避情形的,视为

该当事人放弃就此申请回避的权利,但另一方当事人就此申请回避的权利不受影响。因此导致仲裁程序拖延的,造成回避情形的当事人承担由此发生的费用。"

2. 通知与决定

当事人提出回避申请后,秘书应当及时将回避申请转送另一方当事人和仲裁庭全体成员。一方当事人申请仲裁员回避,另一方当事人表示同意,或者被申请回避的仲裁员获知后主动退出,则该仲裁员不再参加案件的审理。根据《仲裁法》的规定,仲裁员是否回避,由仲裁委员会主任决定;仲裁委员会主任担任仲裁员时,由仲裁委员会集体决定。

3. 重新选定或指定仲裁员

我国《仲裁法》第37条规定:"仲裁员因回避或者其他原因不能履行职责的,应当依照本法规定重新选定或者指定仲裁员。因回避而重新选定或者指定仲裁员后,当事人可以请求已进行的仲裁程序重新进行,是否准许,由仲裁庭决定;仲裁庭也可以自行决定已进行的仲裁程序是否重新进行。"

三、仲裁员信息披露

仲裁员信息披露,是指在仲裁过程中,仲裁员对于可能影响仲裁程序公正进行的情事应及时地自行向仲裁委员会及当事人予以披露。有关仲裁员应予回避的法定情形,尤其是亲近关系均涉及仲裁员极为隐秘的个人情况,外人无从知晓,更何谈提出证据进行证明并对之申请回避。仲裁员信息披露制度的设立,为仲裁当事人及其仲裁代理人获悉仲裁员的基本情况提供了切实可行的有效途径,能够促使回避制度充分发挥应有的作用。

世界各国的仲裁法及众多的国际商事仲裁机构,大都建立了这一制度。《联合国国际商事仲裁示范法》第12条"回避的理由"第1款就明确规定:在被询及有关其可能被委任为仲裁员之事时,其应该披露可能对其公正性或独立性引起正当怀疑的任何情况。仲裁员从被委任之时起直至在整个仲裁程序进行期间,应不迟延地向当事各方披露任何此类情况,除非其已将此情况告知当事各方。《荷兰仲裁法》第1034条的"披露义务"也规定:可能成为仲裁员或秘书的人,如推定他有可能被提出异议,则应向与他接触的人书面披露此等情况的存在。

尽管我国《仲裁法》中并无关于此项制度的规定,但为了保障当事人申请仲裁员回避的权利真正得以实现,使回避制度落到实处,近几年,我国一些仲裁机构在其仲裁规则中还是相继确立了仲裁员信息披露制度。如《北京仲裁委员会仲裁规则》(2008)第20条就是关于仲裁员信息披露的规定,该条首先要求仲裁员任职后,应当签署保证独立、公正仲裁的声明书,声明书由秘书转交各方当事人。然后第 2 款指出：仲裁员知悉与案件当事人或者代理人存在可能导致当事人对其独立性、公正性产生怀疑的情形的，应当书面披露。接着要求当事人应当自收到仲裁员书面披露之日起 5 日内就是否申请回避提出书面意见。如果当事人在上述期限内没有申请回避的，不得再以仲裁员曾经披露的事项为由申请回避。《武汉仲裁委员会仲裁规则》（2007）第 26 条也规定："被选定或者被指定的仲裁员应当签署声明书，向本会书面披露可能引起对其独立性或者公正性产生合理怀疑的任何事实或者情况。在仲裁过程中出现应当披露的情形的，仲裁员应当立即书面向本会披露。本会应当及时将仲裁员的声明书和书面披露的信息转交双方当事人。"当事人可据此信息决定是否对该仲裁员申请回避。

四、仲裁员的更换

从我国《仲裁法》第 37 条的规定可知，除了因仲裁当事人及其代理人提出回避的情形之外，仲裁员还可能由于其他原因而不能履行职责，这时亦应依照法律规定对仲裁员进行更换，重新选定或者指定。

（一）仲裁员更换的其他原因

我国各仲裁委员会规定的仲裁员更换的其他原因主要有：仲裁员因死亡或者健康原因不能从事仲裁工作；仲裁员被仲裁委员会除名或者解聘；仲裁员主动提出退出仲裁庭；双方当事人一致要求其退出案件审理；人民法院通知重新仲裁的案件，当事人请求更换仲裁员等。《北京仲裁委员会仲裁规则》（2008）第 22 条第 2 款还规定："本会认为仲裁员在法律上或者事实上不能履行职责或者没有按照本规则的要求履行职责时，也可以主动更换。"不过该仲裁规则要求，在作出此决定之前应给予双方当事人和仲裁庭全体成员提出书面意见的机会。

有些国家的立法还赋予了法院更换仲裁员的职权，如根据 1996 年《英国仲裁法》第 24 条的规定，在法定情形下，当事人在通知其他当事人、有关的仲裁员与其他仲裁员之后，可以向法院提出申请，要求更换仲裁员。法院在作出决定之前，应对被申请撤换的仲裁员举行听证。而且经法院准许，可对法院作出的是否更换的决定提出上诉。

（二）仲裁员更换的后果

1. 重新选定或指定仲裁员

更换仲裁员后，仲裁委员会应当将更换情况书面通知双方当事人。如果被更换的仲裁员是由当事人选定的，当事人应当在仲裁规则确定的期限内——一般为 5 日以内重新选定；由仲裁委员会主任指定的，主任应另行指定，并将重新指定仲裁员的通知及时发送当事人。

2. 仲裁程序重新进行

重新选定或者指定仲裁员后，各仲裁规则往往规定，当事人可以请求已经过的仲裁程序重新进行,但是否有此必要则由仲裁庭决定。同时,仲裁庭也可以自行决定已经过的仲裁程序是否重新进行。

第四节 仲裁审理与裁决

仲裁庭组成之后,仲裁程序将进入最为重要的阶段,即审理和裁决阶段。关于仲裁审理和裁决,无论是我国的《仲裁法》,还是各仲裁委员会的仲裁规则均有着较为详细的规定。

一、庭审前的准备

在对案件进行实体审理之前,无论是仲裁庭,还是仲裁当事人及其代理人都必须完成一些必要的准备性工作。

(一)调查、收集证据

为了证明自己的仲裁主张或者查明案件事实,仲裁当事人及其代理人和仲裁庭有权按照法律规定的程序及方法,发现、提取与固定证据。并且,仲裁当事人与民事诉讼当事人一样,对自己提出的主张有责任提供证据予以证明,当提交的证据不足以证明其主张的,将承担由此产生的不利后果。

1. 调查、收集证据的主体

根据我国《仲裁法》的规定,调查和收集证据的主体不仅包括仲裁庭、仲裁当事人及其代理人,还包括人民法院。仲裁当事人承担着证明责任,对自己的主张应提供证据予以证明,代理人为其提供此方面的帮助。仲裁庭认为有必要收集的证据,可以自行收集;对于需要鉴定的专门性问题,仲裁庭可以交由当事人约定的鉴定部门鉴定,也可以由仲裁庭指定的鉴定部门鉴定。人民法院对特定证据采取的保全措施亦为证据收集方法之一种,所以也成为调查、收集仲裁证据的主体。

2. 调查、收集证据的目的在于证明仲裁主张或查明案件事实

在仲裁程序中,证明主体对于自己提出的仲裁主张需要提供证据加以证明,否则就有可能承担不利的裁决结果。因此,当事人和代理人应当积极主动地收集证据支持己方的仲裁主张以获得仲裁庭的认可。对于仲裁庭或人民法院而言,调查和收集证据是其职责之所在,主要目的在于查明案件事实。

3. 调查、收集证据的程序和方法必须合法

调查、收集证据的主体应当依照法定的程序和方法收集证据,如若不然则所取得的证据将无法被采纳为认定事实及主张的根据。证据合法性的要求通常表现为证据外在形式的合法性以及证据来源的合法性。证据表现形式的合法性是一种静态的法律要求,证据取得程序的合法则表现为一种动态。仲裁主体调查、

收集证据均应符合法定的要求。

(二) 证据交换

不论仲裁庭采取何种方式对案件进行审理,都必须借助于各种证据来认定争议事实,并在此基础上依法作出裁决。为了促使仲裁庭的审理更为集中紧凑,也为了真正实现仲裁程序公正,双方当事人应在审理之前,相互向对方展示自己所掌握的证据,从而使当事人及其代理人及时且充分地获悉对方所拥有的证据,以避免庭审时的证据突袭。此即为证据交换。

1. 举证时限

负有证明责任的当事人在调查、收集证据之后,应适时地提交证据。我国有不少仲裁委员会的仲裁规则对举证时限作出了规定。设立举证时限能够有效地促进当事人积极举证。《广州仲裁委员会仲裁规则》(2007)就明确要求当事人自收到立案通知书、申请书副本之日起 15 日内完成举证。逾期提交的,仲裁庭有权拒绝接受。如果当事人在举证期限内提交证据材料确有困难的,可以在期限届满前书面申请延长举证期限,但是否延长,由仲裁庭决定。另有一些仲裁规则则将确定举证时限的权力赋予了仲裁庭,由仲裁庭指定当事人提交证据材料的期限。如《武汉仲裁委员会仲裁规则》(2007)第 31 条规定:"仲裁庭可以要求当事人在一定期限内提交证据材料,也可以在开庭审理前或者审理进行中向双方当事人发出问题单,要求提供证据,回答问题。当事人应当按照仲裁庭要求的期限提供证据材料。"该条文还对当事人提供各种证据的举证要求进行了细化,规定:当事人应当按照仲裁庭要求的期限提供证据材料。当事人提供的书证和物证应当提交原件、原物。只有提交原件或者原物确有困难的,才可以提交复制品、节录件、副本、照片,但必须说明其来源。另外,除非当事人另有约定,提交的外文证据材料应当附有中文译本。仲裁庭认为必要时,可以要求当事人提供相应的中文译本或者其他语文的译本。

2. 证据交换

由于设置了举证时限,仲裁庭便可以在举证期间届满时召集双方当事人交换证据材料。证据交换有利于仲裁庭在审理前对当事人的争议焦点及其证据进行整理,从而提高庭审效率。为了便于当事人及其代理人进行证据交换,有些仲裁规则要求当事人对提交的证据逐一分类编号,签名或者盖章,对证据的来源、证明对象和内容做简要说明,注明提交日期,并依照仲裁庭成员人数和对方当事人人数提交副本。《广州仲裁委员会仲裁规则》(2007)第 28 条第 2 款还特别规定:"证据材料较多的案件,仲裁庭认为有必要的,可以于正式开庭前由首席仲裁员或者仲裁庭委托办案秘书在指定时间内召集双方当事人进行庭前质证。"

除了上述准备工作之外,如果两个或者两个以上的仲裁案件,当事人争议的事实、理由相互关联的,经一方当事人申请并征得其他当事人同意,且仲裁庭的组成人员相同的,仲裁庭可以决定进行合并审理。

二、仲裁审理

经过证据交换,双方当事人了解到对方所掌握的证据及双方存在的争议焦点,如果未能通过仲裁和解或调解解决纠纷,仲裁庭就要着手准备审理案件了。决定开庭审理的案件,为开庭所做的准备工作主要有:(1)确定开庭地点。在仲裁实践中,开庭审理大多在仲裁委员会所在地进行,当事人也可书面约定开庭地点。(2)仲裁庭制订审理计划、确定开庭日期。(3)仲裁庭秘书应当在仲裁庭首次开庭前规定的时间内,将开庭日期和开庭地点通知双方当事人。双方当事人协商一致并经仲裁庭同意或者仲裁庭征得双方当事人同意的,可以提前开庭。

(一)审理形式和审理原则

1. 审理形式

对仲裁庭的审理形式,我国法律规定有开庭审理和书面审理两种。从我国《仲裁法》第39条的规定可以看出,仲裁庭审理案件以开庭审理为原则。只有当事人协议不开庭的,或者仲裁庭认为可以不开庭并征得当事人双方同意的,仲裁庭方可进行书面审理。

所谓书面审理,是指仲裁庭不通知当事人及其代理人到庭,仅根据当事人提交的仲裁申请书、答辩书、相关的证据以及其他材料进行审理并作出裁决。《联合国国际商事仲裁示范法》第24条"开庭和书面审理程序"明确指出:"(1)除当事各方有任何相反协议外,仲裁庭应决定是否举行开庭,以便出示证据或进行口头辩论,或者是否应以文件和其他材料为基础进行仲裁程序。然而,除非当事各方商定不开庭,仲裁庭应在进行仲裁程序的适当阶段开庭,如果当事一方如此要求的话。(2)任何开庭和仲裁庭为了检查货物、其他财产或文件而举行的任何会议,均应充分提前通知当事各方。(3)当事一方向仲裁庭提供的一切陈述书、文件或其他资料均应送交当事他方,仲裁庭可能据以作出决定的任何专家报告或证据性文件也应送交当事各方。"书面审理节省时间且耗费低廉,我国的各个仲裁规则也纷纷规定了此种审理方式。但由于未经过当事人的庭审陈述与对抗,不利于仲裁员深入审查判断案情,因而书面审理多适用于仲裁标的额较小、案情简单、双方当事人争议不大的案件。

2. 审理原则

我国《仲裁法》第40条规定:"仲裁不公开进行。当事人协议公开的,可以公开进行,但涉及国家秘密的除外。"可见,我国仲裁庭审理案件以不公开为原则,以公开审理为例外。不公开审理,是指仲裁庭在审理案件时,只有仲裁当事人及其他仲裁参与人参加,不允许其他与案件无关的人旁听,庭审既不对社会公开,也不允许新闻媒体采访报道。

不公开审理原则已经成为国际商事仲裁的通例,几乎所有国家的仲裁立法和仲裁规则皆对此作了明文规定。① 民商事仲裁不同于民事诉讼。司法公正是民事诉讼程序的首要价值目标,而司法公开是司法公正的题中应有之义,我国民事诉讼法规定的基本审判制度之一就是审判公开。民商事仲裁与此显然不同。仲裁委员会并非国家机关,仲裁权亦非国家权力,无需通过公开的方式接受社会公众的监督。反之,仲裁机构审理的是合同纠纷和其他财产权益纠纷,必须最大限度地维护和实现当事人的权益。不公开审理能够极为有效地为当事人保守个人隐私和商业秘密、维护当事人的声誉。当然,是否公开审理还应尊重当事人的意愿,如果当事人达成协议愿意公开审理的,除非涉及国家秘密,仲裁庭应该公开对案件进行审理。

(二) 开庭审理

开庭审理,是指仲裁庭在预先确定的开庭地点,在仲裁当事人以及其他仲裁参与人的参加下,依照法定或约定的形式和程序对案件进行实体审理并在此基础上作出裁决的整个经过。开庭审理时,仲裁庭和仲裁参与人同时参加仲裁活动,仲裁当事人能够充分行使权利,审理过程依照法定或者约定的程序和方式来进行。

1. 预备阶段

这是案件进入实体审理的前置准备阶段,其具体事项一般包括:

(1) 仲裁庭秘书查明仲裁当事人、代理人和其他仲裁参与人是否到庭;

(2) 首席仲裁员或者独任仲裁员核对当事人身份;

(3) 首席仲裁员或者独任仲裁员宣布案由和仲裁庭组成人员,告知当事人有关仲裁权利义务并询问当事人及其代理人是否申请仲裁员回避;

(4) 首席仲裁员或者独任仲裁员宣布正式开庭。

2. 庭审调查和辩论

庭审调查的主要任务在于仲裁员通过当事人和其他仲裁参与人的陈述和作证,以及审查核实其他的证据来查明案情。然后各方当事人根据庭审调查已查明的事实和证据阐述自己的观点,反驳对方的主张,相互之间展开言词辩论。庭审辩论能够帮助仲裁员进一步确认案件事实,核实有关证据,依此分清是非责任。仲裁员应当引导当事人遵照经庭审总结出来的争议焦点进行辩论。庭审调查和辩论的顺序通常为:

(1) 当事人陈述。首先由申请人或其代理人陈述己方的仲裁请求及事实和理由,然而由被申请人或其代理人进行答辩和提出反请求并表明己方依据的事实及理由。

---

① 参见黄进、宋连斌、徐前权著:《仲裁法学》(第3版),中国政法大学出版社2007年版,第127页。

（2）当事人出示证据，相互质证。申请人和被申请人应当庭出示各自调查、收集并经庭前证据交换所确定的证据，而后由另一方对其真实性、关联性与合法性进行质证。质证一般先由申请人出示证据，被申请人进行质证；然后被申请人出示证据，申请人进行质证。即便是仲裁庭自行收集的证据，也应当给予当事人提出意见的机会。证人或鉴定人出庭作证的，仲裁庭及双方当事人、代理人可以对证人、鉴定人发问。勘验笔录、调查笔录、鉴定结论或证人证言笔录等证据材料亦应交由当事人及其代理人审核。仲裁员可以对双方当事人、证人、鉴定人进行询问以了解案情。当事人及其代理人经仲裁许可，也可向对方当事人发问。

（3）仲裁庭认证。认证是仲裁庭对经过庭审质证的证据的效力予以确认。对于能够当庭认证的证据，仲裁庭应当即予以认定；不能当庭认证的，可在仲裁庭合议之时予以认定；合议之后认为需要继续举证或者进行鉴定、勘验的，可在下次开庭时经质证后再予认定。（倘若）一方当事人对另一方当事人陈述的事实，既不表示承认也不予否认的，经仲裁庭充分说明并询问后，其仍不明确表示肯定或者否定的，视为当事人对该项事实予以承认。另外，当事人在仲裁申请书、答辩书、仲裁庭询问时的陈述以及其他书面意见中承认的对己方不利的事实和证据，仲裁庭应予确认。但当事人反悔并有相反证据足以推翻的除外。有证据证明一方当事人持有证据而无正当理由拒不提供的，如果对方当事人最后主张该证据的内容不利于证据持有人，仲裁庭可推定该主张成立。

（4）庭审辩论。在整个庭审过程中，尤其是质证与认证完毕，在仲裁庭的主持下，根据庭前证据交换以及庭审调查、质证后所确定的争议焦点，双方当事人及其代理人有权进行辩论，充分阐述与论证己方的观点，并反驳对方的主张。辩论终结时，首席仲裁员或者独任仲裁员应当征询当事人对争议处理的最后意见。

3. 仲裁庭评议

庭审辩论终结，如若当事人不同意调解，合议制仲裁庭应当休庭对案件进行不公开的评议。仲裁庭成员应就案件的性质、认定的事实、适用的法律、是非责任和处理结果充分发表自己的看法、相互评议并得出结论。仲裁庭的评议过程及结果应记入笔录，由参加评议的仲裁员进行签署。

（三）开庭笔录

开庭笔录是对仲裁庭开庭审理案件的全过程所做的文字记录。我国《仲裁法》第48条规定："仲裁庭应当将开庭情况记入笔录。……"

开庭笔录的首部应标明开庭的时间（包括起止时间）、地点、是否公开审理以及旁听人数；然后列出仲裁庭成员名单或者独任仲裁员的姓名。最后写明仲裁当事人姓名或名称及案由。

开庭笔录的正文应完整记录庭审全过程。根据法律规定，在笔录尾部要由有关人员进行签署。笔录中的证人证言部分，应当当庭宣读或者交证人阅读。

在认可不存在错漏后,由证人签名或者盖章。庭审笔录还应交给仲裁当事人阅读或者向他宣读。仲裁当事人和其他仲裁参与人认为对自己陈述的记录有遗漏或者差错的,有权申请补正。如果不予补正,应当记录该申请。经仲裁当事人认可没有错误后,应当由其签名或者盖章。其他仲裁参与人也应在笔录上签名或盖章。最后,庭审笔录还必须经仲裁庭审阅,由仲裁员和记录人员签名。

三、仲裁和解与仲裁调解

(一) 仲裁和解

1. 仲裁和解的概念

在仲裁委员会受理案件后、仲裁庭作出裁决之前,双方当事人在没有第三方参与的情况下,通过平等协商,自愿达成解决纠纷的协议的行为,为仲裁和解。仲裁和解是仲裁当事人行使处分权的表现。在和解的过程中不需要仲裁庭的参与,仲裁庭也不可以主动要求当事人和解。仲裁和解完全由双方当事人及其代理人协商完成,所达成的协议皆为当事人意愿的体现。达成仲裁和解协议以后,仲裁程序大多就此结束,这样一来,仲裁效率大为提高。不但如此,对于消除双方当事人之间内心的隔阂以真正解决纠纷,仲裁和解的意义尤其重大。我国《仲裁法》第49条规定:"当事人申请仲裁后,可以自行和解。达成和解协议的,可以请求仲裁庭根据和解协议作出裁决书,也可以撤回仲裁申请。"

2. 仲裁和解效力的表现

(1) 根据和解协议作出仲裁裁决。和解协议达成后,当事人可以请求仲裁庭根据和解协议制作仲裁裁决书。该裁决书为对当事人之间的争议作出的终局处理决定,与仲裁庭对案件经过审理,通过行使仲裁权作出的裁决书具有同等效力,能够成为有管辖权的人民法院强制执行的根据。因此,仲裁庭在依据和解协议作出裁决时,应给予必要的审查,如果其中存在违反法律强行性规定的内容,必须明确加以否定。

(2) 撤回仲裁申请。当事人达成和解协议,除了可以请求仲裁庭依据该和解协议制作裁决书外,亦可撤回仲裁申请。当事人提出撤回仲裁申请后,仲裁庭经过审查给予批准,则仲裁程序终结。当事人撤回仲裁申请后又反悔的,可以根据仲裁协议重新申请仲裁。《贸仲规则》(2005)就规定:当事人就已经撤回的仲裁申请再提出仲裁申请时,由仲裁委员会作出受理或者不受理的决定。

(二) 仲裁调解

1. 仲裁调解

仲裁调解,是指在仲裁程序中,双方当事人在仲裁庭的主持下,自愿协商、相互谅解,就争议的解决达成协议的活动。与仲裁和解相同,在案件受理后仲裁裁决作出之前,仲裁庭经双方当事人同意,均能进行调解;与仲裁和解不同的是,仲裁调解必须有仲裁庭的主持,并且仲裁员对双方当事人所做的说服劝解工作对调解协议的达成起着十分重要的作用。但是仲裁庭应当尊重当事人的意愿,不得强行调解。我国《仲裁法》第 51 条第 1 款规定:"仲裁庭在作出裁决前,可以先行调解。当事人自愿调解的,仲裁庭应当调解。调解不成的,应当及时作出裁决。"

2. 仲裁调解的经过

仲裁中并不存在独立的调解程序,而是在仲裁裁决作出之前,当条件具备时,仲裁员皆可适时地进行调解,促使双方当事人平息争端。仲裁调解的开始、推进、调解协议的达成实际上均取决于双方当事人的意愿。双方当事人可申请进行调解,也可由仲裁庭征得当事人同意而开始调解。当双方当事人有着调解的意愿或者调解的可能性时,合议制仲裁庭可指派一名仲裁员或由独任制仲裁员予以调解。

经仲裁员主持,双方当事人达成调解协议的,仲裁庭应当制作调解书或者根据协议的结果制作裁决书。如若调解不成,则应及时裁决。许多仲裁规则还明确指出,任何一方当事人均不得在其后的仲裁程序、司法程序和其他任何程序中援引对方当事人或者仲裁庭在调解过程中的任何陈述、意见、观点或者建议作为其请求、答辩或者反请求的依据。

3. 调解协议的效力

仲裁调解书与仲裁裁决书具有同等法律效力。仲裁调解书应当写明仲裁请求和当事人协议的结果。仲裁调解书由仲裁员签名,加盖仲裁委员会印章,送达双方当事人。仲裁调解书一经双方当事人签收后,即发生法律效力。

(1) 程序上的效力。仲裁调解书经当事人签收生效后,仲裁程序即告终结,仲裁庭不再对该案进行审理。当事人也不得对该案再行申请仲裁或起诉。具有给付内容的调解书生效后,如果一方当事人不履行调解书所确定的义务,对方当事人有权以此为依据申请有管辖权的人民法院强制执行。

(2) 实体上的效力。仲裁调解书一旦生效,当事人之间的争议平息了,其权利义务关系确定下来。不仅仲裁当事人,包括仲裁机构及其他任何机关或组织均要受调解书内容的约束。

在调解书签收前当事人可以反悔,此时调解书不发生效力,仲裁庭应及时作出裁决。

四、仲裁裁决

(一) 仲裁裁决的概念

仲裁裁决,是指在仲裁过程中,或审理终结后,仲裁庭根据认定的证据,查明案件事实,依法对当事人提出的仲裁请求或反请求及与之相关的事项作出的具有法律效力的书面处理决定。

仲裁裁决是仲裁庭对当事人提交的争议经审理后作出的权威性判断和认定。由于仲裁法规定仲裁实行一裁终局的制度,仲裁裁决作出后,当事人不得再就同一纠纷申请仲裁或者向人民法院起诉,故仲裁裁决是对纠纷的最终判定,具有终局性。

(二) 仲裁裁决的种类

依据不同的标准可将仲裁裁决分为不同的类别。熟悉仲裁裁决的分类有助于准确把握其特点,选择正确的裁决方式和类型,制作出高质量的仲裁裁决书。

1. 对席裁决与缺席裁决

这是以仲裁裁决是否在双方当事人或其代理人都到庭出席庭审的基础上作出为标准进行的分类。对席裁决,是指仲裁庭在双方当事人或其代理人都到庭参加审理,经过双方的举证与质证,陈述与辩驳,查明案件事实之后作出的仲裁裁决;缺席裁决,是仲裁庭在一方当事人或其代理人经合法通知后无正当理由拒不到庭的情况下,开庭审理后所作的仲裁裁决。

2. 部分裁决与全部裁决

这是以仲裁裁决涉及的实体争议的范围为标准进行的分类。部分裁决,是仲裁庭认为必要或者当事人提出请求经仲裁庭同意,在最终裁决作出之前就案件中争议事实已经清楚的部分所作的裁决;全部裁决,是仲裁庭在案件审理终结后,就当事人之间争议的全部实体问题,在查明事实、分清是非责任的基础上所作的裁决。

3. 中间裁决与终局裁决

这是以仲裁裁决所涉及的是实体问题还是程序问题为标准进行的分类。中间裁决,是在仲裁过程中,仲裁庭就案件的特定的程序问题作出的裁决[①];终局裁决,是仲裁庭经过庭审,对已经查清的争议事实及当事人之间的权利义务关系作出的最终的具有法律效力的判定。

4. 补正裁决与补充裁决

这是以仲裁裁决的内容是对原仲裁裁决的修改还是补充为标准进行的分类。补正裁决,是仲裁庭在仲裁裁决作出后,根据当事人的请求,对裁决书中的文字、计算错误或者仲裁庭已经裁决但在裁决书中遗漏的事项进行补正而所的裁决;补充裁决,是仲裁庭在仲裁裁决作出后,依当事人的请求就裁决中漏裁的事项作出的裁决。补正裁决与补充裁决皆为原仲裁裁决的一部分。当事人请求补正裁决或补充裁决,应当在仲裁规则规定的期限内提出。

---

① 参见钟妙:《"中间裁决"的概念有待明确——兼与部分裁决、先行裁决、临时裁决比较》,载《仲裁研究》2005 年第 1 期。

（三）仲裁裁决的形成

仲裁裁决是仲裁庭对争议案件作出的权威性判定，必须如实反映仲裁庭的观点和意见。独任制仲裁庭的仲裁裁决是按照独任仲裁员的意见作出的。合议制仲裁庭的各个成员之间则可能出现意见分歧，其最终意见的形成采取"少数服从多数"的原则。

当各个仲裁员意见一致时，应当按照仲裁员的一致意见制作仲裁裁决书；在仲裁庭发生意见分歧时，应当按照多数仲裁员的意见制作仲裁裁决书，少数仲裁员的不同意见应详细记入仲裁庭评议笔录；如果仲裁庭无法形成多数意见，根据我国《仲裁法》第53条的规定，裁决应当按照首席仲裁员的意见作出。

（四）仲裁裁决书的制作

1. 仲裁裁决书的基本内容

依照我国《仲裁法》第54条的规定，仲裁裁决书应当写明仲裁请求、争议事实、裁决理由、裁决结果、仲裁费用的负担和裁决日期。当事人协议不愿写明争议事实和裁决理由的，也可以不写。

2. 仲裁裁决书的签署

一般情况下，仲裁裁决书应由仲裁庭的全体仲裁员签名，加盖仲裁委员会印章。但是，对裁决持不同意见的仲裁员，可以签名，也可以不签名。《武汉仲裁委员会仲裁规则》（2007）还规定：不签名的仲裁员应当出具书面意见。本会将其书面意见附卷存档，也可以附裁决书后送达当事人，但该意见不属于裁决书的内容。不签名的仲裁员不出具个人意见的，视为无正当理由拒签。

3. 仲裁裁决书的制作期限

《武汉仲裁委员会仲裁规则》（2007）第56条关于"作出裁决的期限"规定：仲裁庭应当在组成之日起4个月内作出裁决。有特殊情况需要适当延长仲裁期限的，由仲裁庭提请本会主任批准。但这一期限不包括决定仲裁管辖权期间以及对专门性问题进行审计、审核、评估、鉴定、检验、勘验及当事人在庭外自行和解的期间。

涉外仲裁裁决书的制作期限往往更长一些，《贸仲规则》（2005）与《中国海事仲裁委员会仲裁规则》均规定为自仲裁庭组庭之日起6个月内作出裁决书。不过，在仲裁庭的要求下，仲裁委员会秘书长认为理由正当确有必要的，可以延长该期限。

（五）仲裁裁决的效力

1. 约束力

仲裁裁决一经作出，即对仲裁当事人、仲裁机构及人民法院、社会公众产生约束力。仲裁裁决生效后，就其中所确定的当事人之间的实体权利义务关系，任何一方当事人不得再向仲裁机构申请仲裁，也不得向人民法院提起诉讼；仲裁机构以及人民法院皆无权任意变更该仲裁裁决,也不得受理当事人就该仲裁裁决所解决的争议提出的申请或者起诉;在当事人履行该仲裁裁决或者人民法院依据当事人的申请强制执行该仲裁裁决的过程中,负有协助义务的单位或者个人,应当履行自己的协助义务,以保证仲裁裁决的切实实现。

2. 执行力和形成力

具有给付内容的仲裁裁决生效后,义务人应当自动履行义务,否则权利人有权据此申请有管辖权的人民法院强制执行。而以形成权为内容的仲裁裁决则具有能够引起民商事法律关系发生、变更或消灭的效力。

《武汉仲裁委员会仲裁规则》(2007)第55条还规定了适用确认裁决的情形,即:当事人请求确认合同效力的;当事人在仲裁机构之外已经就争议的解决达成和解协议或者调解协议,请求仲裁庭制作裁决书或者调解书的。确认裁决具有认定当事人之间的民事法律关系存在的效力。

五、对仲裁中特殊情况的处理

(一) 撤回仲裁申请

1. 撤回仲裁申请的概念

撤回仲裁申请,是指在仲裁委员会受理案件后、仲裁庭作出仲裁裁决之前,仲裁申请人放弃已提出的仲裁请求,撤回要求仲裁机构对争议案件进行审理并予以裁决的申请的行为。

仲裁程序因当事人的申请而发生,也可由于当事人放弃此种申请而结束。这充分体现出仲裁对当事人意愿的尊重。

2. 撤回仲裁申请的条件

当事人撤回仲裁申请应当具备以下条件:

(1)撤回仲裁申请必须由合格的主体提出,即由仲裁申请人及其法定代理人或经过特别授权的委托代理人提出;(2)撤回仲裁申请必须采用书面形式;(3)撤回仲裁申请应在仲裁委员会受理案件后,仲裁庭尚未作出仲裁裁决或者制作仲裁调解书之前;(4)撤回仲裁申请的意愿应当出于当事人的自愿,是当事人的真实意思表示。

3. 撤回仲裁申请的种类及适用

从我国《仲裁法》的规定来看,撤回仲裁申请存在两种情形:一种是当事人申请撤回,即仲裁委员会受理仲裁申请后,仲裁申请人主动撤回仲裁申请;另一种是按撤回仲裁申请处理,即仲裁委员会受理仲裁申请后,由于仲裁申请人的某种行为,仲裁庭推定其有撤回仲裁申请的意思表示,从而视为撤回仲裁申请。我国《仲裁法》第42条第1款规定:"申请人经书面通知,无正当理由不到庭或者未经仲裁庭许可中途退庭的,可以视为撤回仲裁申请。"该规定对反请求的申请人同样适用。按撤回仲裁申请处理与当事人主动撤回仲裁申请具有同等法律效力。

仲裁庭组成前申请人撤回仲裁申请的,撤销案件的决定由仲裁委员会作出,并退回预收的案件受理费,但可根据实际情况收取部分案件处理费;仲裁庭组成后申请人撤回仲裁申请的,撤销案件的决定由仲裁庭作出。仲裁委员会可根据实际情况收取部分或者全部案件受理费和案件处理费。当事人就已经撤回的申请再次提出仲裁申请时,由仲裁委员会作出受理或者不受理的决定。我国《仲裁法》第50条还规定:"当事人达成和解协议,撤回仲裁申请后反悔的,可以根据仲裁协议申请仲裁。"

(二) 延期开庭

1. 延期开庭的概念

延期开庭,是指仲裁庭已经确定了开庭审理的期日或者开庭审理正在进行中,由于特定事由的出现,使得庭审期日发生顺延的情形。

通常,当仲裁庭已经确定了开庭审理的日期或庭审正在进行,如果当事人无正当理由没有到庭,或未经仲裁庭许可中途退庭的,将会面临按撤回仲裁申请处理或者缺席裁决的结果。可是,倘若当事人一方或者双方因不可抗力的事由或者其他正当理由而不能按时到庭参加仲裁,则有权请求仲裁庭延期开庭。由于只有开庭审理才要求当事人双方应仲裁庭通知的日期到庭参加仲裁,故延期开庭是开庭审理中特有的情形,仲裁的书面审理无需适用如此规定。

2. 延期开庭的具体情形

在仲裁实践中,当事人能够请求延期开庭的情形主要有:因不可抗力的事由而不能按期到庭;当事人因其他正当理由不能按期到庭,如突发疾病或身体受到不期而至的伤害;当事人临时申请仲裁员回避,根据法律规定,当事人在开庭审理的过程中有权申请仲裁员回避,如果当事人对仲裁员提出该项申请,该仲裁员又主动要求暂停参与本案仲裁,则庭审需要延期;需要调取新的证据或者重新鉴定、勘验时,当事人亦可申请延期开庭。

根据《武汉仲裁委员会仲裁规则》(2007)第43条的规定,当事人有正当理由的,可以在首次开庭3日前,以书面形式请求延期开庭;是否延期,由仲裁庭决定。

至于正在开庭时当事人请求延期审理的,如何提出和处理,各个仲裁委员会的仲裁规则语焉不详。而如上所述,此时依然有可能出现当事人要求延期审理的情况,应赋予当事人当即提出申请的权利。

3. 延期开庭的后果

延期开庭,只是仲裁庭开庭审理案件的时间顺次推延,并非整个仲裁程序的中断和结束。在顺延开庭审理的期间内,仲裁庭和仲裁当事人及其代理人依然需要实施与本案有关的、除开庭审理之外的其他行为。

（三）缺席裁决

1. 缺席裁决的概念

缺席裁决，是指仲裁庭在部分当事人经合法通知无正当理由拒不到庭或未经许可中途退庭的情形下依法作出的裁决。

仲裁庭审理并裁决争议案件，应在双方当事人或其代理人皆出席庭审，并充分进行陈述、相互辩论之后，分析评判双方的主张和观点作出仲裁裁决。但是，在仲裁庭已经确定了开庭审理的期日并依法通知了当事人及其代理人或开庭审理的过程中，不可避免地会发生当事人无正当理由拒不到庭或者未经仲裁庭许可中途退庭的情况。为了保证仲裁审理的顺利进行，仲裁庭有权缺席审理并予以裁决。

2. 缺席裁决的具体情形

我国《仲裁法》第42条第2款规定的缺席裁决的情形有两种：一是被申请人经书面通知，无正当理由不到庭；二是被申请人未经仲裁庭许可中途退庭。此处的被申请人包括被申请人提出反请求时的原申请人。

如果被申请人、原申请人的法定代理人，经书面通知，无正当理由不到庭或者未经仲裁庭许可中途退庭的，仲裁庭亦可缺席裁决。这时，仲裁庭仍然必须依据已经获得的证据材料、了解到的全部案件事实，公平合理地作出裁决。

（四）仲裁中止与仲裁终结

1. 仲裁中止

仲裁中止，是指在仲裁程序中，由于特殊事由的出现致使仲裁程序暂时停止，待这些事由消失后仲裁程序才予恢复。

《广州仲裁委员会仲裁规则》（2007）第54条列举了适用仲裁中止的情形，包括：当事人向仲裁委员会或者人民法院提出仲裁协议效力异议的；一方当事人死亡，需要等待继承人参加仲裁的；一方当事人丧失参加仲裁的行为能力，尚未确定法定代理人的；作为一方当事人的法人或者其他组织终止，尚未确定权利义务承受人的；一方当事人因不可抗拒的事由，不能参加仲裁的；本案必须以另一案的审理结果为依据，而另一案尚未审结的；以及其他应当中止仲裁的情形。

仲裁庭组成前出现仲裁中止事由的，由仲裁委员会决定是否中止仲裁程序；仲裁庭组成后出现仲裁中止事由的，由仲裁庭作出决定。仲裁中止的决定应通知当事人及其代理人。仲裁中止的原因消除后，由仲裁机构决定恢复仲裁程序并通知当事人及其代理人。仲裁程序恢复以后，中止之前的程序和行为依然有效。

仲裁中止不同于延期开庭，其区别在于：仲裁中止是整个仲裁程序的暂时停止，而延期审理只是开庭审理期日的延展，其他仲裁活动并不停止；仲裁中止可能发生于仲裁程序的任何阶段,而延期审理只能发生于开庭审理阶段;仲裁中止后再予恢复的时间往往无法预见,而延期审理后再开庭的期日由仲裁庭及时决定。

2. 仲裁终结

仲裁终结,是指在仲裁程序中,由于特殊原由的出现,仲裁程序无法继续进行或者没有必要继续进行,从而使得仲裁程序结束的情形。

在仲裁过程中,有可能导致仲裁程序无法继续进行或者没有必要继续进行的原因,较为常见的有:申请人撤回仲裁申请或按撤回仲裁申请处理的;仲裁当事人死亡,无权利义务继受人的;双方当事人之间发生合并或者兼并,合二为一的;仲裁当事人被法院依法宣告破产,没有应当承担其权利义务的人的;仲裁机构已经受理的案件被发现不属于其受理范围的;等等。

当仲裁终结的原由出现,仲裁机构应决定终结仲裁。《广州仲裁委员会仲裁规则》(2007)第55条第2、3款规定:"仲裁庭组成前出现终止仲裁事由的,由本会决定;仲裁庭组成后出现终止仲裁事由的,由仲裁庭决定。终结仲裁的决定,应当制作决定书,通知当事人。"

第五节 简易程序

一、简易程序概述

简易程序,是指仲裁机构对于简单仲裁案件或依双方当事人的协议审理案件时所适用的一种简便易行的仲裁程序。

仲裁简易程序以普通的仲裁程序为基础,实际上是普通仲裁程序的简化。我国《仲裁法》并未对简易程序予以规定,但是各仲裁委员会的仲裁规则为适应现实的需要,大多设专章规定了简易程序。简易程序是依托普通的仲裁程序而存在的,各仲裁规则为避免条文的重复,对简易程序的规定较为简略。在仲裁实践中,仲裁规则的简易程序未规定的事项,仲裁机构应当适用普通仲裁程序的有关规定进行处理。

二、简易程序的适用范围

简易程序是一种略式的仲裁程序,其适用范围应予限制,以更好地维护仲裁当事人的程序及实体权利。从各仲裁委员会的仲裁规则来看,简易程序主要适用于如下三种情形:

(一) 仲裁标的额较小的案件

一般而言,仲裁标的额较小的案件大多比较简单,适宜于通过简易程序予以解决。各仲裁规则往往明确规定一定标的额以下的案件可适用简易程序。各个仲裁委员会依据自身所处理争议的实际情况确定了各自适用简易程序的案件的标的额。如《贸仲规则》（2005）第50条第1款规定：除非当事人另有约定，凡争议金额不超过人民币50万元的，适用简易程序。《北京仲裁委员会仲裁规则》（2008）将适用简易程序的案件的争议金额规定为人民币100万元以下；《广州仲裁委员会仲裁规则》（2007）则规定为人民币20万元以下。

（二）当事人要求适用简易程序的案件

仲裁标的额超过仲裁规则规定的可以直接适用简易程序的案件，如果经双方当事人达成协议一致同意，众多仲裁规则规定亦可适用简易程序进行处理。换言之，争议金额超过仲裁规则规定的适用简易程序的案件的标的额，仲裁机构大多不能自行决定适用简易程序而应尊重当事人的意愿。此种情形清楚明白地体现了仲裁当事人的程序选择权。

（三）仲裁委员会决定适用简易程序的案件

在仲裁实践中，有些案件未必涉及争议金额，此时无法依仲裁标的额确定案件的繁简程度，是否适用简易程序，可由仲裁委员会作出抉择。《武汉仲裁委员会仲裁规则》（2007）第63条第2款明确规定："没有争议金额或者争议金额不明确的，由本会根据案件的复杂程度、涉及利益的大小以及其他有关因素综合考虑决定是否适用本简易程序。"如此规定赋予了仲裁委员会根据案件的实际需要进行程序选择的权力。

我们知道，在民事诉讼实践中，适用简易程序的案件主要为事实清楚、权利义务关系明确、争议不大的简单民事案件。所谓事实清楚，是指当事人双方对争议事实的陈述基本一致，能够提供的证据材料齐全可靠，无需人民法院调查收集证据即可判明事实、分清责任的；所谓权利义务关系明确，是指当事人中谁享有权利谁承担义务，较为明确，不需要经过很复杂的审查核实证据的工作，裁判者就能判明当事人之间的权利义务关系；所谓争议不大，是指当事人双方对他们之间争议的诉讼标的之是非责任无原则分歧。对此，仲裁委员会在考虑对案件是否适用简易程序可予以借鉴。

三、简易程序的特点

通过与普通的仲裁程序相比较，可以看出，仲裁简易程序具有以下特点：

（一）仲裁庭的组成及审理方式灵活简便

1. 独任制仲裁庭进行审理

前已述及，仲裁庭包括合议制仲裁庭和独任制仲裁庭。适用简易程序审理的仲裁案件，一律实行独任制，由当事人共同选定或者共同委托仲裁委员会主任指定1名仲裁员组成独任制仲裁庭进行审理。

2. 审理方式灵活

在简易程序中,仲裁庭可依当事人的约定,根据当事人提交的书面材料和证据进行书面审理。也就是说,适用简易程序审理仲裁案件,仲裁庭可以根据案件的实际情况,依其认为适当的方式进行仲裁,既可以决定只依据当事人提交的书面材料和证据进行书面审理,也可以决定开庭审理。对于开庭审理的次数,仲裁规则的简易程序大多进行了限制,例如,根据《武汉仲裁委员会仲裁规则》(2007)第68条的规定,除非仲裁庭认为确有必要,适用简易程序,仲裁庭只开庭一次。而在通常的仲裁程序中,仲裁庭只能按照当事人协议约定的方式或者没有当事人约定时,按照仲裁规则规定的方式进行审理。

(二)仲裁期限缩短

1. 答辩和反请求期限较短

简易程序中规定的被申请人进行答辩和提出反请求的期限均短于普通仲裁程序的规定。《武汉仲裁委员会仲裁规则》(2007)要求,在简易程序中,被申请人应当自收到仲裁通知书之日起10日内向仲裁委员会提交答辩书及有关证明文件;如有反请求,也应当在此期限内提出反请求申请书及有关证明文件。仲裁庭认为有正当理由的,可以适当延长此期限。而该规则规定的普通仲裁程序的答辩及提出反请求的期限为15日。

2. 通知开庭的时间灵活

根据《广州仲裁委员会仲裁规则》(2007)第60条的规定,仲裁庭成立后,可以当日审理,也可以另定日期审理,而无需像普通仲裁程序那样,必须于开庭之前的一定时间内提前通知当事人。即使有的仲裁规则要求提前通知当事人,但其期限也明显短于普通程序的规定。

3. 作出裁决的期限缩短

纵观各仲裁规则,独任制仲裁庭审理并作出裁决的期限相对于普通仲裁程序,均大为缩短。根据《武汉仲裁委员会仲裁规则》(2007)的规定,合议制仲裁庭应当在组成之日起4个月内作出裁决;独任制仲裁庭应当自组成之日起2个月内作出裁决。同样,《贸仲规则》(2005)将合议制仲裁庭作出裁决的期限限定为组庭之日起6个月,简易程序则为仲裁庭组庭之日起3个月内作出裁决书。

(三)简易程序可进行变更

由于在仲裁过程中申请人有权变更仲裁请求、被申请人有权提出反请求,而变更仲裁请求或提出反请求皆能够使得仲裁标的额发生变化,或增加或减少。如果经变更的仲裁请求或者提出反请求所涉及的争议金额与简易程序受理案件的范围相抵触,仲裁庭应当进行程序变更,对该不适宜适用简易程序审理的仲裁请求或者反请求适用通常程序进行审理。《武汉仲裁委员会仲裁规则》(2007)第69条即为关于"程序变更"的规定,其具体内容为:"(一)仲裁请求的变更或者反请求的提出,不影响仲裁程序的继续进行。(二) 如果仲裁请求的变更或者反请求的提出,导致案件争议金额超过 50 万元的,经一方当事人申请或者仲裁庭认为有必要,可以将简易程序变更为普通程序。程序变更的决定,由仲裁庭报本会主任决定。(三) 程序变更后,当事人应当自收到程序变更通知之日起 5 日内,按照本规则的规定各自选定或者各自委托本会主任指定 1 名仲裁员;没有在此期限内选定或者委托本会主任指定仲裁员的,则由本会主任指定。除非双方当事人另有约定,原独任仲裁员作为首席仲裁员。(四) 程序变更前已进行的仲裁程序是否重新进行,由仲裁庭决定。"

而在适用普通仲裁程序审理案件的过程中,即使裁决的案件本身较为简单,仲裁规则均未规定,当事人或者仲裁庭有权变更为简易程序进行审理。

拓展阅读

1. 林一飞:《论仲裁与第三人》,载《法学评论》2000 年第 1 期。
2. 李晓玲:《多方当事人仲裁程序问题探讨》,载《华东政法学院学报》2004 年第 4 期。
3. 钟妙:《"中间裁决"的概念有待明确——兼与部分裁决、先行裁决、临时裁决比较》,载《仲裁研究》2005 年第 1 期。
4. 王小莉:《关于完善我国仲裁回避制度的几点思考》,载《仲裁研究》2007 年第 1 期。
5. 康明:《商事仲裁与调解相结合的若干问题》,载《北京仲裁》2007 年第 1 期。
6. 齐树洁、程翔:《仲裁程序中的专家证人制度述评》,载《仲裁研究》2007 年第 2 期。
7. 丛雪莲、罗楚湘:《仲裁诉讼化若干问题探讨》,载《法学评论》2007 年第 6 期。
8. 叶永禄、曹莉:《论仲裁协议第三人制度与传统仲裁理论的冲突与协调》,载《仲裁研究》2011 年第 1 期。
9. 马占军:《我国仲裁协议效力异议规则的修改与完善》,载《法学评论》2011 年第 2 期。

司法考试真题

1. 美国 A 公司与中国 B 公司在履行合同过程中发生了纠纷。按合同中的仲裁条款,A 公司向中国某仲裁委员会提交了仲裁申请。问该仲裁庭的组成可

以有哪几种方式?(2002年)

　　A. 由双方当事人各自选定一名仲裁员,第三名仲裁员由当事人共同选定

　　B. 三名仲裁员皆由当事人共同选定

　　C. 三名仲裁员皆由当事人委托仲裁委员会主任指定

　　D. 双方当事人各自选定一名仲裁员,第三名仲裁员由当事人共同委托仲裁委员会主任指定

2. 甲、乙两厂签订一份加工承揽合同,并在合同中写明了仲裁条款。后因甲厂加工的产品质量达不到合同的要求,乙厂遂向法院起诉。法院受理了该案,在法院辩论过程中,甲厂提出依合同中的仲裁条款,法院对该案没有管辖权。下列对该案的处理意见中哪些是错误的?(2002年)

　　A. 法院应当中止审理,待确定仲裁条款是否有效后再决定是否继承审理

　　B. 法院应当继续审理

　　C. 法院应当与仲裁机构协商解决管辖权问题

　　D. 法院应当征求乙厂对管辖权的意见,并依乙厂的意见决定是否继续审理

3. 法院对仲裁活动支持表现在下列哪些方面?(2002年)

　　A. 当事人在仲裁中申请财产保全且符合条件的,由人民法院裁定采取财产保全措施

　　B. 在仲裁过程中,出现妨害仲裁秩序的情形,仲裁委员会可以向法院请求排除妨碍

　　C. 具有给付内容的仲裁裁决生效后,在义务人拒不履行义务时,权利人可以向有关法院申请执行仲裁裁决

　　D. 法院可以以适当的方式对仲裁委员会的仲裁业务进行业务指导

4. 吉林市甲公司与长春市乙公司发生服装买卖合同纠纷,由北京仲裁委员会进行仲裁,双方当事人约定并请求仲裁庭在裁决书中不要写明下列事项。对此请求,下列哪些事项仲裁庭可以准许?(2003年)

　　A. 仲裁请求　　　　　　B. 争议事实
　　C. 裁决理由　　　　　　D. 仲裁费用

5. 甲公司与乙公司之间的买卖合同纠纷,双方在仲裁过程中达成和解协议,此种情况下甲公司不具有下列哪一种权利?(2004年)

　　A. 请求仲裁庭根据和解协议作出裁决书

　　B. 撤回仲裁申请

　　C. 对仲裁协议进行反悔,请求仲裁庭依法作出裁决

　　D. 请求法院执行仲裁过程中达成的和解协议

6. 根据我国仲裁法的规定,下列哪些关于仲裁程序的表述是正确的?(2004年)

A. 仲裁应当开庭进行,但当事人可以约定不开庭
B. 仲裁不公开进行,但如不涉及国家秘密,当事人也可以约定公开进行
C. 对仲裁庭的组成,当事人可以约定由3名仲裁员组成仲裁庭
D. 当事人对仲裁的调解书不得申请撤销,对裁决书可以申请撤销

7. 根据我国仲裁法的规定,在不同的情况下仲裁庭可以作出不同的裁决。下列有关仲裁裁决的说法哪些是正确的?(2004年)
A. 仲裁庭仲裁纠纷时,其中一部分事实已经清楚的,可以就该部分先行裁决
B. 被申请人经书面通知,无正当理由不到庭的,仲裁庭可以据此认定申请人的主张成立,缺席裁决
C. 当事人调解达成协议的,仲裁庭应制作调解书或根据调解结果制作裁决书
D. 仲裁裁决一经作出即发生法律效力,但对裁决书中的文字、计算错误,当事人可以请求仲裁庭补正

8. 中国甲公司与某国乙公司发生买卖合同纠纷,在中国仲裁过程中,乙公司申请财产保全,即要求扣押甲公司在某港口的一批机器设备。仲裁委员会对此申请应如何处理?(2005年)
A. 不予受理,告知当事人直接向有关法院提出申请
B. 审查后直接作出财产保全裁定,由有关法院执行
C. 将乙公司的申请提交甲公司所在地的中级法院裁定
D. 将乙公司的申请提交机器设备所在地的基层法院裁定

9. 海云公司与金辰公司签订了一份装饰工程合同。合同约定:金辰公司包工包料,负责完成海云公司办公大楼的装饰工程。事后双方另行达成了补充协议,约定因该合同的履行发生纠纷,由某仲裁委员会裁决。在装饰工程竣工后,质检单位鉴定复合地板及磁砖系不合格产品。海云公司要求金辰公司返工并赔偿损失,金辰公司不同意,引发纠纷。假设某法院受理本案后,金辰公司在答辩中提出双方有仲裁协议,法院应如何处理?(2005年)
A. 裁定驳回起诉
B. 裁定不予受理
C. 审查仲裁协议,作出是否受理本案的决定书
D. 不审查仲裁协议,视为人民法院有管辖权

10. 甲公司与乙公司就某一合同纠纷进行仲裁,达成和解协议,向仲裁委员会申请撤回仲裁申请。后乙公司未按和解协议履行其义务。甲公司应如何解决此纠纷?(2006年)
A. 甲公司可以依据原仲裁协议重新申请仲裁
B. 甲公司只能向法院提起诉讼
C. 甲公司既可以向法院提起诉讼,也可以与乙公司重新达成仲裁协议申请

仲裁

D. 甲公司可以向仲裁委员会申请恢复仲裁程序

11. 下列关于仲裁裁决的哪些观点是正确的？（2006年）
   A. 当事人可以请求仲裁庭根据双方的和解协议作出裁决
   B. 仲裁庭可以根据双方当事人达成的调解协议作出裁决
   C. 仲裁裁决应当根据仲裁庭多数仲裁员的意见作出，形不成多数意见的，由仲裁委员会讨论决定
   D. 仲裁裁决一经作出立即发生法律效力

12. 刘某从海塘公司购买红木家具1套，价款为3万元，双方签订合同，约定如发生纠纷可向北京仲裁委员会申请仲裁。交付后，刘某发现该家具并非红木制成，便向仲裁委员会申请仲裁，请求退货。双方在仲裁过程中对仲裁程序所作的下列何种约定是有效的？（2006年）
   A. 双方不得委托代理人
   B. 即使达不成调解协议，也以调解书的形式结案
   C. 裁决书不写争议事实和裁决理由
   D. 双方对裁决不得申请撤销

13. 刘某从海塘公司购买红木家具1套，价款为3万元，双方签订合同，约定如发生纠纷可向北京仲裁委员会申请仲裁。交付后，刘某发现该家具并非红木制成，便向仲裁委员会申请仲裁，请求退货。向海塘公司提供木材的红木公司可以以何种身份参加该案件的仲裁程序？（2006年）
   A. 证人　　　　　　　　B. 第三人
   C. 鉴定人　　　　　　　D. 被申请人

14. 南沙公司与北极公司因购销合同发生争议，南沙公司向仲裁委员会申请仲裁，在仲裁中双方达成和解协议，南沙公司向仲裁庭申请撤回仲裁申请。之后，北极公司拒不履行和解协议。下列哪一选项是正确的？（2008年）
   A. 南沙公司可以根据原仲裁协议申请仲裁
   B. 南沙公司应与北极公司重新达成仲裁协议后，才可以申请仲裁
   C. 南沙公司可以直接向法院起诉
   D. 仲裁庭可以裁定恢复仲裁程序

15. 关于仲裁调解，下列哪些表述是正确的？（2010年）
   A. 仲裁调解达成协议的，仲裁庭应当根据协议制作调解书或根据协议结果制作裁决书
   B. 对于事实清楚的案件，仲裁庭可依职权进行调解
   C. 仲裁调解达成协议的，经当事人、仲裁员在协议上签字后即发生效力
   D. 仲裁庭在作出裁决前可先行调解

第七章 仲裁司法监督

本章提要

仲裁司法监督是指对于符合法定情形的仲裁裁决,经当事人的申请,有管辖权的人民法院审查核实后裁定撤销仲裁裁决或不予执行仲裁裁决的制度。仲裁司法监督的功能在于如何妥当地处理仲裁裁决的终局性和仲裁裁决的公正性之间的关系以及如何妥当地处理仲裁自主权与司法审查权之间的关系。申请撤销仲裁裁决或不予执行仲裁裁决均需要符合一定的法定条件。弄清作为仲裁司法监督制度之两大构成部分的撤销仲裁裁决和不予执行仲裁裁决的相同点与不同点是修改我国《仲裁法》和在民事纠纷解决机制内部妥当地协调仲裁与民事诉讼之关系的前置性作业。

关键词

仲裁司法监督 撤销仲裁裁决 不予执行仲裁裁决 社会公共利益

仲裁司法监督①是指对于符合法定情形的仲裁裁决,经当事人的申请,有管辖权的人民法院审查核实后裁定撤销仲裁裁决或不予执行仲裁裁决的制度。仲裁司法监督的功能在于如何妥当地处理仲裁裁决的终局性和仲裁裁决的公正性之间的关系以及如何妥当地处理仲裁自主权与司法审查权之间的关系。有学者在考察十多个国家的仲裁立法后指出:综观当代世界各国仲裁立法的通行做法,不论是发达国家还是发展中国家,都对在其本国境内作出的内国仲裁裁决与涉外仲裁裁决实行"一视同仁"的监督,而不实行"内外有别"的分流机制;都对两大类裁决实行程序运作上和实体内容上的双重监督,而不实行"只管程序运作、不管实体内容"的单薄监督。② 我国目前的仲裁司法监督实行的则是"内外有

---

① 有学者主张,仲裁司法监督包括开庭前的监督(事前监督)和仲裁裁决作出后的监督(事后监督)两个方面,开庭前的监督即对仲裁协议效力的审查与确认(参见叶永禄:《以〈仲裁法〉完善为视角:论司法与仲裁的关系》,载《华东政法学院学报》2007年第2期)。本书则采狭义的界定,将仲裁司法监督与仲裁裁决作出后的监督等同对待。
② 参见陈安:《中国涉外仲裁监督机制评析》,载《中国社会科学》1995年第4期。

别"、"轻实体重程序"的机制,需要在理性检讨的基础上进行改进。

第一节 撤销仲裁裁决

撤销仲裁裁决是指对于符合法定情形的仲裁裁决,经当事人的申请,有管辖权的人民法院审查核实后裁定撤销仲裁裁决或驳回申请的制度。我国《仲裁法》第五章(第58—61条)和《仲裁法》第70条、《民事诉讼法》第258条、《仲裁法解释》第17—27条和第30条对撤销仲裁裁决作出了具体的规定。

一、申请撤销仲裁裁决的条件

(一)撤销申请的提出主体必须是仲裁当事人

仲裁当事人是撤销仲裁裁决程序唯一的适格启动者,其他的仲裁法律关系主体无权发动撤销仲裁裁决程序,法院也不得依职权主动发动撤销仲裁裁决程序。需要指出的是,不只获得不利于己方之仲裁裁决的一方当事人会申请撤销仲裁裁决,获得有利于己方之仲裁裁决的一方当事人为获得更大的利益或者出于拖垮对方等策略性考虑也会申请撤销仲裁裁决。

(二)撤销申请必须向仲裁委员会所在地的中级人民法院提出

撤销仲裁裁决的级别管辖法院是特定的,基层人民法院、高级人民法院和最高人民法院无权管辖撤销仲裁裁决案件,只有中级人民法院对撤销仲裁裁决案件有管辖权。值得说明的是,并非所有的中级人民法院都能够管辖撤销仲裁裁决案件,这一方面因为并非所有中级人民法院的所在市都设有仲裁委员会,另一方面因为部分仲裁委员会所在地的中级人民法院不止一个而有权管辖撤销仲裁裁决案件的中级人民法院通常只是一个。

撤销仲裁裁决的地域管辖法院也是特定的,在与仲裁委员会的所在地不同一的情况下,申请人所在地、被申请人所在地、仲裁协议签订地、合同签订地或合同履行地的中级人民法院都无权管辖撤销仲裁裁决案件,只有仲裁委员会所在地的中级人民法院才有管辖权。

(三)撤销申请必须在法定期限内提出

当事人申请撤销仲裁裁决的,应当自收到裁决书之日起6个月内提出。撤销申请在6个月内未提出的,视为当事人放弃此项权利。与民事诉讼程序中的上诉期相比,我国《仲裁法》对撤销仲裁裁决之申请期限的设定过长,不利于维护仲裁裁决的终局性。

(四)申请人必须有证据证明仲裁裁决具有应予撤销的法定情形

为防止仲裁当事人滥用撤销仲裁裁决程序来获得不当的程序利益或实体利益,必须要求申请人承担提出证据的责任,当然"有证据证明"并不要求申请人提供的证据已经达到证明仲裁裁决应予撤销的程度。现行法对仲裁裁决的法定情形采取的是区别对待、列举式的立法技术。

1. 申请撤销国内仲裁裁决的法定情形

（1）没有仲裁协议

有效的仲裁协议是仲裁庭获得案件仲裁权的依据，缺乏有效仲裁协议的仲裁裁决是违法裁决、无效裁决，当事人有权申请撤销，管辖法院也有权裁定撤销。根据《仲裁法解释》第18条的规定，仲裁协议被认定无效或者被撤销的，视为没有仲裁协议。另外，根据《仲裁法解释》第27条的规定，当事人以仲裁协议无效为理由主张撤销仲裁裁决的，必须在之前的仲裁程序中依法对仲裁协议的效力提出了异议且未获支持。

（2）裁决的事项不属于仲裁协议的范围或者仲裁委员会无权仲裁

从逻辑上讲，"裁决的事项不属于仲裁协议的范围"只是"仲裁委员会无权仲裁"的情形之一，二者之间不应是并列关系，而应是被包含与包含的关系。根据立法的现有规定，"裁决的事项不属于仲裁协议的范围"是指裁决的事项虽然符合《仲裁法》对事的效力范围但超出了仲裁协议的范围。"仲裁委员会无权仲裁"则指裁决的事项不符合《仲裁法》对事的效力范围，或指裁决的事项虽符合《仲裁法》对事的效力范围和仲裁协议的范围但超出了当事人请求的范围，或指裁决的事项虽符合《仲裁法》对事的效力范围、仲裁协议的范围和当事人请求的范围但超出了某特定仲裁委员会的受案范围。

（3）仲裁庭的组成或者仲裁的程序违反法定程序

仲裁庭如何组成和仲裁的程序如何进行是《仲裁法》的重要构成，《仲裁法》的相关规定对仲裁当事人和仲裁机构实施特定的行为具有约束力，违反这些程序规则往往会严重影响仲裁裁决的公正性。

（4）裁决所根据的证据是伪造的

证据是仲裁裁决正当的最根本所在，在没有证据或证据不充分的情况下而作出的仲裁裁决毫无公正性可言。伪造是证据的重大瑕疵，依据伪造的证据而作出的仲裁裁决也不可避免地具有重大瑕疵，应予撤销。

（5）对方当事人隐瞒了足以影响公正裁决的证据

出于趋利避害的本能，当事人在仲裁程序中隐瞒不利于己方而有利于对方的证据的情形时常可见。提出撤销仲裁裁决之申请的一方当事人若在仲裁程序中隐瞒了证据，即使被隐瞒的证据足以影响裁决的公正性，基于责任自负原则，这不能成为其撤销申请的正当理由。"证据被隐瞒"成为撤销仲裁裁决的正当理由要求这一行为的实施者必须是撤销申请提出者的对方当事人且其隐瞒行为从结果角度看已经达到了"足以影响公正裁决"的程度。

(6) 仲裁员在仲裁该案时有索贿受贿、徇私舞弊、枉法裁决行为

公道正派是仲裁员的聘任条件之一。要求所有的仲裁员总是无偏私、有良知地依法仲裁案件,是一种理想,也是一种假定。对仲裁员在实施了索贿受贿、徇私舞弊或枉法裁决的严重违法行为后作出的仲裁裁决之公正性的怀疑无法合理排除,此类仲裁裁决应被撤销,当无异议。

需要注意的是,若仲裁员在仲裁他案时有索贿受贿、徇私舞弊、枉法裁决的行为,则不能成为该案当事人申请撤销仲裁裁决的法定理由;若仲裁员在仲裁该案时有索贿受贿、徇私舞弊的枉法裁决之外的其他行为,则也不能成为当事人申请撤销仲裁裁决的法定理由。另外,"索贿受贿、徇私舞弊、枉法裁决"一般应从犯罪的角度来理解,但考虑到仲裁员实施的未构成犯罪的索贿受贿、徇私舞弊、枉法裁决行为也可能严重损及仲裁裁决的公正性,目前对"索贿受贿、徇私舞弊、枉法裁决"的理解宜从行为角度作字面解释,而非从犯罪角度作缩小解释。

除上述六种法定情形外,若人民法院认定仲裁裁决违背社会公共利益的,应当裁定撤销。我国法律用语中的"社会公共利益"(social public interests)相当于英美法系惯用的"公共政策"(public policy)或大陆法系中的"公共秩序"(public order),通常指的是一个国家的重大国家利益、重大社会利益、基本法律原则和基本道德原则。① 虽然"公共秩序保留条款"(the reservation clause of public order)因给予法院较大的自由裁量权而存在被滥用的危险,但其仍被作为国际立法惯例来加以对待。我国《仲裁法》规定人民法院可以"违背社会公共利益"为由撤销国内仲裁裁决,符合国际立法惯例,可防止仲裁裁决对社会公共利益的不当侵害,考虑到界定"社会公共利益"的主观色彩与极大困难,人民法院以此为由撤销国内仲裁裁决时应采取审慎和谦抑的立场。需要说明的是,人民法院以"仲裁裁决违背社会公共利益"为由裁定撤销国内仲裁裁决可不以当事人主张该法定情形的存在为前提。换而言之,即使当事人启动国内仲裁裁决的程序后没有主张"仲裁裁决违背社会公共利益"之情形的存在,人民法院在认定该情形存在时可以径直作出撤销的裁定。

2. 申请撤销涉外仲裁裁决的法定情形

根据我国《仲裁法》第70条和《民事诉讼法》第258条第1款的规定,申请撤销涉外仲裁裁决的法定情形包括如下四项:(1)当事人在合同中没有订有仲裁条款或者事后没有达成书面仲裁协议;(2)裁决的事项不属于仲裁协议的范围或者仲裁机构无权仲裁;(3)仲裁庭的组成或者仲裁的程序与仲裁规则不符;(4)被申请人没有得到指定仲裁员或者进行仲裁程序的通知,或者由于其他不属于被申请人负责的原因未能陈述意见。前三项法定情形可与申请撤销国内仲

---

① 参见陈安:《中国涉外仲裁监督机制评析》,载《中国社会科学》1995年第4期。

裁裁决的前三项法定情形做等同处理,它们之间不存在实质性差异,只是在表述和用语上略有不同,因此不再具体展开。

"被申请人没有得到指定仲裁员或者进行仲裁程序的通知,或者由于其他不属于被申请人负责的原因未能陈述意见"是指被申请人被剥夺了受通知指定仲裁员或参加仲裁程序的权利和陈述意见的权利,为重大的程序违法所致。周全的保障仲裁当事人的程序性权利是任何仲裁规则的重要任务,因此"被申请人没有得到指定仲裁员或者进行仲裁程序的通知,或者由于其他不属于被申请人负责的原因未能陈述意见"可归入"仲裁的程序与仲裁规则不符"这一情形。

二、人民法院受理撤销仲裁裁决申请后的处理

人民法院受理撤销仲裁裁决的申请后,应当组成合议庭审理,不可使用独任制审理,且合议庭的组成人员不可包括人民陪审员,合议庭应当就有关情况询问当事人,可以根据案件的实际需要要求仲裁机构作出说明或者向相关仲裁机构调阅仲裁案卷,然后根据认定的事实作出裁定撤销仲裁裁决、通知重新仲裁或裁定驳回申请的处理并实行一审终审,人民法院在办理撤销仲裁裁决的案件中作出的裁定,可以送交相关的仲裁机构。

(一) 裁定撤销仲裁裁决

人民法院受理撤销仲裁裁决的申请后,经审查认为当事人的申请理由成立的,应当在2个月内作出撤销仲裁裁决的裁定。

根据《仲裁法解释》第19条的规定,当事人以仲裁裁决事项超出仲裁协议范围为由申请撤销仲裁裁决,经审查属实的,人民法院应当撤销仲裁裁决中的超裁部分。但超裁部分与其他裁决事项不可分的,人民法院应当撤销仲裁裁决。据此可知,当且只当"仲裁裁决事项超出仲裁协议范围"的撤销理由成立时,仲裁裁决的撤销可作部分撤销与全部撤销之区分,区分的标准在于超裁部分与未超裁部分是否可分。当超裁部分与未超裁部分可分时,人民法院应裁定撤销超裁的部分,未被撤销的部分仍然具有法律效力;当超裁部分与未超裁部分不可分时,人民法院应裁定撤销整个仲裁裁决。

根据我国《仲裁法》第9条第2款的规定,仲裁裁决被人民法院裁定撤销的,当事人可就该纠纷根据重新达成的仲裁协议申请仲裁,也可以向人民法院起诉。由此可见,原来的仲裁协议在仲裁裁决被撤销后便不再具有法律效力,当事人的诉权和法院的管辖权被否定、被禁止的状态由此解除,当事人对于采取仲裁还是诉讼的方式解决纠纷再次获得了自主意志。

(二) 通知重新仲裁

人民法院受理撤销裁决的申请后,认为可以由仲裁庭重新仲裁的,通知仲裁庭在一定期限内重新仲裁。通知重新仲裁类似于民事诉讼程序中的发回重审,

以"仲裁裁决应被撤销"为预先的判断,可在不损害人民法院的司法审查权的前提下,尽可能地保证当事人提交仲裁解决纠纷之意图的实现,同时给仲裁庭自行纠正错误的机会,是支持仲裁的又一体现。根据《仲裁法解释》第21条的规定,当事人申请撤销国内仲裁裁决的案件属于下列情形之一的,人民法院可以依法通知仲裁庭在一定期限内重新仲裁:(1)仲裁裁决所根据的证据是伪造的;(2)对方当事人隐瞒了足以影响公正裁决的证据的。与《仲裁法》第61条的规定相比,《仲裁法解释》对通知重新仲裁的适用范围和适用情形都作了缩小解释:通知重新仲裁只可适用于申请撤销国内仲裁裁决的案件,不可适用于申请撤销涉外仲裁裁决的案件;通知重新仲裁的适用情形只有两项且都是实体性的,撤销国内仲裁裁决的其余法定情形都不得适用通知重新仲裁。

人民法院通知仲裁庭重新仲裁的,应裁定中止撤销程序,且应在通知中说明要求重新仲裁的具体理由。仲裁庭在人民法院指定的期限内开始重新仲裁的,人民法院应当裁定终结撤销程序;未开始重新仲裁的,人民法院应当裁定恢复撤销程序。当事人对重新仲裁作出的裁决不服的,可以在重新仲裁裁决书送达之日起6个月内依法向人民法院申请撤销。需要说明的是,重新仲裁的期限属于人民法院指定的期限,法院在确定这一期限须根据案件的具体情况在不超过一般仲裁案件之审限的范围内予以确定,这一期限应从人民法院审理撤销仲裁裁决的期限内扣除;重新仲裁应以法院的通知确定的范围为限,而不应推倒重来、全面审查;仲裁庭对法院作出的重新仲裁的通知没有必须接受的义务,对是否重新仲裁有自主决定的权利。

根据《仲裁法》和《仲裁法解释》的规定,人民法院决定通知仲裁庭重新仲裁时无须事先征得当事人的同意,笔者认为,如此的制度设计侵犯了当事人的处分权利。理由在于,当事人申请撤销仲裁裁决以无法全部或部分的接受仲裁裁决为前提,在提出撤销申请时,其可能拥有根据新的仲裁协议再次申请仲裁或直接向法院起诉的预期,这种预期具有最大现实可行性的唯一途径就是仲裁裁决被裁定撤销且撤销裁定是尽快作出的,而通知重新仲裁则可能使这种预期直接落空或使这种预期得以实现的时间延后。

(三)裁定驳回申请

人民法院受理撤销仲裁裁决的申请后,经审查认为当事人的申请理由不成立的,应当在2个月内作出驳回申请的裁定。

第二节 不予执行仲裁裁决

不予执行仲裁裁决是指对于符合法定情形的仲裁裁决,经当事人的申请,有管辖权的人民法院审查核实后裁定不予执行仲裁裁决或直接驳回申请的制度。

我国《仲裁法》(第 63、64、71 条)、《民事诉讼法》(第 213 条第 2 款、第 258 条)、《仲裁法解释》(第 25—28、30 条)对不予执行仲裁裁决作出了具体的规定。

一、申请不予执行仲裁裁决的条件

(一)不予执行申请的提出主体必须是仲裁裁决执行案件的被执行人

仲裁裁决作出后,负有履行义务的一方当事人不自动全部履行裁决时,另一方当事人可以依照民事诉讼法的有关规定向人民法院申请强制执行。基于权利的对应性原则,仲裁裁决执行案件的被执行人便被赋予提出不予执行之申请的权利。

(二)不予执行的申请必须向执行法院提出

根据《仲裁法解释》第 29 条的规定,当事人申请执行仲裁裁决案件,由被执行人住所地或者被执行财产所在地的中级人民法院管辖。被执行人申请不予执行仲裁裁决的,应向执行法院(被执行人住所地或者被执行财产所在地的中级人民法院)提出,以方便执行法院尽快作出处理。

不予执行仲裁裁决案件的级别管辖法院是特定的,只能是中级人民法院;不予执行仲裁裁决案件的地域管辖法院也是特定的,尽管被执行人住所地或者被执行财产所在地的中级人民法院皆有可能成为不予执行仲裁裁决案件的地域管辖法院,但二者中必有一者因申请执行人的择一申请而特定,即使申请执行人分别向被执行人所在地的中级人民法院和被执行财产所在地的中级人民法院提出执行申请,不予执行仲裁裁决案件的地域管辖法院也是特定的,因为此时的执行法院为最先接受申请的人民法院。可以说,仲裁裁决申请执行人在启动执行程序时对管辖法院是有选择权的,而被执行人在启动不予执行程序时对管辖法院则没有选择的余地。

(三)不予执行的申请必须在一定期限内提出

不予执行的申请最早可在执行仲裁裁决案件受理后提出,在执行仲裁裁决案件未被受理之前,被执行人不可先行提出不予执行的申请。至于被执行人最晚何时可以提出不予执行的申请,我国《仲裁法》、《民事诉讼法》以及相关司法解释均未作出明确的规定,笔者认为,被执行人最晚可在执行法院发出的执行通知确定的自动履行期间届满前提出不予执行的申请,之所以这样主张,一方面是因为从执行仲裁裁决案件被受理开始到执行通知确定的自动履行期间届满的这段时间能够保证被执行人及时提出不予执行的申请而不感到紧张;另一方面是因为若允许被执行人在执行程序的任何阶段都可提出不予执行的申请则将可能给被执行人拖延时间、逃避债务的机会。

(四) 申请人必须有证据证明仲裁裁决具有应予裁定不予执行的法定情形

1. 不予执行国内仲裁裁决的法定情形

根据我国《仲裁法》第63条和《民事诉讼法》第213条第2、3款的规定,不予执行国内仲裁裁决的法定情形包括:(1) 当事人在合同中没有订有仲裁条款或者事后没有达成书面仲裁协议;(2) 裁决的事项不属于仲裁协议的范围或者仲裁机构无权仲裁;(3) 仲裁庭的组成或者仲裁的程序违反法定程序;(4) 认定事实的主要证据不足;(5) 适用法律确有错误;(6) 仲裁员在仲裁该案时有贪污受贿,徇私舞弊,枉法裁决行为;(7) 人民法院认定执行仲裁裁决违背社会公共利益。

2. 不予执行涉外仲裁裁决的法定情形

根据我国《仲裁法》第71条和《民事诉讼法》第258条的规定,不予执行涉外仲裁裁决的法定情形包括:(1) 当事人在合同中没有订有仲裁条款或者事后没有达成书面仲裁协议;(2) 被申请人没有得到指定仲裁员或者进行仲裁程序的通知,或者由于其他不属于被申请人负责的原因未能陈述意见;(3) 仲裁庭的组成或者仲裁的程序与仲裁规则不符;(4) 裁决的事项不属于仲裁协议的范围或者仲裁机构无权仲裁;(5) 人民法院认定执行仲裁裁决违背社会公共利益。

二、人民法院受理不予执行仲裁裁决申请后的处理

人民法院受理不予执行仲裁裁决的申请后,应当组成合议庭审理,可以根据案件的实际需要要求仲裁机构作出说明或者向相关仲裁机构调阅仲裁案卷,然后根据认定的事实作出裁定不予执行或驳回申请的处理并实行一审终审,人民法院在办理不予执行仲裁裁决的案件中作出的裁定,可以送交相关的仲裁机构。

在收到仲裁裁决书之日起6个月内,当事人可能申请撤销仲裁裁决,也可能申请不予执行仲裁裁决。根据我国《仲裁法解释》第25条和《仲裁法》第64条第2款的规定,人民法院受理当事人撤销仲裁裁决的申请后,另一方当事人申请执行同一仲裁裁决的,受理执行申请的人民法院应当在受理后裁定中止执行。人民法院裁定撤销裁决的,应当裁定终结执行;撤销裁决的申请被裁定驳回的,人民法院应当裁定恢复执行。对"人民法院受理执行仲裁裁决的申请后,当事人(主要是被申请人)申请撤销仲裁裁决"的情况应如何处理,《仲裁法》和《仲裁法解释》未作出规定,实为一大缺憾。《仲裁法解释》在初步理顺撤销仲裁裁决和不予执行仲裁裁决之间的关系方面进行了有益的尝试,其第26条规定:"当事人向人民法院申请撤销仲裁裁决被驳回后,又在执行程序中以相同理由提出不予执行抗辩的,人民法院不予支持。"但对"被执行人在执行程序中申请不予执行被执行法院驳回后,又向仲裁机构所在地的中级人民法院提出撤销仲裁裁决申请"的情况如何处理则缺乏规定,又为一大缺憾。这些缺憾再次凸显

了彻底理顺撤销仲裁裁决与不予执行裁决两者之间关系的极大困难。

根据《仲裁法解释》第 27 条的规定,当事人在仲裁程序中未对仲裁协议的效力提出异议,在仲裁裁决作出后以仲裁协议无效为由提出不予执行抗辩的,人民法院不予支持。

第三节 撤销仲裁裁决和不予执行仲裁裁决的比较

仲裁司法监督制度的改进是我国《仲裁法》修改和在民事纠纷解决机制内部妥当地协调仲裁与民事诉讼之关系的重点、难点问题,而完成这一课题的起点和前置性任务是弄清作为仲裁司法监督制度之两大构成部分的撤销仲裁裁决和不予执行仲裁裁决的相同点与不同点,以便科学地利用现有的制度资源实现仲裁司法监督制度的改进有序、迅速的进行。

一、撤销仲裁裁决和不予执行仲裁裁决的相同点

(一) 程序的性质相同

撤销仲裁裁决和不予执行仲裁裁决是我国仲裁司法监督制度不可或缺的组成部分,属于司法程序的范畴,具有明显的严格规范性和强行性,与以民间性和自治性为主要特征的仲裁程序相关,但明显不同。

(二) 程序的启动方式相同

不管是撤销仲裁裁决程序还是不予执行仲裁裁决程序,均依当事人的申请而启动,人民法院不得依职权主动启动,这符合当事人自愿和司法权被动运作的原则,尽管人民法院在该两个程序启动后可以在当事人没有主张的情况下以"仲裁裁决违背社会公共利益"为由裁定撤销或不予执行。

(三) 审级相同

根据我国《民事诉讼法》第 140 条第 2 款、《企业破产法》第 12 条和最高人民法院《关于审理民事级别管辖异议案件若干问题的规定》第 4 条的规定,民事诉讼程序中可以上诉的裁定只有不予受理的裁定、驳回起诉的裁定、管辖权异议的裁定、不予受理破产申请的裁定、驳回破产申请的裁定、管辖权向下转移的裁定六类,其余的裁定均不可上诉;根据《民诉意见》第 208 条的规定,民事诉讼程序中可以再审的裁定只有不予受理的裁定和驳回起诉的裁定两类,其余的裁定均不可再审。所以,在仲裁司法监督程序中,不论是驳回撤销仲裁裁决或不予执行仲裁裁决之申请的裁定还是裁定撤销仲裁裁决或不予执行仲裁裁决的裁定都不可上诉,也不可再审。

(四) 级别管辖法院相同

撤销仲裁裁决案件和不予执行仲裁裁决案件的管辖法院都是中级人民法

院,级别过低的基层人民法院和级别过高的高级人民法院、最高人民法院都无权管辖。如此的确定一方面是出于对基层人民法院之审判人员的业务能力和综合素质不放心的考虑,另一方面是出于对仲裁机构的所在地与中级人民法院所在地的级别之对应相同性的考虑。

（五）裁判的表现方式相同

民事裁判有判决、裁定和决定三种表现方式。人民法院在对驳回撤销仲裁裁决或不予执行仲裁裁决的申请、撤销仲裁裁决、不予执行仲裁裁决、中止撤销仲裁裁决或不予执行仲裁裁决程序、恢复撤销仲裁裁决或不予执行仲裁裁决程序、终结撤销仲裁裁决程序等事项作出结论性意见时,都采用裁定,而不使用判决和决定。

（六）程序性法定情形相同

没有仲裁协议、仲裁机构无权仲裁、违反仲裁规则都是仲裁司法监督的程序性法定情形,它们不仅是申请撤销国内仲裁裁决或涉外仲裁裁决的法定情形,而且是申请不予执行国内仲裁裁决或涉外仲裁裁决的法定情形。换而言之,申请撤销仲裁裁决和不予执行仲裁裁决的程序性法定情形的范围是一致的,并无实质性差别。

二、撤销仲裁裁决和不予执行仲裁裁决的不同点

（一）申请人不同

有权申请撤销仲裁裁决的主体为仲裁案件中的任何一方当事人,而有权申请不予执行仲裁裁决的主体为仲裁裁决执行案件中的被执行人一方。

（二）地域管辖法院不同

撤销仲裁裁决案件的管辖法院是唯一的,为仲裁委员会所在地的中级人民法院,而不予执行仲裁裁决案件的管辖法院可能是被执行人住所地的中级人民法院,也可能是被执行财产所在地的中级人民法院。

（三）提出申请的期限不同

撤销仲裁裁决的申请须在自收到仲裁裁决书之日起6个月内向人民法院提出,不予执行仲裁裁决的申请须在执行仲裁裁决案件受理后、执行法院发出的执行通知确定的自动履行期间届满前提出。

（四）实体性法定情形不同

与撤销涉外仲裁裁决和不予执行涉外仲裁裁决没有实体性法定情形不同,撤销国内仲裁裁决和不予执行国内仲裁裁决有实体性法定情形,前者的实体性法定情形为"裁决所依据的证据是伪造的"和"对方当事人隐瞒了足以影响公正裁决的证据的",后者的实体性法定情形是"认定事实的主要证据不足的"和"使用法律确有错误的"。

（五）对待公共秩序保留条款的态度不同

撤销仲裁裁决程序对公共秩序保留条款采取了区别对待的态度：违背社会公共利益只是撤销国内仲裁裁决的法定情形，而不是撤销涉外仲裁裁决的法定情形；不予执行仲裁裁决程序对公共秩序保留条款则采取了同一对待的态度：违背社会公共利益既是不予执行国内仲裁裁决的法定情形，又是不予执行涉外仲裁裁决的法定情形。

（六）是否有通知重新仲裁的处理方式不同

人民法院审查当事人提出的撤销仲裁裁决之申请后，可作出支持或驳回的裁定，也可通知仲裁庭重新仲裁；而人民法院审查被执行人一方提出的不予执行仲裁裁决之申请后，只能作出支持或驳回的裁定，不能通知仲裁庭重新仲裁。需要说明的是，通知仲裁庭重新仲裁只适用于国内仲裁裁决的撤销程序中。

拓展阅读

1. 陈安：《中国涉外仲裁监督机制评析》，载《中国社会科学》1995年第4期。

2. 肖永平：《内国、涉外仲裁监督机制之我见——对〈中国涉外仲裁监督机制评析〉一文的商榷》，载《中国社会科学》1998年第2期。

3. 陈安：《中国涉外仲裁监督机制申论》，载《中国社会科学》1998年第2期。

4. 肖永平：《也谈我国法院对仲裁的监督范围——与陈安先生商榷》，载《法学评论》1998年第1期。

5. 万鄂湘、于喜富：《再论司法与仲裁的关系——关于法院应否监督仲裁实体内容的立法与实践模式及理论思考》，载《法学评论》2004年第3期。

6. 叶永禄：《以〈仲裁法〉完善为视角：论司法与仲裁的关系》，载《华东政法学院学报》2007年第2期。

7. 赵秀文：《从宁波工艺品公司案看我国法院对涉外仲裁协议的监督》，载《时代法学》2010年第5期。

8. 朱萍：《涉外仲裁司法审查中重新仲裁之实践检讨与立法完善》，载《法律适用》2011年第4期。

司法考试真题

1. 根据我国仲裁法和民事诉讼法的规定，出现下列哪些情形时，人民法院对仲裁裁决不予执行？（2002年）

A. 载有仲裁条款的合同被确认无效
B. 一方当事人申请执行裁决,另一方当事人申请撤销仲裁裁决
C. 仲裁裁决书认定事实的主要证据不足
D. 仲裁庭的组成违反法定程序

2. 法院对仲裁裁决的监督主要表现在哪些方面?(2002年)
A. 当事人不服仲裁裁决的。可以到法院另行起诉
B. 当事人认为仲裁裁决具有可撤销情形的,可以向有关法院申请撤销仲裁裁决
C. 人民法院在仲裁裁决具有不应当执行的情形下,裁定不予执行仲裁裁决
D. 人民法院在执行仲裁裁决过程中,发现仲裁裁决有错误,可依职权予以改变

3. 甲乙两公司因贸易合同纠纷进行仲裁,裁决后甲公司申请执行仲裁裁决,乙公司申请撤销仲裁裁决,此时受理申请的人民法院应如何处理?(2003年)
A. 裁定撤销裁决
B. 裁定终结执行
C. 裁定中止执行
D. 将案件移交上级人民法院处理

4. 当事人申请撤销仲裁裁决须符合下列哪些条件?(2003年)
A. 必须向仲裁委员会提出申请,由仲裁委员会提交给有管辖权的人民法院
B. 必须向仲裁委员会所在地的中级人民法院提出
C. 必须在自收到裁决书之日起6个月内提出
D. 必须有证据证明裁决有法律规定的应予撤销的情形

5. 刘某从海塘公司购买红木家具1套,价款为3万元,双方签订合同,约定如发生纠纷可向北京仲裁委员会申请仲裁。交付后,刘某发现该家具并非红木制成,便向仲裁委员会申请仲裁,请求退货。如果裁决退货,海塘公司不服,可以以何种方式获得救济?(2006年)
A. 向仲裁委员会所在地的中级人民法院申请撤销仲裁裁决
B. 向本公司所在地的中级人民法院申请撤销仲裁裁决
C. 向仲裁委员会所在地的中级人民法院申请裁定不予执行
D. 向执行法院申请裁定不予执行

6. 张某根据与刘某达成的仲裁协议,向某仲裁委员会申请仲裁。在仲裁审理中,双方达成和解协议并申请依和解协议作出裁决。裁决作出后,刘某拒不履行其义务,张某向法院申请强制执行,而刘某则向法院申请裁定不予执行该仲裁裁决。法院应当如何处理?(2007年)

A. 裁定中止执行,审查是否具有不予执行仲裁裁决的情形
B. 终结执行,审查是否具有不予执行仲裁裁决的情形
C. 继续执行,不予审查是否具有不予执行仲裁裁决的情形
D. 先审查是否具有不予执行仲裁裁决的情形,然后决定后续执行程序是否进行

7. 某仲裁委员会对甲公司与乙公司之间的买卖合同一案作出裁决后,发现该裁决存在超裁情形,甲公司与乙公司均对裁决持有异议。关于此仲裁裁决,下列哪一选项是正确的?(2008年)

A. 该仲裁委员会可以直接变更已生效的裁决,重新作出新的裁决
B. 甲公司或乙公司可以请求该仲裁委员会重新作出仲裁裁决
C. 该仲裁委员会申请法院撤销此仲裁裁决
D. 甲公司或乙公司可以请求法院撤销此仲裁裁决

8. 关于法院对仲裁的司法监督的说法,下列哪一选项是错误的?(2010年)

A. 仲裁当事人申请财产保全,应当向仲裁机构申请,由仲裁机构将该申请移交给相关法院
B. 仲裁当事人申请撤销仲裁裁决被法院驳回,此后以相同理由申请不予执行,法院不予支持
C. 仲裁当事人在仲裁程序中没有提出对仲裁协议效力的异议,此后以仲裁协议无效为由申请撤销或不予执行,法院不予支持
D. 申请撤销仲裁裁决或申请不予执行仲裁裁决程序中,法院可通知仲裁机构在一定期限内重新仲裁

9. 甲公司因与乙公司合同纠纷申请仲裁,要求解除合同。某仲裁委员会经审理裁决解除双方合同,还裁决乙公司赔偿甲公司损失6万元。关于本案的仲裁裁决,下列哪些表述是正确的?(2010年)

A. 因仲裁裁决超出了当事人请求范围,乙公司可申请撤销超出甲公司请求部分的裁决
B. 因仲裁裁决超出了当事人请求范围,乙公司可向法院提起诉讼
C. 因仲裁裁决超出了当事人请求范围,乙公司可向法院申请再审
D. 乙公司可申请不予执行超出甲公司请求部分的仲裁裁决

第八章 涉外仲裁

涉外仲裁又称国际商事仲裁,在我国是指主体、客体和法律事实中必须至少有一项是在外国或发生于国外的民商事争议案件的仲裁。我国仲裁法为涉外仲裁设有专章,并明确规定了其适用范围和不同于国内仲裁的程序。了解和认知依不同的划分标准进行区分的涉外仲裁的类别有助于强化对之的理解和把握。常设的国际性或国内的涉外仲裁机构主要负责审理和裁决国际仲裁案件,促进国际经济贸易往来。涉外仲裁程序与国内仲裁程序之间存在着显著的差别,尤其在受案范围及法律适用方面,必须认真比较,注意其区别之所在。

涉外仲裁　　涉外仲裁程序　　法律适用

第一节　涉外仲裁概述

一、涉外仲裁的概念与特征

（一）涉外仲裁的概念

涉外仲裁,简言之,就是具有涉外因素的仲裁,是指涉外仲裁案件的当事人,依据自愿达成的仲裁协议,将争议提交给具有涉外仲裁管辖权的临时性的或常设的仲裁机构进行审理,并受该机构依法作出的仲裁裁决约束的制度。

众所周知,仲裁被分为国内仲裁与国际仲裁。国际仲裁又可分为国际私法意义上的国际仲裁与国际公法意义上的国际仲裁。前者用来解决发生于包括自然人与法人在内的私人之间的以及私人与国家之间的私法纠纷,其裁决在一定条件下能够得到有关国家法院的强制执行;而后者是国与国之间解决争端的一种方法,是国家之间为解决某一公法上的争端,依据当事国签订的相关协议,一致同意将争端提交给自行选择的仲裁机构进行处理,并自觉遵守与执行其作出的裁决。涉外仲裁,亦称为国际商事仲裁,是国际私法意义上的国际仲裁的一部分。

世界各国对于涉外仲裁的立法,依据各自的法律传统与现实需要采取了不同的方式。有的国家规定国内仲裁与国际商事仲裁适用统一的仲裁法律法规。而大多数国家则对国内仲裁与国际商事仲裁分别适用不同的法律法规,法国1981年的《民事诉讼法典》将国际仲裁与国内仲裁明确分开,国际仲裁单独成篇,并为之规定了较国内仲裁更为简便的程序规则。德国以仲裁地位于内国还是外国为标准分别对之适用不同的程序法。美国仲裁协会的仲裁规则则是针对国际商事仲裁而制定的。我国也为涉外仲裁案件与国内仲裁案件各自规定了不同的程序规则。我国《仲裁法》第七章即是对涉外仲裁的特别规定。而主要审理与裁决涉外仲裁案件的中国国际经济贸易仲裁委员会则在其仲裁规则中专设第五章对国内仲裁进行规范。除此之外,我国各城市的仲裁委员会的仲裁规则也纷纷设专章对涉外仲裁程序予以特别规定。

(二) 涉外仲裁的特征

与国内仲裁以及法院审判相比较,涉外仲裁的特色十分突出,具体表现如下:

1. 鲜明的涉外性

涉外仲裁由于鲜明的涉外因素而与国内仲裁相区别。唯其如此,涉外仲裁无论是在可仲裁事项方面,还是仲裁机构以及具体的仲裁程序方面,皆有别于国内仲裁。尽管涉外仲裁要受到各种国际协议以及国际仲裁规范的制约,但各国仲裁立法或规则往往对之作出了较国内仲裁更为简便灵活的规定。

2. 充分的自治性

较之国内仲裁,涉外仲裁对当事人的意思自治更为尊重。在涉外仲裁中,当事人享有广泛的权利自由。合法有效的仲裁协议能够排除法院对该争议案件的司法管辖权。双方当事人还可以通过仲裁协议自由协商确定仲裁事项、仲裁机构、仲裁地点、仲裁员、仲裁庭的组成方式,以及仲裁庭应适用的实体法和程序法。

3. 较强的专业性

涉外仲裁的争议案件不但纠纷类型较为特殊,而且常常涉及一些技术性极强的专业问题,因而涉外仲裁机构一般都会聘请一定比例的熟悉和掌握涉外法律关系各个领域知识的专家,当事人有权从这些专家中挑选他们认为合适的仲裁员组成仲裁庭来解决相互之间的争议。《贸仲规则》(2005)与《中国海事仲裁委员会仲裁规则》均规定,仲裁委员会可以视需要和可能设立特定的专业仲裁员名册,以供当事人选择。

3. 突出的中立性

涉外仲裁的双方当事人及其代理人、仲裁地点、仲裁语言、适用法律、仲裁员等可能分属于不同的国家,如此一来,偏袒某一方或其所在国家利益的可能性被降低了。仲裁的中立性得到了保障,仲裁本身的可信度和权威性也得以加强。[①] 我国仲裁立法及各仲裁规则均规定,涉外仲裁委员会可以从具有法律、经济贸易、科学技术等专门知识的外籍人士中聘任仲裁员。一些国际性的仲裁机构本身不隶属于任何国家或地区,能够较好地保持客观中立的立场,摆脱当事人所属国家的司法制度及公共政策的影响,居中进行裁决。

4. 高度的保密性

涉外仲裁实行不公开审理原则。对于仲裁程序中知悉的有关实体及程序方面的情况,仲裁当事人以及其他仲裁参与人负有保密的义务和责任;仲裁庭的组成人员及仲裁机构中的其他人员,也不得向外界透露仲裁中的有关事宜,并不得发表自己对该案的看法和意见。因此当事人通过涉外仲裁来解决其在国际经济贸易和海事领域内发生的权利、义务关系争议,能更好地守护其秘密,避免因泄露商业机密而使一方或双方当事人在以后的经济交往中处于不利的地位。

5. 强烈的终局性

虽然涉外仲裁机构属于民间组织,并非国家权力机构,但其依法作出的仲裁裁决依然具有法律约束力。涉外仲裁亦实行一裁终局制度,裁决作出后,即具有终局的效力。仲裁裁决生效后,当事人必须履行裁决书载明的各项应尽义务,否则另一方可以请求法院承认并强制执行仲裁裁决。

二、涉外仲裁的范围

前已述及,为了在可仲裁性方面减少限制,并在承认和执行仲裁裁决方面给予国际商事仲裁更加宽松的条件,世界各国大多通过立法或司法、仲裁实践对国内仲裁与涉外仲裁加以区分,以适应国际商事仲裁发展的需要。仲裁机构在受理案件时,首先必须对案件进行识别,以确定其是否具有涉外因素,而后才能据此决定是适用涉外仲裁法律规范还是国内仲裁法律规范。于是,明确界定涉外仲裁的范围就具有了非常重要的现实意义。

(一)确定涉外仲裁的标准

1. 实质性连接因素标准

根据传统的国际私法理论,在民商事法律关系中,主体、客体或内容三要素,只要有一个要素与国外存在着联系,则为国际民商事法律关系。因此,区分国际商事仲裁与国内仲裁应以当事人的国籍、住所地或习惯居住地,法人的注册地或管理中心地以及合同履行地等连结因素是否具有涉外因素来进行识别。

1996 年的《英国仲裁法》第 85 条第 2 款规定:"为此目的,'国内仲裁协议'

---

① 参见孙威:《参加国际商事仲裁的几点感受》,载《北京仲裁》2007 年第 1 期。

指非下列当事人签订的仲裁协议:(a)联合王国以外的其他国家的国民或其惯常居住地在联合王国以外的个人;(b)在联合王国以外的其他国家成立的或其中心控制和管理活动在联合王国境外的实体法人;以及根据仲裁协议,仲裁地点(如果仲裁地点已指定或确立)在联合王国。反之,符合(a)、(b)两项条件的则为国际民商事仲裁协议了。"瑞典、瑞士、意大利、丹麦等国亦采用此种标准区分国际商事仲裁与国内仲裁。

2. 争议的国际性质标准

这是以争议的实质是否涉及国际商事利益作为认定标准来确定案件及仲裁的性质,其核心在于国际商事利益,而不是当事人的国籍或居住地。当争议涉及国际商事利益时,为解决该纠纷进行的仲裁即被视为涉外仲裁。较早采用以争议性质标准来确定仲裁是否具有国际性的是国际商会。显然,以争议的国际性质为标准来识别仲裁是否具有国际性与实质性连接因素相比较,减少了人为因素,住所地在同一国家内的当事人倘若就发生于国际商事交易中的争议提交仲裁,亦可被视为国际商事仲裁。1981年的《法国民事诉讼法》第1492条就明确规定:"如果包含国际商事利益,仲裁是国际性的。"美国和加拿大等国也采用了此一标准。

随着国际经济贸易交往的日益频繁与复杂,采用单一的识别标准未必能有效地解决问题。为适应国际商事贸易活动发展的需要,在区分国内仲裁还是国际商事仲裁时,有时可考虑将两种确定标准结合起来进行考查。《联合国国际商事仲裁示范法》第1条"适用范围"的第3款即规定:"仲裁如有下列情况即为国际仲裁:(A)仲裁协议的当事各方在缔结协议时,他们的营业地点位于不同的国家;或(B)下列地点之一位于当事各方营业地点所在国以外:(a)仲裁协议中确定的或根据仲裁协议而确定的仲裁地点;(b)履行商事关系的大部分义务的任何地点或与争议标的关系最密切的地点;或(C)当事各方明确地同意,仲裁协议的标的与一个以上的国家有关。"

(二)我国涉外仲裁的范围

1. 我国立法的原则规定

我国《民事诉讼法》第255条第1款规定:"涉外经济贸易、运输和海事中发生的纠纷,当事人在合同中订有仲裁条款或者事后达成书面仲裁协议,提交中华人民共和国涉外仲裁机构或者其他仲裁机构仲裁的,当事人不得向人民法院起诉。"与之相应,我国《仲裁法》第65条指出:"涉外经济贸易、运输和海事中发生的纠纷的仲裁,适用本章规定。本章没有规定的,适用本法其他有关规定。"可见,我国立法没有引入"国际商事仲裁"这一概念,而将之界定为涉外仲裁。然而,无论是民事诉讼法还是仲裁法均未对何为"涉外仲裁"作出明确界定。

2. 我国涉外仲裁的案件范围

最高人民法院《民诉意见》第304条指出:"当事人一方或双方是外国人、无国籍人、外国企业或组织,或者当事人之间民事法律关系的设立、变更、终止的法律事实发生在外国,或者诉讼标的物在外国的民事案件,为涉外民事案件。"涉外民事案件的当事人就其财产权益纠纷以达成的合法有效的仲裁协议申请仲裁的,即为涉外仲裁。另外,我国香港、澳门或台湾地区的自然人、法人及其他组织之间,或者与内地的自然人、法人或其他组织之间,以及他们与外国自然人、法人及其他组织之间产生的契约性或非契约性经济贸易争议也属于我国涉外仲裁的范畴。根据最高人民法院规定的这一涉外因素标准,如果当事人中有一方为外国自然人或法人的,或者其争议具有涉外因素的,那么双方当事人可以达成仲裁协议将争议提交涉外仲裁机构审理与裁决。

第二节 涉外仲裁程序

涉外仲裁程序与国内仲裁程序之间,既存在相通的地方,也有着明显的差别。本节主要依据《贸仲规则》(2005)和《中国海事仲裁委员会仲裁规则》的规定对我国涉外仲裁程序,特别是独特之处,做一番简要介绍。

一、涉外仲裁的受案范围

(一) 中国国际经济贸易仲裁委员会的受案范围

1. 原则规定

《贸仲规则》(2005)第2条确定了其受案范围的原则规定,即以仲裁的方式,独立、公正地解决契约性或非契约性的经济贸易等争议。

2. 具体规定

《贸仲规则》(2005)第3条具体指明了其涉外仲裁的管辖范围:国际的或涉外的争议案件;涉及香港特别行政区、澳门特别行政区或台湾地区的争议案件。

3. 金融争议的仲裁范围

根据《中国国际经济贸易仲裁委员会金融争议仲裁规则》第2条的规定,中国国际经济贸易仲裁委员会对金融争议的仲裁范围为:金融机构之间以及金融机构与其他法人和自然人之间在货币市场、资本市场、外汇市场、黄金市场和保险市场上所发生的本外币资金融通、本外币各项金融工具和单据的转让、买卖等金融交易,包括但不限于下列交易:贷款、存单、担保、信用证、票据、基金交易和基金托管、债券、托收和外汇汇款、保理、银行间的偿付约定、证券和期货。

（二）中国海事仲裁委员会的受案范围

1. 原则规定

《中国海事仲裁委员会仲裁规则》第 2 条第 1 款规定："中国海事仲裁委员会以仲裁的方式,独立、公正地解决海事、海商、物流争议以及其他契约性或非契约性争议,以保护当事人的合法权益,促进国际国内经济贸易和物流的发展。"

2. 具体规定

《中国海事仲裁委员会仲裁规则》第 2 条第 2 款规定仲裁委员会受理下列争议案件："（一）租船合同、多式联运合同或者提单、运单等运输单证所涉及的海上货物运输、水上货物运输、旅客运输争议；（二）船舶、其他海上移动式装置的买卖、建造、修理、租赁、融资、拖带、碰撞、救助、打捞,或集装箱的买卖、建造、租赁、融资等业务所发生的争议；（三）海上保险、共同海损及船舶保赔业务所发生的争议；（四）船上物料及燃油供应、担保争议,船舶代理、船员劳务、港口作业所发生的争议；（五）海洋资源开发利用、海洋环境污染所发生的争议；（六）货运代理,无船承运,公路、铁路、航空运输、集装箱的运输、拼箱和拆箱,快递,仓储,加工,配送,仓储分拨,物流信息管理,运输工具、搬运装卸工具、仓储设施、物流中心、配送中心的建造、买卖或租赁,物流方案设计与咨询,与物流有关的保险,与物流有关的侵权争议,以及其他与物流有关的争议；（七）渔业生产、捕捞等所发生的争议；（八）双方当事人协议仲裁的其他争议。"

二、涉外仲裁的法律适用

1. 涉外仲裁的程序法适用

从《中国海事仲裁委员会仲裁规则》的规定可以看出,涉外仲裁当事人有权决定仲裁所适用的程序规范。当事人可以根据案件需要以协议的方式约定缩短或延长仲裁规则中规定的程序期限或调整相关的程序事项；当事人也可以在仲裁程序进行过程中协议要求仲裁委员会或仲裁庭对其予以调整,以适合具体案件的需要。不过,是否准许,由仲裁委员会或仲裁庭决定。

2. 涉外仲裁的实体法适用

《武汉仲裁委员会仲裁规则》(2007)第 80 条规定："（一）仲裁庭应当根据当事人选择适用的法律对争议作出裁决。当事人未选择的,仲裁庭应当适用与争议事项有最密切联系的法律。（二）除非当事人另有约定,前款当事人选择的或者仲裁庭决定适用的法律系指实体法,而非冲突法。（三）仲裁庭适用法律时应当根据有效的合同条款并考虑有关的交易习惯。"

《涉外民事关系法律适用法》第 18 条则规定:当事人可以协议选择仲裁协议适用的法律。当事人没有选择的,适用仲裁机构所在地法律或者仲裁地法律。

上述规定皆表明在法律适用方面,涉外仲裁当事人的意思自治得到了较之国内仲裁更为充分的尊重。

三、涉外仲裁的申请与受理

（一）申请与受理

1. 申请

涉外仲裁案件的当事人申请仲裁,应依据各个仲裁规则的要求提交符合条件的仲裁申请书且附具相关证明文件,并按照仲裁委员会制定的仲裁费用表的规定预缴仲裁费。与国内仲裁一样,涉外仲裁申请书的具体内容亦应表明:有仲裁协议;有具体的仲裁请求和事实、理由;属于仲裁委员会的受理范围等事项。

2. 受理

《中国海事仲裁委员会仲裁规则》第13条明确规定:"仲裁程序自仲裁委员会或其分会发出仲裁通知之日起开始。"

仲裁委员会秘书处收到申请人的仲裁申请书及其附件后,经过审查,认为申请仲裁的手续不完备的,可以要求申请人予以补充;认为申请仲裁的手续已完备的,应立即向被申请人发出仲裁通知,并将申请人的仲裁申请书及其附件,连同仲裁委员会的仲裁规则、仲裁员名册和仲裁费用表各一份,一并发送给被申请人,同时也将仲裁通知、仲裁规则、仲裁员名册和仲裁费用表发送给申请人。

秘书处向申请人和被申请人发出仲裁通知时,应指定一名秘书处的人员负责仲裁案件的程序管理工作。

（二）答辩与反请求

1. 答辩

被申请人收到仲裁申请书副本后,应当在仲裁规则规定的期限内向仲裁委员会提交答辩书。中国海事仲裁委员会、武汉仲裁委员会的涉外仲裁规则规定的答辩期为收到仲裁通知之日起30天内,中国国际经济贸易仲裁委员会则为45天内。逾期提交,仲裁庭有权决定是否接受。被申请人未提交答辩书的,不影响仲裁程序的进行。

2. 反请求

涉外仲裁的被申请人可以承认或者反驳仲裁请求,也有权提出反请求。至于被申请人提出反请求的期限,《贸仲规则》(2005)与《中国海事仲裁委员会仲裁规则》分别规定为自被申请人收到仲裁通知之日起45天内或30天内,以书面形式提交仲裁委员会。《武汉仲裁委员会仲裁规则》(2007)则指出:被申请人如有反请求,应当在收到仲裁通知书之日起60日内以书面形式向本会提出。

被申请人提出反请求时,应在其反请求书中写明具体的反请求事项、理由以及所依据的事实,附具相关证据材料。此外,亦应按照仲裁委员会的仲裁费用表的规定,在仲裁委员会限定的期限内预缴仲裁费。

（三）仲裁协议效力异议

《中国海事仲裁委员会仲裁规则》规定："仲裁委员会有权对仲裁协议的存在、效力以及仲裁案件的管辖权作出决定。涉外仲裁当事人有权对仲裁协议的效力提出异议。如果一方申请仲裁委员会作出决定，另一方申请人民法院作出裁定，由人民法院裁定。但是，对仲裁协议效力的异议，如果仲裁委员会先于人民法院接受申请并已作出决定，以仲裁委员会的决定为准。"

涉外仲裁当事人对仲裁协议或仲裁案件管辖权的抗辩，应当在仲裁庭首次开庭前提出；对书面审理的案件的管辖权的抗辩，应当在第一次实体答辩前提出。逾期提出，视为放弃提出异议的权利。如果当事人未对管辖权提出异议且已作实体答辩或提起反请求，视为对仲裁协议和仲裁委员会管辖权的承认。而且，当事人对仲裁协议或仲裁案件管辖权提出抗辩不影响仲裁程序的进行。

涉外仲裁程序中所采取的临时措施，除了前文已经提到的海事仲裁中特有的其他临时措施外，在我国依然主要为财产保全与证据保全。不过，我国《仲裁法》第68条特别规定："涉外仲裁的当事人申请证据保全的，涉外仲裁委员会应当将当事人的申请提交证据所在地的中级人民法院。"当事人申请财产保全的，涉外仲裁委员会也应将其申请转交被申请人住所地或者财产所在地的中级人民法院采取保全措施。

四、组成仲裁庭

（一）选定或指定仲裁员

根据我国《仲裁法》的规定，涉外仲裁委员会可以从具有法律、经济贸易、科学技术等专门知识的外籍人士中聘任仲裁员。因此，涉外仲裁的仲裁员既可以是中国人，也可以是外国人。

涉外仲裁当事人指定仲裁员及首席仲裁员的期限，中国国际经济贸易仲裁委员会与中国海事仲裁委员会的仲裁规则均规定为15日。《武汉仲裁委员会仲裁规则》（2007）规定为自被申请人收到仲裁通知书之日起20日内。当事人未能按照前款规定选定或者委托仲裁委员会主任指定仲裁员的，由仲裁委员会主任指定。《中国海事仲裁委员会仲裁规则》还规定，双方当事人在被申请人收到仲裁通知之日起15天内未共同选定也未共同委托仲裁委员会主任指定首席仲裁员的，首席仲裁员由仲裁委员会主任指定。首席仲裁员与被选定或者被指定的两名仲裁员组成仲裁庭，共同审理案件。仲裁庭组成后，仲裁委员会应当将仲裁庭的组成情况书面通知双方当事人。

（二）仲裁员的回避

1. 仲裁员信息披露

涉外仲裁案件的仲裁员接受当事人选定或仲裁委员会主任指定的，应当签署仲裁员声明书,并向仲裁委员会书面披露可能引起对其公正性和独立性产生合理怀疑的任何事实或情况。在仲裁过程中出现应当披露情形的,仲裁员应当立即书面向仲裁委员会披露。仲裁委员会必须将仲裁员的声明书以及其披露的信息转交各方当事人。

2. 仲裁员的回避

当事人有权因对被选定或者被指定的仲裁员的公正性和独立性产生具有正当理由的怀疑而向仲裁委员会提出该仲裁员回避的要求,但应说明提出回避请求所依据的具体事实和理由,并举证。当事人对仲裁员的回避请求应以书面形式在第一次开庭之前提出,但所主张之回避事由的发生或得知是在第一次开庭审理之后的,不在此限。

以仲裁员披露的事实或情况为理由要求该仲裁员回避的,当事人应于收到仲裁员的书面披露后10天内向仲裁委员会书面提出申请。逾期没有申请回避的,不得以仲裁员曾经披露的事项为由申请该仲裁员回避。

仲裁员是否回避,由仲裁委员会主任作出决定。在仲裁委员会主任就仲裁员是否回避作出决定前,被请求回避的仲裁员应当继续履行职责。

替代的仲裁员选定或者指定后,由仲裁庭决定之前已进行过的全部或部分审理是否需要重新进行。

五、审理与裁决

(一) 审理方式与审理期限

1. 审理方式

仲裁庭组成之后,涉外仲裁就进入了仲裁审理阶段。仲裁庭应开庭审理案件。但经双方当事人申请或者征得双方当事人同意,而仲裁庭也认为不必开庭审理的,仲裁庭可以只依据书面文件进行审理并作出裁决。仲裁庭开庭审理案件应当不公开进行,如果双方当事人要求公开审理,由仲裁庭作出是否公开审理的决定。对于不公开审理的案件,双方当事人及其仲裁代理人、证人、仲裁员、仲裁庭咨询的专家和指定的鉴定人、秘书处的有关人员,均不得对外界透露案件实体和程序进行的情况。

第一次开庭审理的日期,经仲裁庭决定后,由秘书处于仲裁规则规定的期限内提前通知双方当事人。当事人如有正当理由的,可以请求延期,但应该在规定的时间以书面形式向秘书处提出;是否延期,则由仲裁庭决定。

涉外仲裁案件开庭审理的经过,以及关于仲裁和解、仲裁调解的规定,与国内仲裁并无本质上的差别。无论是国内仲裁机构还是涉外仲裁机构都必须平等地保障当事人的程序权利,公平合理地解决当事人之间的纷争。

2. 审理期限

自组庭之日起 6 个月内,仲裁庭应对涉外仲裁案件作出裁决。在仲裁庭的要求下,仲裁委员会秘书长认为理由正当确有必要的,可以延长该期限。

(二) 作出仲裁裁决

仲裁庭应当根据事实,依照法律和合同规定,参考国际惯例,并遵循公平合理原则,独立公正地作出裁决。仲裁庭在其作出的裁决中,应当写明仲裁请求、争议事实、裁决理由、裁决结果、仲裁费用的承担、裁决的日期和地点。当事人协议不写明争议事实和裁决理由的,以及按照双方当事人和解协议的内容作出裁决的,可以不写明争议事实和裁决理由。仲裁庭有权在裁决中确定当事人履行裁决所确定的义务的具体期限及逾期履行所应承担的责任。仲裁庭还有权在裁决书中决定双方当事人最终应向仲裁委员会支付的仲裁费和其他费用,以及在裁决书中决定败诉方应当补偿胜诉方因为办理案件所支出的合理费用。

作出裁决书的日期,即为裁决发生法律效力的日期。涉外仲裁裁决是终局的,对双方当事人均有约束力。任何一方当事人均不得向法院起诉,也不得向其他任何机构提出变更仲裁裁决的请求。

涉外仲裁中对于简单案件同样可以适用简易程序。除非当事人另有约定,争议金额不超过人民币一定金额的案件,通常为不超过人民币 100 万元或 50 万元的案件,能够适用简易程序进行仲裁。争议金额超过仲裁规则规定的数额,但双方当事人同意的,或者经一方当事人书面申请并征得另一方当事人书面同意的案件,亦可适用简易程序。没有争议金额、争议金额不明或者当事人对争议金额或其确定方式有不同意见的,由仲裁委员会根据案件复杂程度、涉及利益的大小和范围以及其他因素综合考虑决定是否适用简易程序。

拓展阅读

1. 孙南申:《涉外仲裁司法审查的若干问题研究——以仲裁协议为视角》,载《法商研究》2007 年第 6 期。

2. 张圣翠:《强行规则对国际商事仲裁的规范》,载《法学研究》2008 年第 3 期。

3. 赵秀文:《从福克公司案看法院对我国涉外仲裁裁决的监督》,载《法学家》2005 年第 2 期。

4. 宋晓:《涉外仲裁条款的准据法——"恒基公司案"对实在法和法院裁判的双重拷问》,载《法学》2008 年第 6 期。

司法考试真题

1. 关于涉外民事诉讼及仲裁中相关问题的说法,下列哪一选项是错误的?(2008年)

   A. 涉外民事诉讼的财产保全,只能依申请开始,法院不能依职权进行
   B. 涉外财产保全中的诉前财产保全,法院可以责令申请人提供担保
   C. 涉外仲裁裁决在外国的承认与执行,只能由当事人向有关外国法院申请
   D. 涉外民事判决的承认与执行,既可以由当事人向有管辖权的外国法院申请,也可以由人民法院请求外国法院承认与执行

第九章 仲裁文书

本章提要

以争议双方依法达成通过仲裁解决纠纷的合意所形成的仲裁协议为基础，仲裁当事人及其委托代理人为申请或参加仲裁，仲裁机构为处理争议和确定当事人之间的权利义务关系而制作的具有法律效力或法律意义的法律文书的总和即为仲裁文书。以制作主体为标准，可将仲裁文书划分为：仲裁当事人及其委托代理人制作的仲裁文书和仲裁机构制作的仲裁文书。仲裁协议书、仲裁申请书和仲裁答辩书由仲裁当事人以及代书人制作。仲裁裁决书和仲裁调解书由仲裁机构制作。

关键词

仲裁文书　仲裁协议书　仲裁申请书　仲裁答辩书　仲裁裁决书　仲裁调解书

第一节　仲裁协议书

仲裁文书，是指在争议双方依法达成的仲裁协议的基础上，仲裁当事人及其委托代理人为申请或参加仲裁，仲裁机构为处理解决争议和确定当事人之间的权利义务关系而制作的具有法律效力或法律意义的法律文书的总称。以制作主体为标准来划分，可将仲裁文书分为：仲裁当事人及其委托代理人制作的仲裁文书和仲裁机构制作的仲裁文书。仲裁当事人及其委托代理人制作的文书包括仲裁协议书、仲裁申请书、仲裁答辩书、仲裁反申请书、仲裁保全申请书、仲裁担保书等；仲裁机构制作的文书主要有仲裁裁定书、仲裁裁决书、仲裁调解书等。其中较为重要且常用的仲裁文书为仲裁协议书、仲裁申请书、仲裁答辩书、仲裁裁决书以及仲裁调解书。下面分别对如何制作这些仲裁文书进行介绍。遵照整个仲裁活动在时间上推进的先后顺序，首当其冲应予介绍的便是仲裁协议书。

一、仲裁协议书的概念

仲裁协议书，是指当事人之间合意达成的将特定民商事争议提交仲裁解决的书面协议。仲裁协议书是双方当事人自愿将他们之间发生的争议提交某一仲裁机构并依其仲裁规则予以解决的一种书面意思表示,也是为法律所认可的赋予仲裁机构管辖权以受理并裁决仲裁案件的唯一依据。

根据我国《仲裁法》第16条第2款的规定,仲裁协议必须具备三要素:一是要有请求仲裁的意思表示;二是要有仲裁事项;三是要有选定的仲裁委员会。在制作仲裁协议书时,必须满足这些基本的要件。

二、仲裁协议书的结构和样式

作为法律文书的仲裁协议书包括书面的仲裁协议书和合同中的仲裁条款。这两种仲裁协议书,在结构、样式和表现形式方面均存在着一定的差别,在制作时应格外加以注意。

(一)示范仲裁条款简介

仲裁条款,是在当事人签订的主合同中以单独的条款形式存在的书面仲裁协议。

由于仲裁条款包含于主合同中,因而大多内容简短,在完整体现当事人的真实意思表示方面容易产生歧义,从而引发争执。在仲裁实践中,因仲裁条款表述不规范而导致仲裁协议无效的情形屡屡发生。为规范仲裁协议的内容,便利当事人订立仲裁条款,促进仲裁机构仲裁权的有效行使,国内以及国际的许多仲裁机构纷纷推出了示范仲裁条款供当事人参考。

下面集中介绍一些具有代表性的示范仲裁条款:

1. 中国国际经济贸易仲裁委员会推荐的示范仲裁条款

凡因本合同引起的或与本合同有关的任何争议,均应提交中国国际经济贸易仲裁委员会,按照申请仲裁时该会现行有效的仲裁规则进行仲裁。仲裁裁决是终局的,对双方均有约束力。

2. 中国海事仲裁委员会推荐的示范仲裁条款

凡因本合同引起的或与本合同有关的任何争议,均应提交中国海事仲裁委员会,按照申请仲裁时该会现行有效的仲裁规则进行仲裁。仲裁裁决是终局的,对双方均有约束力。

3. 香港国际仲裁中心推荐的示范仲裁条款

(1)由香港国际仲裁中心管理的仲裁:

凡因本合同所引起的或与之相关的任何争议、纠纷或索赔,包括违约、合同的效力和终止,均应根据提交仲裁通知时有效的《香港国际仲裁中心机构仲裁规则》,在香港仲裁解决。

（2）按 UNCITRAL 规则仲裁：

凡因本合同产生或与本合同有关的争议、争执或索偿，或违约、合同的终止或有效无效，均应通过仲裁解决。仲裁按目前有效的《联合国国际贸易法委员会仲裁规则》进行，但可作下述修改。

指定仲裁员的机构是香港国际仲裁中心。

仲裁地点在香港的香港国际仲裁中心。

（3）本地仲裁：

凡因本合同产生或与本合同有关的任何争议或分歧均应提交香港国际仲裁中心并按其本地仲裁规则通过仲裁解决。

4. 伦敦国际仲裁院推荐的示范仲裁条款

（1）未来争议

合同的当事人拟将未来的争议按照伦敦国际仲裁院的规则提交仲裁的，建议使用下列条款。方括号中的词语或空格应适当地删除或填写。

由于本合同而产生的或与本合同有关的任何争议，包括对其存在、效力或终止的任何问题，均应按照伦敦国际仲裁院的规则提交仲裁并通过仲裁予以最终解决，伦敦国际仲裁院的规则被视为已经并入本条款之内。

仲裁员人数应为[一/三名]。

仲裁地点应为[国家及/或城市]。

仲裁程序使用的语言应为[ ]。

合同的管辖法律应为[ ]的实体法。

（2）现存争议

倘若争议已经发生，但当事人之间并无同意进行仲裁的协议或当事人拟变更解决争议的条款以便提交伦敦国际仲裁院仲裁，建议使用下列条款。方括号中的词语或空格应适当地删除或填写。

当事人之间关于[ ]已经发生争议，当事人特此协议将该争议按伦敦国际仲裁院规则提交仲裁并通过仲裁予以最终解决。

仲裁员人数应为[一/三名]。

仲裁地点应为[国家及/或城市]。

仲裁程序使用的语言应为[ ]。

合同的管辖法律应为[ ]的实体法。

5. 国际商会国际仲裁院推荐的示范仲裁条款

所有由于本合同产生的或者与本合同有关的争议，均应当根据国际商会仲裁规则并按本规则指定的一名或者多名仲裁员解决。

6. 《联合国国际贸易法委员会仲裁规则》推荐的示范仲裁条款

由于本合同而发生的或与本合同有关的任何争议、争端或请求,或有关本合同的违约、终止、无效,应按照目前有效的联合国国际贸易法委员会仲裁规则予以解决。

附注——当事人双方得要求加入:

(一)任命机构应为……(机构或个人的名称或姓名);

(二)仲裁员人数应为……(一人或三人);

(三)仲裁地点应为……(城镇或国家);

(四)仲裁进程中所用的一种或多种语言应为……

(二)仲裁协议书的结构和样式

仲裁协议书

当事人名称(或姓名):(写明基本情况)

当事人名称(或姓名):(写明基本情况)

我们双方愿意提请×××仲裁委员会根据其仲裁规则仲裁解决如下争议:

一、(争议内容)

1. _____
2. _____
3. 争议的事项及其所产生的法律关系

二、我们同意仲裁裁决是终局的,对双方均有约束力。

当事人名称(或姓名)	当事人名称(或姓名)
法定代表人签章	法定代表人签章
日期	日期

(三)仲裁补充协议书

我国《仲裁法》第18条规定:"仲裁协议对仲裁事项或者仲裁委员会没有约定或者约定不明确的,当事人可以补充协议;达不成补充协议的,仲裁协议无效。"当事人达成的仲裁协议出现了缺陷,不完全符合法定的生效要件,并不必然导致其无效,双方还可以补充协议的方式进行补救,于是就有了仲裁补充协议书。

仲裁补充协议书

根据《中华人民共和国仲裁法》,我们经过协商,愿就____年__月__日签订的_____合同第_____条约定的仲裁事项,达成如下补充协议:

凡因执行本合同或与本合同有关的一切争议，申请_____仲裁委员会仲裁，并适用_____仲裁委员会仲裁规则。_____仲裁委员会的裁决是终局的，对双方都有约束力。

当事人名称(姓名)：　　　　　　　当事人名称(姓名)：
法定代表人：　　　　　　　　　　法定代表人：
签名(盖章)　　　　　　　　　　　签名(盖章)
　　年　月　日　　　　　　　　　　　年　月　日

三、仲裁协议书的制作解析

（一）首部

仲裁协议书的首部首先应标明文书标题，即仲裁协议书。然后写明达成协议的双方当事人的基本情况。

（二）正文

仲裁协议书的正文就是双方当事人所达成合意的具体内容，包括约定的仲裁事项、将争议提交的仲裁委员会的名称、仲裁裁决的效力等。

1. 选定的仲裁机构

选定具体的仲裁委员会是我国仲裁协议的法定特别生效要件。因此为避免仲裁协议的无效，当事人必须在仲裁协议书中明确约定具体的仲裁机构，也就是正确写明所选择的仲裁委员会的名称。

2. 仲裁事项

我国立法确定的仲裁事项是：平等主体的公民、法人和其他组织之间发生的合同纠纷和其他财产权益纠纷。仲裁协议书中约定的仲裁事项应当在此范围之内，否则会影响仲裁协议的效力。

仲裁事项可分为概括的仲裁事项和具体的仲裁事项。当事人协议仲裁的是全部财产权益纠纷，为概括的仲裁事项；当事人协议仲裁的是某项财产权益纠纷，为具体的仲裁事项。无论当事人请求仲裁的事项属于哪一种，皆应将之表述得清楚明白。

3. 仲裁裁决的效力

仲裁实行一局仲裁的制度。仲裁裁决作出后，当事人不得就同一纠纷再次申请仲裁或者向人民法院起诉。故而仲裁协议书有必要表明仲裁裁决的终局性。

除上述必备内容以外，仲裁协议书还可以根据当事人的需要，写明诸如仲裁所适用的规则、仲裁地点、仲裁费用的负担等其他方面的内容。

(三) 尾部

1. 协议当事人的签署

仲裁协议书的尾部应由当事人进行签署,并加盖印章。当事人为法人或其他组织的,法定代表人或负责人亦应签名盖章;如果有委托代理人的,也应一并签名盖印。

2. 标注订立仲裁协议的日期

双方当事人应如实填写达成协议的具体日期。

第二节 仲裁申请书

一、仲裁申请书的概念

仲裁申请书,是指因发生约定范围内的争议事项,仲裁协议的一方当事人请求选定的仲裁委员会受理案件并依法作出裁决以解决纠纷的书面申请。

根据我国《仲裁法》第 22 条的规定,当事人申请仲裁,应当向仲裁委员会提交仲裁申请书。这是仲裁机构启动仲裁程序,受理仲裁案件的前提和基础。申请人应向仲裁委员会提交仲裁申请书及副本。仲裁申请书既可由申请人自己制作,也可请律师或其他人代书。仲裁委员会自收到仲裁申请书之日起 5 日内,认为符合受理条件的,应当受理,并及时通知申请人;认为不符合受理条件的,应当书面通知申请人不予受理且说明理由。

二、仲裁申请书的结构和样式

在结构和样式方面,仲裁申请书比较接近于诉讼案件中当事人的起诉状。实践中常用的样式如下:

仲裁申请书

申请人:(写明其姓名或名称及基本情况)
地址: 邮政编码:
法定代表人(负责人):   职务:
住所: 邮政编码:
电话: 传真:
委托代理人: 工作单位:
地址: 邮政编码:
电话: 传真:

被申请人:(写明其姓名或名称及基本情况)
地址:　　　　　　　　　　　邮政编码:
法定代表人(负责人):　　　　职务:
住所:　　　　　　　　　　　邮政编码:
电话:　　　　　　　　　　　传真:
仲裁依据:(申请人提出仲裁申请所依据的仲裁协议)

仲裁请求:

(依照主次顺序逐一列明各项仲裁请求。仲裁请求的事项必须清楚明了,涉及的金额应具体、明确,并写出具体的币种;如果主张利息的,必须清晰地表明计算利息的起止时间及利率;申请人还有其他非金钱请求的,应表述出权利请求的具体内容,使其具有可执行性。)

事实与理由:

(简明扼要地叙述申请人所认为的、并且有证据证明的纠纷经过,力争做到重点突出、层次分明且条理清楚。阐述理由应言简意赅。)

此致
×××仲裁委员会

申请人:(印章)
委托代理人:(签字盖章)
××××年××月××日

附:本申请书副本____份。
　　合同副本____份。
　　仲裁协议书____份。
　　其他有关文件____份。

三、仲裁申请书的制作解析

(一) 首部

1. 文书名称,即"仲裁申请书"
2. 当事人的基本情况

当事人包括申请人和被申请人,其基本情况的表述分为两种情形:当事人是自然人的,依次写明申请人及被申请人的姓名、性别、年龄、职业、工作单位和住所;当事人为法人或者其他组织的,写明名称、住所、邮政编码和法定代表人或者主要负责人的姓名、职务、邮政编码、电话及传真。当事人委托了律师或者有其他委托代理人参加仲裁活动的,还应交代清楚委托代理人的情况。具有涉外因素的案件,当事人为外国人的,写明其外文原名;当事人为中国人的,注明其身份证号码。如有需要还可写出申请人的电子邮箱地址,以方便联系。

（二）正文

仲裁申请书的正文由申请仲裁所依据的仲裁协议,申请人提出的如何解决争议的权利主张即仲裁请求,及其所依据的事实和理由等内容组成。

1. 仲裁依据

此处应引述当事人达成的仲裁协议的具体内容。

2. 仲裁请求

应简洁明了地完整表达出申请人请求仲裁所希望达到的目的和要求。仲裁请求也是仲裁员衡量、评判的对象。因此,仲裁请求的内容应当鲜明而具体,体现出合法性与合理性。如包含有两项以上的请求,最好列项写出,涉及的有关金额也应清晰而确定。

3. 事实和理由

这是仲裁申请书中最主要的部分,是申请人提出仲裁请求的依据之所在。该内容一般从两个方面分别进行表述:首先,遵循法律文书叙述事实的要求,依循因果关系陈述当事人之间形成了何种法律关系,何时引发的纠纷,纠纷发生的原因、经过和结果,双方当事人争议的焦点或主要分歧。纠纷涉及的关键情节应借助于详细叙述加以突出。其次,制作者应从争议事实出发,围绕仲裁请求展开论证。最好援引出具体的法律条款来阐明自身仲裁请求的正当与合法。

文书制作者应根据相关法律规定分析纠纷的法律性质,并按照责任人的行为所造成的危害后果说明其应承担的法律责任。论证部分应力求做到符合逻辑、层次分明,体现出较强的说服力。

在制作仲裁申请书的正文时,制作者应尽量选用规范性的语言,正确运用法律术语阐明自己的主张。语言表达应力争做到让没有亲历争议发生的仲裁员借助申请书的陈述能够初步了解案情,并据此判断应否受理此项争议。

（三）尾部

1. 写明致送的仲裁委员会的名称

2. 申请人签名、盖章

申请人为法人或其他组织的,除注明单位名称加盖公章外,还应由法定代表人或主要负责人签名并盖章。

3. 提出仲裁申请的日期

4. 附项

附项通常应注明"本申请书副本×份",申请书副本的份数由申请人按对方当事人的人数和仲裁庭组成人员的数量提供;提交的仲裁协议书或包含仲裁条款的合同副本的份数;申请人提交的证据清单,应交待清楚证据的名称、来源或线索,证人的姓名、住址。

第三节 仲裁答辩书

一、仲裁答辩书的概念

仲裁答辩书,是指仲裁案件的被申请人针对申请人提出的仲裁请求及所依据的事实和理由作出回答和辩解而制作的仲裁文书。

根据我国《仲裁法》第 25 条的规定,被申请人收到仲裁申请书副本后,应当在仲裁规则限定的期限内向仲裁委员会提交答辩书。仲裁委员会收到答辩书后,必须在仲裁规则限定的期限内将答辩书副本送达申请人。因此,被申请人如要进行书面答辩,应在法定期限内提交仲裁答辩书。从我国现行的法律规定来看,是否提交仲裁答辩书是被申请人的一项重要权利,被申请人为维护自身的合法权益、回应对方的请求及申辩己方的主张,有权利在仲裁规则所确定的法定期限内提交仲裁答辩书。不过,被申请人未提交答辩书的,不影响仲裁程序的继续进行。仲裁答辩书可由被申请人自己书写,也可请他人代书。

二、仲裁答辩书的结构和样式

与仲裁申请书相仿,仲裁答辩书的结构与样式同诉讼案件的答辩状相类似。通行的仲裁答辩书的样式如下:

仲裁答辩书

答辩人:(写明姓名或名称及基本情况)
地址: 邮政编码:
法定代表人(负责人):   职务:
电话: 传真:
委托代理人: 工作单位
地址: 邮政编码:
电话: 传真:
被答辩人:(写明姓名或名称及基本情况)
地址: 邮政编码:
法定代表人: 职务:
电话: 传真:

答辩人_____于____年__月__日收到你会转来的_____仲裁案的仲裁申请书及有关材料,现就被答辩人向你会提出的仲裁请求,答辩如下:

（答辩的理由和意见）
　　此致
×××仲裁委员会

答辩人：（印章）
委托代理人：（签字盖章）
××××年××月××日

附：本答辩书副本____份。
　　其他有关文件____份。

三、仲裁答辩书的制作解析

（一）首部

1. 文书名称，即"仲裁答辩书"

2. 答辩人的基本情况

具体要求与仲裁申请书中申请人的叙写一致。若有委托代理人的，亦应写明委托代理人的情况。

3. 答辩的对象

这一部分应表明答辩人进行答辩所针对的具体案件，其内容相对较为固定。一般可表述为："答辩人_____于____年__月__日收到你会转来的_____仲裁案的仲裁申请书及有关材料，现就被答辩人向你会提出的仲裁请求，答辩如下："或"就××仲裁委员会编号为×××的案件中，对于申请人××××年××月××日提出的仲裁请求，本公司现提出答辩如下："。

（二）正文

仲裁答辩书的正文由答辩的理由和意见两部分组成：

1. 答辩的理由

仲裁答辩书多以对仲裁申请书的反驳为主，在驳斥对方的同时树立己方的观点，故答辩的理由主要针对仲裁申请书的内容来展开，对其提出的意见和主张作出回答和辩解。如认为申请人所述的事实与真实情况相悖，可区分不同情况采取不同策略予以反击：仲裁申请书表述的事实部分正确、部分虚假的，着力反驳虚假事实，依据自身拥有的证据针锋相对地说明事情的真相究竟如何；如果申请人完全隐瞒或歪曲事实的，则直接指陈其错误，全面叙述己方所掌握的真实情况。申请人援引的法律条款存在错误的，亦可提出自己认为正确的规定给予驳斥。但在驳斥对方时必须合情合理，不能强词夺理。申请人所述属实的，则应主动认可，不必在仲裁答辩书中重复相关内容。唯其如此，才能达到预期的目标，实现理想的结果。

仲裁答辩书与仲裁申请书不同，前者以后者作为直接的反击对象，所以在制作时不要置仲裁申请书的内容不顾而全然另起炉灶。被申请人应以申请人的主张和观点为基础，紧紧围绕争议事实存在与否、过错责任究竟在哪一方等问题，结合法律、情理进行分析，有理有力地进行反驳与辩解，从而维护自身的合法权益。

2. 答辩的意见

据理力争地驳斥了仲裁申请书中出现的错误之后，被申请人可顺理成章地向仲裁机构提出自己的观点和主张，请求其驳回对方所请。

被申请人若欲对申请人提出反请求的，可单独提交反申请书，亦可直接在答辩书中提出反请求的具体要求，必要时单独阐明其所依据的事实、证据及理由。

（三）尾部和附项

1. 尾部

包括致送的仲裁委员会的名称；答辩人及委托代理人签名盖印；答辩日期。

2. 附项

包括仲裁答辩书的副本数及被申请人提交的证据清单等。

第四节 仲裁裁决书

一、仲裁裁决书的概念

仲裁裁决书，是指仲裁机构受理当事人的仲裁申请后，依据法定的程序对案件进行审理，根据已查明的事实、认定的证据和有关法律规定，就案件的实体问题作出的具有法律效力的书面处理决定。

我国《仲裁法》第54条规定："裁决书应当写明仲裁请求、争议事实、裁决理由、裁决结果、仲裁费用的负担和裁决日期。当事人协议不愿写明争议事实和裁决理由的，可以不写。裁决书由仲裁员签名，加盖仲裁委员会印章。对裁决持不同意见的仲裁员，可以签名，也可以不签名。"该条文正是制作仲裁裁决书最直接的法律依据。

另外，根据我国《仲裁法》的规定，仲裁裁决应当按照多数仲裁员的意见作出。如若少数仲裁员有不同意见的，可以记入笔录。仲裁庭不能形成多数意见时，应遵从首席仲裁员的意见作出裁决。仲裁庭在审理案件的过程中，其中一部分事实已经清楚，可就该部分先行裁决。由于仲裁实行一裁终局制，所以裁决书自作出之日起发生法律效力。义务人未能自觉履行仲裁裁决书确定的义务时，权利人可以仲裁裁决书为根据向有执行管辖权的人民法院申请强制执行，使裁决结果得以实现,以维护自身的权益。

二、仲裁裁决书的结构和样式

仲裁裁决书是非常典型的法律文书,同样由首部、正文、尾部三部分组成。不过,比起与之相近的民事判决书来,制作仲裁裁决书的灵活性较大,而且各个仲裁委员会制作的裁决书或多或少存在着一定的差异,其结构与格式并不完全一致。具有代表性的仲裁裁决书的结构为:

××××仲裁委员

裁决书

(××××)×仲裁字第××号

申请人:×××(写明身份情况)

地址:×××

委托代理人:×××

被申请人:×××(写明身份情况)

地址:×××

委托代理人:×××

案件由来和审理经过:(交代整个仲裁过程中所涉及的有关程序事项)

双方当事人的仲裁请求与理由:

……(写明双方争议的内容及各自的主张,并列举当事人提供的证据)

仲裁庭认定的事实和证据:

……(写明仲裁庭最终查明的案件事实和认定的证据)

案件的争议焦点:

……(写明仲裁庭总结的当事人的争议焦点)

仲裁庭的意见:

……(论证作出裁决的理由)

裁决结果:

……(援引作出裁决所依据的法律条款项),裁决如下:

(一)……

(二)……

(三)本案仲裁费×××元,由×××承担。

本裁决为终局裁决,自作出之日起发生法律效力。

首席仲裁员:×××

仲裁员:×××

仲裁员：×××
××××年××月××日（印章）
书记员：×××

三、仲裁裁决书的制作解析

（一）首部

1. 标题

仲裁裁决书的标题包括文书制作机构的名称和文书种类名称，即"××××仲裁委员会裁决书"。仲裁委员会的名称应该写规范的全称而不能使用简称。

2. 文书编号

顺次写明案件年度、仲裁机构简称、文书性质、仲裁案件顺序号，即"（××××）×仲裁字第×号"。如武汉仲裁委员会2011年受理的第76号仲裁案件，文书编号为："（2011）武仲裁字第76号"。

3. 当事人的基本情况

写明申请人与被申请人的基本情况，其具体内容与仲裁申请书相同；当事人有委托代理人的，亦应一并交代清楚。

4. 案件由来和审理经过

这一部分应详细介绍仲裁委员会从收到当事人的仲裁申请直至仲裁庭作出裁决的全过程经历的所有程序事项。首先应写明仲裁委员会受理案件所依据的仲裁协议及仲裁申请，并交代清楚具体的日期；紧接着说明仲裁本案所适用的仲裁规则；然后交代仲裁员的选定、指定及仲裁庭的组成等情况；最后表述仲裁庭开庭审理或书面审理本案的经过以及仲裁庭作出裁决的日期。如果仲裁过程中还包括仲裁委员会就案件的管辖权及仲裁协议的有效性作出的决定，向未答辩、未出庭的当事人送达有关材料及通知，以及对财产保全、证据保全申请的转交与执行，作出或执行了先行裁决等程序事项，亦应一一予以说明。如：

厦门仲裁委员会（以下简称本会）根据申请人厦门XX房地产开发有限公司（以下称申请人）与被申请人泉州市×××装饰工程有限公司厦门分公司于2004年5月1日签订的《房屋租赁合同》中约定的仲裁条款及申请人于2006年9月30日向本会提交的《仲裁申请书》，受理了申请人与被申请人之间因上述合同引起的纠纷仲裁案，案号为XA2006-×××。

2006年10月8日，本会秘书处将本案《受理通知书》、《厦门仲裁委员会仲裁规则》（2002年11月1日起施行，以下简称《仲裁规则》）、《厦门仲裁委员会仲裁员名册》（以下简称《仲裁员名册》）以直接送达方式送达给申请人；同月13

日,本会秘书处将本案《仲裁通知书》、《仲裁规则》、《仲裁员名册》、《仲裁申请书》(副本)及附件材料以直接送达方式送达给被申请人。

根据《仲裁规则》的规定,本会于2006年10月24日组成了由申请人选定的××仲裁员、被申请人选定的×××仲裁员以及因双方当事人未共同选定而由本会主任指定的×××为首席仲裁员的仲裁庭,审理本案。双方当事人对本会受理本案及本案仲裁庭的组成均没有异议。

仲裁庭详细审阅本案证据材料后,于2006年11月6日在本会仲裁厅开庭审理了本案,申请人的仲裁代理人、被申请人的负责人到庭进行了陈述、质证和辩论,并回答了仲裁庭的提问。

鉴于双方当事人均有调解意愿,并考虑到需要给予双方当事人一定的调解期限,本案审理期限届满后,仲裁庭经研究并由首席仲裁员报请本会主任批准,本案审理期限延长至2007年4月24日。

经调解,双方当事人就本案部分仲裁请求达成了一致意见,并已实际履行,但未能就其他仲裁请求达成一致意见。

本案现已审理终结,仲裁庭根据审理情况,经合议后作出仲裁裁决。①

(二) 正文

仲裁裁决书的正文与民事判决书十分相近,由案件事实与证据、仲裁庭的意见、裁决结果等内容组成。其组成部分的具体内容包括:

1. 当事人提出的事实、理由和仲裁请求

此部分乃是对双方当事人在整个仲裁过程中提出的全部仲裁请求、事实及理由的概括,也是仲裁员认定事实和证据以及作出裁决的前提和基础。在制作时应集中而简练地完整体现当事人的仲裁主张及其理由,既要认真归纳申请书、答辩书的内容,也要综合各方当事人及其委托代理人在审理过程中进行陈述、答辩、质证、辩论时所主张的事实、提出的权利请求以及关于适用法律的意见,如实反映各方当事人的分歧。

具体而言,宜先陈述申请人的主张和请求;再列出答辩人的理由和要求。之后,再按一定次序列出申请人为支持自己的观点所举出的证据,写明证据名称、来源以及所要证明的事实。被申请人提供的证据也一并列出。列举证据,可采取一证一号的方式顺次排列;也可按照证据所要证明的案件事实分组列出。同时还必须写出相对方的质证意见。

2. 仲裁庭认定的事实和证据

该部分的主要内容有:当事人之间争议的民商事法律关系发生的时间、地点

---

① 该文书片段引自厦门仲裁委员会网站:http://www.xmac.org.cn/researchd.asp?id=680&Cat_id=research_005,2011年5月20日访问。

及具体内容;该法律关系的发展、纠纷产生的原因、经过和后果及持续至今的状态。叙述事实宜遵循时间顺序,将已经发生的、有证据证明的或者当事人一致认可的案件经过清楚明白地呈现出来,力求客观、全面、真实地反映案情,同时要找准并突出重点,详述主要情节及因果关系。制作裁决书时,制作者是知道裁决结果的,因而对整个事实的叙述始终要注意与裁决结果相契合,凡是与理由部分区分责任相对应的事实不能忽略细节。对双方当事人分歧较大的事实也应结合仲裁庭的观点予以详述,其他则概括叙述。

仲裁庭裁决的结果是以其认定的案件事实为基础的,而任何案件事实都必须依靠定案证据予以证明。仲裁庭审理查明事实的过程,也就是对当事人提供的证据加以审核认定的过程。仲裁裁决书应与民事判决书一样,对裁决依据的证据有无证明力及证明力的大小作出明确判断,并对证据的审查结论即采信与否公开进行说明。

3. 案件的争议焦点

在认定了案件的事实和证据之后,裁决书可对双方当事人之间的争议焦点进行总结和评判。归纳争议焦点宜准确、简明,如有多个争议焦点可用序号标注分别阐明。如:

本案中,双方当事人的争议焦点集中在两个方面:

(一)申请人解除合同的理由是否成立?

申请人认为,被申请人没有按照约定的期限将装修完毕的商铺交付给申请人,使申请人为开业所做的种种准备均告无用,且错过了时机,签订合同的目的无法实现,故其有权要求解除合同。

被申请人则认为,双方签订的合同中并没有解除条件的约定,且不符合法定解除条件,被申请人已经完成约定的装修任务,是申请人自己不来收铺,故合同不能解除。

(二)2000元律师费是否属于赔偿的范围?

申请人认为,律师费是申请人为实现权利所支出的费用,是已经发生的,律师费应当赔偿。

被申请人则认为,在中国现行法律制度下,诉讼仲裁并不必然请律师,并且从证据上看,申请人提供的证据并不能证明2000元的律师费已经发生。[1]

4. 仲裁庭的意见

这是仲裁庭依据已认定的事实,对案件的性质、法律责任和如何适用法律所发表的权威性意见。应从案件事实和有关法律、法规出发,全面阐释和论证仲裁

---

[1] 参见《优秀裁决书选登(一)》,载《仲裁研究》2007年第4期。

庭对纠纷性质、当事人之间是非责任的划分以及如何解决纠纷的看法。裁决书说理必须突出针对性，体现案件的个性，并注重对法律条文的阐释，显示出以法为主，法、情、理三者相结合的原则。对于当事人的仲裁请求，合法有理的予以支持，不合法无理的则应予驳斥。论证说理应力争做到全面、充分、透彻，符合逻辑规律；力求详略得当，并以理服人。如：

（一）被申请人是否有义务支付人民币 23 万元

建造合同第 4.1.2 条规定"本合同每艘的合同价格为人民币（RMB）叁佰柒拾叁万元整"。第 4.1.3 条则规定："上述合同价格包括材料、设备、人员工资、消耗材料、检验费等。"因此本案建造合同是一个包干价格合同。

虽然被申请人提出了约定的价款显失公平的主张，但对 373 万元的合同价格数额本身则予以了确认。双方并确认被申请人已经支付且申请人已经收到共计人民币 350 万元。至于被申请人是否有义务支付合同价和已支付数额的差额则取决于仲裁庭对第四个问题即双方是否于 2009 年 8 月 26 日达成了协议的回答。

（二）被申请人是否有义务支付代购、代垫及新增项目款计人民币 29.08 万元

被申请人认为虽然其确实在 2009 年 8 月 26 日函中确认过被申请人应当支付的代购代垫及新增项目的款项，但该确认是以申请人同意被申请人提出的应扣款项为前提的。仲裁庭认为被申请人的上述主张不能成立。第一，被申请人的确认是一种处分行为，除非附有条件或存在相反的其他事实或法律原因，被申请人的确认对其是有拘束力的。第二，关于确认应补项目和数额是以申请人同意应扣项目和数额为前提的说法只是被申请人的主张，但是被申请人在 2009 年 8 月 26 日函中并没有作出任何保留或设定任何条件。第三，按照被申请人自己的主张，双方是在 2009 年 8 月 26 日进行协商并达成协议的，但被申请人实际上在 2009 年 8 月 4 日就已确认过应补项目及其数额，该确认应当不是以双方的协商或协议为基础的。第四，被申请人在上述两份文件中对应补项目及其数额有明确的描述，而且被申请人在庭审中也确认在鱿钓船的建造过程中确实存在代购代垫及新增项目。

（三）被申请人是否有义务支付税款计人民币 29.1075 万元

建造合同没有关于被申请人应当支付税款的约定。仲裁庭认为申请人主张应当由被申请人支付的税款是指其应纳且已纳之税款，系申请人的法定义务，构成其经营成本的组成部分。除非当事人另有相反约定，否则应当由申请人自己负担。因此要求被申请人承担税款没有法律依据。

（四）双方是否于 2009 年 8 月 26 日达成了协议

双方在 2009 年 8 月 26 日就建造合同的应付款项数额及支付是否达成协议

直接关系到本仲裁的成立与否。被申请人提出双方已在2009年8月26日的协商过程中达成了协议,却没有提供证据证明其所主张的协议及其内容的存在。仲裁庭认为被申请人的主张不能成立。

第一,被申请人支付人民币30万元应当不构成双方已经达成协议的证据。在2009年8月26日当日,双方对被申请人应当向申请人支付款项是没有争议的,即无论双方是否达成协议被申请人均负有支付的义务,因此被申请人支付人民币30万元不能证明双方已经达成的协议。

第二,2009年8月26日的结算情况说明充其量只能表明双方曾对结算有过接触或协商,但该结算情况说明并不能证明双方就此达成了协议。被申请人并没有证明双方对鱿钓船的建造价格进行重新确认的事实。

第三,被申请人知道有塑钢窗、齿轮箱、柴油款等的事实及其相应的金额也只能表明双方对结算有过接触或协商,并不能表明双方已经达成一致。因此,仲裁庭认为被申请人并未能证明其所主张的协议及其内容的真实存在。

（五）建造合同的价款是否显失公平

被申请人在反请求中提出,申请人利用其造船厂的优势,拉大合同约定价款,赚取暴利,导致涉案合同显失公平,因此,请求依法撤销申请人与被申请人之间所签订合同中关于争议船只造价的条款,并重新定价。

根据最高人民法院《关于贯彻执行〈中华人民共和国民法通则〉若干问题的意见(试行)》第72条规定:"一方当事人利用优势或者利用对方没有经验,致使双方的权利与义务明显违反公平、等价有偿原则的,可以认定为显失公平。"本案中被申请人主张的显失公平是指建造合同的价格显失公平。

仲裁庭认为被申请人的显失公平抗辩不能成立。

第一,被申请人是一个多年从事远洋捕鱼的专业公司并拥有自己的捕鱼专业船只,2004年已获得农业部远洋渔业企业资格,因此被申请人不具有"没有经验"这一特征。而申请人是一家规模较小甚至没有设计能力的船舶修造厂,无论是在和被申请人的交易中以及在船舶建造业均不具有优势。

第二,被申请人主张显失公平的理由并不是建造合同价和同类船舶市场建造价存在明显的差别,而是鱿钓船建造所需的材料数量和申请人实际使用的数量以及工时数存在差异,然而双方在建造合同中约定的价格是包干价格,并没有约定最终价格按照实际使用材料和工时数等确定或调整。

第三,显失公平应该是指当事人并非出于真实意愿或是在不知情的情况下与他人订立合同的情形。然而鱿钓船的设计是由被申请人自行委托第三人完成的,被申请人在设计完成后就可以知道鱿钓船建造所需的钢材等其他材料的数量,因此被申请人对材料的数量及单价等并非不知情。

（六）鱿钓船是否存在质量问题

被申请人在答辩中保留对鱿钓船的质量瑕疵提出诉请的权利，但被申请人始终没有向仲裁庭正式提出关于鱿钓船质量问题的请求也没有提交任何能够证明鱿钓船存在质量问题的证据。

就船舶建造而言，造船厂除了特定的质量保证外在船舶交接后并不承担其他的质量保证。由于被申请人并没有按照合同规定提出质保索赔，也没有证明鱿钓船的质量问题属于保修项目，因此仲裁庭不支持被申请人关于鱿钓船存在质量问题的主张。

（七）仲裁费用

本案仲裁费由申请人承担40%，由被申请人承担60%。①

在仲裁实践中，仲裁庭作出裁决通常先根据定案证据决定案件事实，然后凭借自身所掌握的法律专业知识进行评判，寻找出解决纠纷所适用的法律。仲裁庭的意见部分应如实展现仲裁员的这一法律推理过程。对仲裁庭意见进行总结和综合论证后，要全面引述裁决所依据的法律。引述法律必须准确、全面、具体。涉外案件还应当注意准据法的采用。裁决书引述条文过多使该部分显得冗长的，可考虑将其作为附录附于裁决书之后。引用法律条文需要遵循一定的条理和顺序，要具体引用到条款项。引用法律时一律写出法律的全称并加上书名号，条款项的序号用汉字表示。

5. 裁决结果

仲裁结果是仲裁庭依仲裁管辖权对案件实体问题作出的权威性判定。可参照民事判决书中判决结果的制作要求来完成。在满足具体、完整、细致、明确的条件下，写明仲裁庭对当事人提出的全部仲裁请求的回应。当事人合理的请求应予支持，不予支持的明确驳回。如果当事人承担责任的方式为偿付财物和金钱的，应写明履行的具体期限。此外，还要交代仲裁费用负担的事宜。仲裁费用的负担多采诉讼费用负担的原则，应写明双方当事人承担的具体数额。裁决结果必须独立和醒目，裁决有多项的，宜排出序号分项列明。如：

基于上述意见，仲裁庭作出裁决如下：

（1）被申请人赔偿申请人利润损失94,604美元。

（2）被申请人赔偿申请人为办理本案而支出的费用1,000美元。

（3）本案仲裁费共计21,282美元，由申请人与被申请人各承担50%。此款，已由申请人在申请仲裁时预付，故被申请人应向申请人支付10,641美元以

---

① 该文书片段引自中国海事仲裁委员会网站：http://www.cmac-sh.org/tx/10-05-08.htm，2011年5月21日访问。

补偿申请人为其垫付的仲裁费。

（4）驳回申请人的其他仲裁请求。

（5）上述1—3项，被申请人共计应向申请人支付106,245美元。被申请人应将上述款项于本裁决作出之日起60日内支付给申请人。逾期，则按年利率7%加计利息。

（三）尾部

1. 表明仲裁裁决的效力

通常表述为"本裁决为终局裁决，自作出之日起发生法律效力"。

2. 仲裁员签名、盖章

仲裁裁决书由首席仲裁员及仲裁员签名、盖章。对裁决持不同意见的仲裁员，也可以不签名。

3. 注明日期并加盖仲裁委员会印章

裁决书的日期应以裁决决定的日期为准。

第五节　仲裁调解书

一、仲裁调解书的概念

仲裁调解书，是指在仲裁过程中，仲裁机构依法主持调解，促使双方当事人平等自愿地达成解决纠纷的协议后所制作的记录该协议内容的具有法律效力的法律文书。

根据我国《仲裁法》的规定，仲裁庭在作出裁决前，可以先行调解。当事人自愿调解的，仲裁庭应当调解。调解达成协议的，仲裁庭应当制作调解书或者根据协议的结果制作裁决书。仲裁调解书与仲裁裁决书具有同等法律效力。由此可见，仲裁中双方当事人达成调解协议的，仲裁机构可以制作仲裁调解书。但在涉外仲裁中，仲裁庭通过调解方式促成双方当事人达成和解的，除非当事人另有约定，仲裁庭应根据当事人的书面和解协议制作仲裁裁决书来结案。所以，仲裁调解书只适用于国内仲裁。

仲裁调解应尊重当事人的意思自治，遵循自愿平等的原则；达成的调解协议应在不违背法律、法规的前提下充分反映当事人的意愿。这是仲裁调解不同于仲裁裁决之处，此一特点应该在仲裁调解书中体现出来。我国《仲裁法》第52条规定："调解书应当写明仲裁请求和当事人协议的结果。调解书由仲裁员签名，加盖仲裁委员会印章，送达双方当事人。调解书经双方当事人签收后，即发生法律效力。在调解书签收前当事人反悔的，仲裁庭应当及时作出裁决。"仲裁调解书必须严格依照法律规定来制作，并具备相关的程序要件。

二、仲裁调解书的结构和样式

××××仲裁委员会
调解书

(××××)×仲调字第××号

申请人:×××(写明身份情况)
住所:×××
委托代理人:×××
被申请人:×××(写明身份情况)
住所:×××
委托代理人:×××
案件由来和审理经过:(写明仲裁过程中所涉及的有关程序事项)
双方当事人的仲裁请求与理由:
……(写明双方争议的内容及各自的主张,并列举当事人提供的证据)
在仲裁庭主持下,双方当事人本着互谅互让,协商解决问题的精神,达成调解协议,仲裁庭确认的调解结果如下:
(仲裁庭确认的调解结果)
本调解书与裁决书具有同等法律效力,自双方当事人签收之日起生效。

仲裁员:×××
××××年××月××日(印章)
书记员:×××

三、仲裁调解书的制作解析

仲裁调解书的结构模式与人民法院的民事调解书相类似,由首部、正文、尾部三部分组成。

(一)首部

1. 标题

仲裁调解书的标题由制作机构名称和文书名称组成,即"××××仲裁委员会调解书"。

2. 文书编号

仲裁调解书的文书编号有制作年份、仲裁机构简称、文书性质及案件顺序号组成,表述为"(××××)×仲调字第×号"。

3. 当事人的基本情况，同于仲裁裁决书
4. 案件由来和调解经过
该部分的具体内容和要求与仲裁裁决书的此部分相同，这里不再赘述。

（二）正文
正文部分为仲裁调解书的主体与核心，应概述双方当事人在仲裁中提出的主张及相关事实，详细写明当事人达成的调解协议所包含的事项与内容。

1. 双方当事人的仲裁请求与理由

与仲裁裁决书相同，正文首先表明双方当事人所争议的事实和各自提出的仲裁请求。对于双方当事人在仲裁申请书和仲裁答辩书中所表明的观点和意见应当交代得清楚明白，使阅读者明了双方争议的焦点之所在。

2. 过渡部分

通常表述为"在仲裁庭主持下，双方当事人本着互谅互让、协商解决问题的精神，达成调解协议，仲裁庭确认的调解结果如下"。

3. 案件事实

仲裁调解书中案件事实的叙述应区分不同情形采取不同的方式进行表述。如果案件经过审理，仲裁员对争议事实已经认定清楚后再主持调解，促成双方当事人自愿达成了调解协议的，则写明仲裁庭所确认的案情，但当事人作出妥协让步的方面无需表现细节；如果案件是在受理后庭审之前，经仲裁庭征得当事人同意而调解达成协议的，则主要反映双方当事人争议的事实内容。因为在这种情况下，仲裁员未对案件进行审理，事实究竟如何无从得知。总体而言，与仲裁裁决书相比，仲裁调解书事实部分的叙述相对简略，主要应写清当事人双方之间发生了何种纠纷及争议的大致经过。

4. 协议内容

此处应如实地全面反映在仲裁员的主持下，双方当事人自愿达成的调解协议的内容。要充分体现出仲裁调解的特点，表现出对当事人调解意愿的尊重。调解协议的内容是解决当事人之间纠纷的依据，必须逐项清晰完整地进行罗列，以便于义务人依此履行自己的义务和执行机关采取强制执行措施。

（三）尾部

1. 表明仲裁调解书的效力

具体可表述为"本调解书与裁决书具有同等法律效力，自双方当事人签收之日起生效。"

2. 仲裁人员的签署及日期

此一部分的要求同于仲裁裁决书。

拓展阅读

1. 陈忠谦:《试论仲裁裁决书的制作》,载《仲裁研究》2007 年第 2 期。
2. 徐妤:《读得懂的公平合理——谈仲裁裁决书通俗化问题》,载《仲裁研究》2007 年第 3 期。
3. 王小莉:《仲裁调解书有关法律问题辨析》,载《仲裁研究》2008 年第 4 期。
4. 杨良宜:《论仲裁裁决理由》,载《中国海商法年刊》2009 年第 1 期。

附录一 历年司法考试真题精选参考答案

第一章 仲 裁

1. BC 2. A 3. ABC

第二章 仲 裁 法

1. B 2. CD 3. D

第四章 仲 裁 员

1. D

第五章 仲 裁 协 议

1. A 2. AB 3. BC 4. D 5. BCD 6. ABC

第六章 仲裁程序通则

1. ACD 2. ACD 3. AC 4. BC 5. D 6. ABCD 7. ACD 8. C
9. A 10. A 11. ACD 12. C 13. A 14. A 15. AD

第七章 仲裁司法监督

1. CD 2. CD 3. C 4. BCD 5. AD 6. C 7. D 8. D 9. AD

第八章 涉 外 仲 裁

1. B

附录二 《中华人民共和国仲裁法》(中英文对照)

中华人民共和国仲裁法
Arbitration Law of the People's Republic of China

1994 年 8 月 31 日第八届全国人民代表大会常务委员会第九次会议通过
(Adopted at the 8th Session of the Standing Committee of the 8th National People's Congress and Promulgated on August 31, 1994)

第一章 总 则
Chapter I General Provisions

第一条 为保证公正、及时地仲裁经济纠纷,保护当事人的合法权益,保障社会主义市场经济健康发展,制定本法。

Article 1 This Law is formulated in order to ensure that economic disputes shall be impartially and promptly arbitrated, to protect the legitimate rights and interests of the relevant parties and to guarantee the healthy development of the socialist market economy.

第二条 平等主体的公民、法人和其他组织之间发生的合同纠纷和其他财产权益纠纷,可以仲裁。

Article 2 Disputes over contracts and disputes over property rights and interests between citizens, legal persons and other organizations as equal subjects of law may be submitted to arbitration.

第三条 下列纠纷不能仲裁:
(一)婚姻、收养、监护、扶养、继承纠纷;
(二)依法应当由行政机关处理的行政争议。

Article 3 The following disputes shall not be submitted to arbitration:
1. disputes over marriage, adoption, guardianship, child maintenance and inheritance; and
2. administrative disputes falling within the jurisdiction of the relevant administrative organs according to law.

第四条 当事人采用仲裁方式解决纠纷,应当双方自愿,达成仲裁协议。没有仲裁协议,一方申请仲裁的,仲裁委员会不予受理。

Article 4 The parties adopting arbitration for dispute settlement shall reach an arbitration agreement on a mutually voluntary basis. An arbitration commission shall not accept an application for arbitration submitted by one of the parties in the absence of an arbitration agreement.

第五条 当事人达成仲裁协议,一方向人民法院起诉的,人民法院不予受理,但仲裁协议无效的除外。

Article 5 A people's court shall not accept an action initiated by one of the parties if the parties have concluded an arbitration agreement, unless the arbitration agreement is invalid.

第六条 仲裁委员会应当由当事人协议选定。

仲裁不实行级别管辖和地域管辖。

Article 6 An arbitration commission shall be selected by the parties by agreement.

The jurisdiction by level system and the district jurisdiction system shall not apply in arbitration.

第七条 仲裁应当根据事实,符合法律规定,公平合理地解决纠纷。

Article 7 Disputes shall be fairly and reasonably settled by arbitration on the basis of facts and in accordance with the relevant provisions of law.

第八条 仲裁依法独立进行,不受行政机关、社会团体和个人的干涉。

Article 8 Arbitration shall be conducted in accordance with the law, independent of any intervention by administrative organs, social organizations or individuals.

第九条 仲裁实行一裁终局的制度。裁决作出后,当事人就同一纠纷再申请仲裁或者向人民法院起诉的,仲裁委员会或者人民法院不予受理。

裁决被人民法院依法裁定撤销或者不予执行的,当事人就该纠纷可以根据双方重新达成的仲裁协议申请仲裁,也可以向人民法院起诉。

Article 9 The single ruling system shall be applied in arbitration. The arbitration commission shall not accept any application for arbitration, nor shall a people's court accept any action submitted by the party in respect of the same dispute after an arbitration award has already been given in relation to that matter.

If the arbitration award is canceled or its enforcement has been disallowed by a people's court in accordance with the law, the parties may, in accordance with a new arbitration agreement between them in respect of the dispute, re-apply for arbitration or initiate legal proceedings with the people's court.

第二章　仲裁委员会和仲裁协会
Chapter II　Arbitration Commissions and Arbitration Association

第十条　仲裁委员会可以在直辖市和省、自治区人民政府所在地的市设立，也可以根据需要在其他设区的市设立，不按行政区划层层设立。

仲裁委员会由前款规定的市的人民政府组织有关部门和商会统一组建。

设立仲裁委员会，应当经省、自治区、直辖市的司法行政部门登记。

Article 10　Arbitration commissions may be established in the municipalities directly under the Central Government, in the municipalities where the people's governments of provinces and autonomous regions are located or, if necessary, in other cities divided into districts. Arbitration commissions shall not be established at each level of the administrative divisions.

The people's governments of the municipalities and cities specified in the above paragraph shall organize the relevant departments and the Chamber of Commerce for the formation of an arbitration commission.

The establishment of an arbitration commission shall be registered with the judicial administrative department of the relevant province, autonomous region or municipalities directly under the Central Government.

第十一条　仲裁委员会应当具备下列条件：

（一）有自己的名称、住所和章程；

（二）有必要的财产；

（三）有该委员会的组成人员；

（四）有聘任的仲裁员。

仲裁委员会的章程应当依照本法制定。

Article 11　An arbitration commission shall fulfil the following conditions：

1. it must have its own name, domicile and Articles of Association;

2. it must possess the necessary property;

3. it must have its own members; and

4. it must have arbitrators for appointment.

The articles of association of the an arbitration commission shall be formulated in accordance with this Law.

第十二条　仲裁委员会由主任一人、副主任二至四人和委员七至十一人组成。

仲裁委员会的主任、副主任和委员由法律、经济贸易专家和有实际工作经验的人员担任。仲裁委员会的组成人员中,法律、经济贸易专家不得少于三分之二。

Article 12 An arbitration commission shall comprise a chairman, two to four vice-chairmen and seven to eleven members.

The chairman, vice-chairmen and members of an arbitration commission must be persons specialized in law, economic and trade and persons who have actual working experience. The number of specialists in law, economic and trade shall not be less than two-thirds of the members of an arbitration commission.

第十三条 仲裁委员会应当从公道正派的人员中聘任仲裁员。

仲裁员应当符合下列条件之一:

(一)从事仲裁工作满八年的;

(二)从事律师工作满八年的;

(三)曾任审判员满八年的;

(四)从事法律研究、教学工作并具有高级职称的;

(五)具有法律知识、从事经济贸易等专业工作并具有高级职称或者具有同等专业水平的。

仲裁委员会按照不同专业设仲裁员名册。

Article 13 The arbitration commission shall appoint fair and honest person as its arbitrators.

Arbitrators must fulfil one of the following conditions:

1. they have been engaged in arbitration work for at least eight years;

2. they have worked as a lawyer for at least eight years;

3. they have been a judge for at least eight years;

4. they are engaged in legal research or legal teaching and in senior positions; and

5. they have legal knowledge and are engaged in professional work relating to economics and trade, and in senior positions or of the equivalent professional level.

The arbitration commission shall establish a list of arbitrators according to different professionals.

第十四条 仲裁委员会独立于行政机关,与行政机关没有隶属关系。仲裁委员会之间也没有隶属关系。

Article 14 Arbitration commissions are independent of administrative organs and there are no subordinate relations with any administrative organs nor between the different arbitration commissions.

第十五条 中国仲裁协会是社会团体法人。仲裁委员会是中国仲裁协会的会员。中国仲裁协会的章程由全国会员大会制定。

中国仲裁协会是仲裁委员会的自律性组织,根据章程对仲裁委员会及其组成人员、仲裁员的违纪行为进行监督。

中国仲裁协会依照本法和民事诉讼法的有关规定制定仲裁规则。

Article 15 The China Arbitration Association is a social organization with the status of a legal person. Arbitration commissions are members of the China Arbitration Association. The Articles of Association of the China Arbitration Association shall be formulated by the national general meeting of the members.

The China Arbitration Association is an organization in charge of self-regulation of the arbitration commissions. It shall conduct supervision over the conduct (any breach of discipline) of the arbitration commissions and their members and arbitrators in accordance with its articles of association.

The China Arbitration Association shall formulate Arbitration Rules in accordance with this Law and the Civil Procedure Law.

第三章 仲裁协议
Chapter III Arbitration Agreement

第十六条 仲裁协议包括合同中订立的仲裁条款和以其他书面方式在纠纷发生前或者纠纷发生后达成的请求仲裁的协议。

仲裁协议应当具有下列内容:

(一) 请求仲裁的意思表示;

(二) 仲裁事项;

(三) 选定的仲裁委员会。

Article 16 An arbitration agreement shall include the arbitration clauses provided in the contract and any other written form of agreement concluded before or after the disputes providing for submission to arbitration.

The following contents shall be included in an arbitration agreement:

1. the expression of the parties' wish to submit to arbitration;
2. the matters to be arbitrated; and
3. the Arbitration Commission selected by the parties.

第十七条 有下列情形之一的,仲裁协议无效:

(一) 约定的仲裁事项超出法律规定的仲裁范围的;

(二) 无民事行为能力人或者限制民事行为能力人订立的仲裁协议的;

(三) 一方采取胁迫手段,迫使对方订立仲裁协议的。

Article 17 An arbitration agreement shall be invalid under any of the following circumstances:

1. matters agreed upon for arbitration are beyond the scope of arbitration prescribed by law;

2. an arbitration agreement concluded by persons without or with limited capacity for civil acts; and

3. one party forces the other party to sign an arbitration agreement by means of duress.

第十八条 仲裁协议对仲裁事项或者仲裁委员会没有约定或者约定不明确的,当事人可以补充协议;达不成补充协议的,仲裁协议无效。

Article 18 If the arbitration matters or the arbitration commission are not agreed upon by the parties in the arbitration agreement, or, if the relevant provisions are not clear, the parties may supplement the agreement. If the parties fail to agree upon the supplementary agreement, the arbitration agreement shall be invalid.

第十九条 仲裁协议独立存在,合同的变更、解除、终止或者无效,不影响仲裁协议的效力。

仲裁庭有权确认合同的效力。

Article 19 An arbitration agreement shall exist independently. Any changes to, rescission, termination or invalidity of the contract shall not affect the validity of the arbitration agreement.

An arbitration tribunal has the right to rule on the validity of a contract.

第二十条 当事人对仲裁协议的效力有异议的,可以请求仲裁委员会作出决定或者请求人民法院作出裁定。一方请求仲裁委员会作出决定,另一方请求人民法院作出裁定的,由人民法院裁定。

当事人对仲裁协议的效力有异议,应当在仲裁庭首次开庭前提出。

Article 20 If the parties object to the validity of the arbitration agreement, they may apply to the arbitration commission for a decision or to a people's court for a ruling. If one of the parties submits to the arbitration commission for a decision, but the other party applies to a people's court for a ruling, the people's court shall give the ruling.

If the parties contest the validity of the arbitration agreement, the objection shall be made before the start of the first hearing of the arbitration tribunal.

第四章　仲裁程序
Chapter IV　Arbitration Procedure

第一节　申请和受理
Section 1　Application and Acceptance for Arbitration

第二十一条　当事人申请仲裁应当符合下列条件：

（一）有仲裁协议；

（二）有具体的仲裁请求和事实、理由；

（三）属于仲裁委员会的受理范围。

Article 21　The parties applying for arbitration shall fulfil the following conditions：

1. they must have an arbitration agreement；

2. they must have a specific claim with facts and argument on which the claim is based； and

3. the arbitration must be within the jurisdiction of the arbitration commission.

第二十二条　当事人申请仲裁,应当向仲裁委员会递交仲裁协议、仲裁申请书及副本。

Article 22　The party applying for arbitration shall submit to an arbitration commission the arbitration agreement, an application for arbitration and copies thereof.

第二十三条　仲裁申请书应当载明下列事项：

（一）当事人的姓名、性别、年龄、职业、工作单位和住所,法人或者其他组织的名称、住所和法定代表人或者主要负责人的姓名、职务；

（二）仲裁请求和所根据的事实、理由；

（三）证据和证据来源、证人姓名和住所。

Article 23　An arbitration application shall state clearly the following：

1. the name, sex, age, occupation, work unit and address of the party, the name, address and legal representative of the legal person or other organization and the name and position of its person-in charge；

2. the arbitration claim and the facts and argument on which the claim is based； and

3. evidence and the source of evidence, the name and address of the witness (es).

第二十四条　仲裁委员会收到仲裁申请书之日起五日内,认为符合受理条件的,应当受理,并通知当事人；认为不符合受理条件的,应当书面通知当事人不予受理,并说明理由。

Article 24 Within 5 days from the date of receiving the arbitration application, the arbitration commission shall notify the parties that it considers the conditions for acceptance have been fulfilled, and that the application is accepted by it. If the arbitration commission considers that the conditions have not been fulfilled, it shall notify the parties in writing of its rejection, stating its reasons.

第二十五条　仲裁委员会受理仲裁申请后,应当在仲裁规则规定的期限内将仲裁规则和仲裁员名册送达申请人,并将仲裁申请书副本和仲裁规则、仲裁员名册送达被申请人。

被申请人收到仲裁申请书副本后,应当在仲裁规则规定的期限内向仲裁委员会提交答辩书。仲裁委员会收到答辩书后,应当在仲裁规则规定的期限内将答辩书副本送达申请人。被申请人未提交答辩书的,不影响仲裁程序的进行。

Article 25 Upon acceptance of an arbitration application, the arbitration commission shall, within the time limit provided by the Arbitration Rules, serve a copy of the Arbitration Rules and the list of arbitrators on the applicant, and serve a copy of the arbitration application, the Arbitration Rules and the list of arbitrators on the respondent.

Upon receipt of a copy of the arbitration application, the respondent shall, within the time limit prescribed by the Arbitration Rules, submit its defence to the arbitration commission.

Upon receipt of the defence, the arbitration commission shall, within the time limit prescribed by the Arbitration Rules, serve a copy of the reply on the applicant. The failure of the respondent to submit a defence shall not affect the proceeding of the arbitration procedures.

第二十六条　当事人达成仲裁协议,一方向人民法院起诉未声明有仲裁协议,人民法院受理后,另一方在首次开庭前提交仲裁协议的,人民法院应当驳回起诉,但仲裁协议无效的除外;另一方在首次开庭前未对人民法院受理该案提出异议的,视为放弃仲裁协议,人民法院应当继续审理。

Article 26 Where the parties had agreed on an arbitration agreement, but one of the parties initiates an action before a people's court without stating the existence of the arbitration agreement, the people's court shall, unless the arbitration agreement is invalid, reject the action if the other party submits to the court the arbitration agreement before the first hearing of the case. If the other party fails to object to the hearing by the people's court before the first hearing, the arbitration agreement shall be considered to have been waived by the party and the people's court shall proceed with the hearing.

第二十七条 申请人可以放弃或者变更仲裁请求。被申请人可以承认或者反驳仲裁请求,有权提出反请求。

Article 27 The applicant may abandon or alter his arbitration claim. The respondent may accept the arbitration claim or object to it. It has a right to make a counterclaim.

第二十八条 一方当事人因另一方当事人的行为或者其他原因,可能使裁决不能执行或者难以执行的,可以申请财产保全。

当事人申请财产保全的,仲裁委员会应当将当事人的申请依照民事诉讼法的有关规定提交人民法院。

申请有错误的,申请人应当赔偿被申请人因财产保全所遭受的损失。

Article 28 A party may apply for property preservation if, as the result of an act of the other party or for some other reasons, it appears that an award may be impossible or difficult to enforce.

If one of the parties applies for property preservation, the arbitration commission shall submit to a people's court the application of the party in accordance with the relevant provisions of the Civil Procedure Law.

If a property preservation order is unfounded, the applicant shall compensate the party against whom the order was made for any losses sustained as a result of the implementation of the property preservation order.

第二十九条 当事人、法定代理人可以委托律师和其他代理人进行仲裁活动。委托律师和其他代理人进行仲裁活动的,应当向仲裁委员会提交授权委托书。

Article 29 The parties and their legal representatives may appoint lawyers or engage agents to handle matters relating to the arbitration. In the event that a lawyer or an agent is appointed to handle the arbitration matters, a letter of authorization shall be submitted to the arbitration commission.

第二节 仲裁庭的组成
Section 2 Composition of the Arbitration Tribunal

第三十条 仲裁庭可以由三名仲裁员或者一名仲裁员组成。由三名仲裁员组成的,设首席仲裁员。

Article 30 An arbitration tribunal may comprise three arbitrators or one arbitrator. If an arbitration tribunal comprises three arbitrators, a presiding arbitrator shall be appointed.

第三十一条 当事人约定由三名仲裁员组成仲裁庭的,应当各自选定或者各自委托仲裁委员会主任指定一名仲裁员,第三名仲裁员由当事人共同选定或者共同委托仲裁委员会主任指定。第三名仲裁员是首席仲裁员。

当事人约定由一名仲裁员成立仲裁庭的,应当由当事人共同选定或者共同委托仲裁委员会主任指定仲裁员。

Article 31　If the parties agree to form an arbitration tribunal comprising three arbitrators, each party shall select or authorize the chairmen of the arbitration commission to appoint one arbitrator. The third arbitrator shall be selected jointly by the parties or be nominated by the chairman of the arbitration commission in accordance with a joint mandate given by the parties. The third arbitrator shall be the presiding arbitrator.

If the parties agree to have one arbitrator to form an arbitration tribunal, the arbitrator shall be selected jointly by the parties or be nominated by the chairman of the arbitration commission in accordance with a joint mandate given by the parties.

第三十二条　当事人没有在仲裁规则规定的期限内约定仲裁庭的组成方式或者选定仲裁员的,由仲裁委员会主任指定。

Article 32　If the parties fail, within the time limit prescribed by the Arbitration Rules, to select the form of the constitution of the arbitration tribunal or fail to select the arbitrators, the arbitrators shall be appointed by the chairman of the arbitration commission.

第三十三条　仲裁庭组成后,仲裁委员会应当将仲裁庭的组成情况书面通知当事人。

Article 33　After the arbitration tribunal is constituted, the arbitration commission shall notify the parties in writing of the composition of the arbitration tribunal.

第三十四条　仲裁员有下列情形之一的,必须回避,当事人也有权提出回避申请:

（一）是本案当事人或者当事人、代理人的近亲属;

（二）与本案有利害关系;

（三）与本案当事人、代理人有其他关系,可能影响公正仲裁的;

（四）私自会见当事人、代理人,或者接受当事人、代理人的请客送礼的。

Article 34　In any of the following circumstances, an arbitrator must withdraw from the arbitration, and the parties shall have the right to apply for his withdrawal if he:

1. is a party or a close relative of a party or of a party's representative;

2. is related in the case;

3. has some other relationship with a party to the case or with a party's agent

which could possibly affect the impartiality of the arbitration;

4. meets a party or his agent in private, accepts an invitation for dinner by a party or his representative or accepts gifts presented by any of them.

第三十五条 当事人提出回避申请,应当说明理由,在首次开庭前提出。回避事由在首次开庭后知道的,可以在最后一次开庭终结前提出。

Article 35 When applying for the withdrawal of an arbitrator, the petitioning party shall state his reasons and submit a withdrawal application before the first hearing. A withdrawal application may also be submitted before the conclusion of the last hearing if reasons for the withdrawal only became known after the start of the first hearing.

第三十六条 仲裁员是否回避,由仲裁委员会主任决定;仲裁委员会主任担任仲裁员时,由仲裁委员会集体决定。

Article 36 Whether an arbitrator is withdrawn or not shall be determined by the chairman of the arbitration commission. If chairman is serving as an arbitrator, the withdrawal or not shall be determined collectively by the arbitration commission.

第三十七条 仲裁员因回避或者其他原因不能履行职责的,应当依照本法规定重新选定或者指定仲裁员。

因回避而重新选定或者指定仲裁员后,当事人可以请求已进行的仲裁程序重新进行,是否准许,由仲裁庭决定;仲裁庭也可以自行决定已进行的仲裁程序是否重新进行。

Article 37 If an arbitrator is unable to perform his duties as an arbitrator as a result of the withdrawal or any other reasons, another arbitrator shall be selected or appointed in accordance with the provisions of this Law.

After a replaced arbitrator has been selected or appointed following the withdrawal of an arbitrator, the parties may apply to resume the arbitration procedure. The arbitration tribunal shall determine whether the resumption of the procedure may be allowed. The arbitration tribunal may determine on its own whether the arbitration procedure shall be resumed.

第三十八条 仲裁员有本法第三十四条第四项规定的情形,情节严重的,或者有本法第五十八条第六项规定的情形的,应当依法承担法律责任,仲裁委员会应当将其除名。

Article 38 An arbitrator involved in one of the circumstances described in Item 4, Article 34, if it is serious, or those described in Item 6, Article 58, such arbitrator shall be legally liable in accordance with the law. The arbitration commission shall remove his name from the list of arbitrators.

第三节 开庭和裁决
Section 3　Hearing and Arbitral Awards

第三十九条　仲裁应当开庭进行。当事人协议不开庭的,仲裁庭可以根据仲裁申请书、答辩书以及其他材料作出裁决。

Article 39　An arbitration tribunal shall hold a tribunal session to hear an arbitration case. If the parties agree not to hold a hearing, the arbitration tribunal may render an award in accordance with the arbitration application, the defence statement and other documents.

第四十条　仲裁不公开进行。当事人协议公开的,可以公开进行,但涉及国家秘密的除外。

Article 40　An arbitration shall not be conducted in public. If the parties agree to a public hearing, the arbitration may proceed in public, except those concerning state secrets.

第四十一条　仲裁委员会应当在仲裁规则规定的期限内将开庭日期通知双方当事人。当事人有正当理由的,可以在仲裁规则规定的期限内请求延期开庭。是否延期,由仲裁庭决定。

Article 41　The arbitration commission shall notify the two parties within the time limit provided by the Arbitration Rules of the date of the hearing. Either party may request to postpone the hearing with in the time limit provided by the Arbitration Rules if there is a genuine reason. The arbitration tribunal shall decide whether to postpone the hearing.

第四十二条　申请人经书面通知,无正当理由不到庭或者未经仲裁庭许可中途退庭的,可以视为撤回仲裁申请。

被申请人经书面通知,无正当理由不到庭或者未经仲裁庭许可中途退庭的,可以缺席裁决。

Article 42　If the applicant for arbitration who has been given a notice in writing does not appear before the tribunal without good reasons, or leaves the tribunal room during a hearing without the permission of the arbitration tribunal, such applicant shall be deemed as having withdrawn his application.

If the party against whom the application was made was served with a notice in writing but does not appear before the tribunal without due reasons or leaves the tribunal room during a hearing without the permission of the arbitration tribunal, an award by default may be given.

第四十三条　当事人应当对自己的主张提供证据。

仲裁庭认为有必要收集的证据,可以自行收集。

Article 43　The parties shall produce evidence in support of their claims.

An arbitration tribunal may collect on its own evidence it considers necessary.

第四十四条　仲裁庭对专门性问题认为需要鉴定的,可以交由当事人约定的鉴定部门鉴定,也可以由仲裁庭指定的鉴定部门鉴定。

根据当事人的请求或者仲裁庭的要求,鉴定部门应当派鉴定人参加开庭。当事人经仲裁庭许可,可以向鉴定人提问。

Article 44　For specialized matters, an arbitration tribunal may submit for appraisal to an appraisal organ agreed upon by the parties or to the appraisal organ appointed by the arbitration tribunal if it deems such appraisal to be necessary.

According to the claim of the parties or the request of the arbitration tribunal, the appraisal organ shall appoint an appraiser to participate in the hearing. Upon the permission of the arbitration tribunal, the parties may question the appraiser.

第四十五条　证据应当在开庭时出示,当事人可以质证。

Article 45　Any evidence shall be produced at the start of the hearing. The parties may challenge the validity of such evidence.

第四十六条　在证据可能灭失或者以后难以取得的情况下,当事人可以申请证据保全。当事人申请证据保全的,仲裁委员会应当将当事人的申请提交证据所在地的基层人民法院。

Article 46　In the event that the evidence might be destroyed or if it would be difficult to obtain the evidence later on, the parties may apply for the evidence to be preserved. If the parties apply for such preservation, the arbitration commission shall submit the application to the basic-level people's court of the place where the evidence is located.

第四十七条　当事人在仲裁过程中有权进行辩论。辩论终结时,首席仲裁员或者独任仲裁员应当征询当事人的最后意见。

Article 47　The parties have the right to argue during an arbitration procedure. At the end of the debate, the presiding arbitrator or the sole arbitrator shall ask for the final opinion of the parties.

第四十八条　仲裁庭应当将开庭情况记入笔录。当事人和其他仲裁参与人认为对自己陈述的记录有遗漏或者差错的,有权申请补正。如果不予补正,应当记录该申请。

笔录由仲裁员、记录人员、当事人和其他仲裁参与人签名或者盖章。

Article 48　An arbitration tribunal shall make a written record of the hearing. If the parties or other participants to the arbitration consider that the record has omitted a part of their statement or is incorrect in some other respect, they shall have the right to request correction thereof. If no correction is made, the request for correction shall be noted in the written record.

The arbitrators, recorder, parties and other participants to the arbitration shall sign or affix their seals to the record.

第四十九条 当事人申请仲裁后,可以自行和解。达成和解协议的,可以请求仲裁庭根据和解协议作出裁决书,也可以撤回仲裁申请。

Article 49 After the submission of an arbitration application, the parties may settle the dispute among themselves through conciliation. If a conciliation agreement has been reached, the parties may apply to the arbitration tribunal for an award based on the conciliation agreement. Then may also withdraw the arbitration application.

第五十条 当事人达成和解协议,撤回仲裁申请后反悔的,可以根据仲裁协议申请仲裁。

Article 50 If the parties fall back on their words after the conclusion of a conciliation agreement and the withdrawal of the arbitration application, application may be made for arbitration in accordance with the arbitration agreement.

第五十一条 仲裁庭在作出裁决前,可以先行调解。当事人自愿调解的,仲裁庭应当调解。调解不成的,应当及时作出裁决。

调解达成协议的,仲裁庭应当制作调解书或者根据协议的结果制作裁决书。调解书与裁决书具有同等法律效力。

Article 51 Before giving an award, an arbitration tribunal may first attempt to conciliate. If the parties apply for conciliation voluntarily, the arbitration tribunal shall conciliate. If conciliation is unsuccessful, an award shall be made promptly.

When a settlement agreement is reached by conciliation, the arbitration tribunal shall prepare the conciliation statement or the award on the basis of the results of the settlement agreement. A conciliation statement shall have the same legal force as that of an award.

第五十二条 调解书应当写明仲裁请求和当事人协议的结果。调解书由仲裁员签名,加盖仲裁委员会印章,送达双方当事人。

调解书经双方当事人签收后,即发生法律效力。

在调解书签收前当事人反悔的,仲裁庭应当及时作出裁决。

Article 52 A conciliation statement shall set forth the arbitration claims and the results of the agreement between the parties. The conciliation statement shall be signed by the arbitrators, sealed by the arbitration commission, and served on both parties.

A conciliation statement shall have legal effect once signed and accepted by the parties.

If the parties fall back on their words before the conciliation statement is singed and accepted by them, an award shall be made by the arbitration tribunal promptly.

第五十三条 裁决应当按照多数仲裁员的意见作出,少数仲裁员的不同意见可以记入笔录。仲裁庭不能形成多数意见时,裁决应当按照首席仲裁员的意见作出。

Article 53 An award shall be based on the opinion of the majority arbitrators. The opinion of the minority arbitrators shall be recorded in writing. If an opinion of the majority arbitrators can not be constituted at the tribunal, the award shall be given according to the opinion of the presiding arbitrator.

第五十四条 裁决书应当写明仲裁请求、争议事实、裁决理由、裁决结果、仲裁费用的负担和裁决日期。当事人协议不愿写明争议事实和裁决理由的,可以不写。裁决书由仲裁员签名,加盖仲裁委员会印章。对裁决持不同意见的仲裁员,可以签名,也可以不签名。

Article 54 The arbitration claims, the matters in dispute, the grounds upon which an award is given, the results of the judgement, the responsibility for the arbitration fees and the date of the award shall be set forth in the award. If the parties agree not to include in the award the matters in dispute and the grounds on which the award is based, such matters may not be stated in the award. The award shall be signed by the arbitrators and sealed by the arbitration commission. The arbitrator who disagrees with the award may select to sign or not to sign it.

第五十五条 仲裁庭仲裁纠纷时,其中一部分事实已经清楚,可以就该部分先行裁决。

Article 55 During the course of arbitration by an arbitration tribunal, where a part of facts has been made clear, a partial award may first be given in relation to that part.

第五十六条 对裁决书中的文字、计算错误或者仲裁庭已经裁决但在裁决书中遗漏的事项,仲裁庭应当补正;当事人自收到裁决书之日起三十日内,可以请求仲裁庭补正。

Article 56 The parties may, within 30 days of the receipt of the award, request the arbitration tribunal to correct any typographical errors, calculation errors or matters which had been awarded but omitted in the award.

第五十七条 裁决书自作出之日起发生法律效力。

Article 57 An award shall be legally effective on the date it is given.

第五章　申请撤销裁决
Chapter V　Application for Cancellation of an Award

第五十八条　当事人提出证据证明裁决有下列情形之一的,可以向仲裁委员会所在地的中级人民法院申请撤销裁决:
（一）没有仲裁协议的;
（二）裁决的事项不属于仲裁协议的范围或者仲裁委员会无权仲裁的;
（三）仲裁庭的组成或者仲裁的程序违反法定程序的;
（四）裁决所根据的证据是伪造的;
（五）对方当事人隐瞒了足以影响公正裁决的证据的;
（六）仲裁员在仲裁该案时有索贿受贿,徇私舞弊,枉法裁决行为的。
人民法院经组成合议庭审查核实裁决有前款规定情形之一的,应当裁定撤销。
人民法院认定该裁决违背社会公共利益的,应当裁定撤销。

Article 58　The parties may apply to the intermediate people's court at the place where the arbitration commission is located for cancellation of an award if they provide evidence proving that the award involves one of the following circumstances:

1. there is no arbitration agreement between the parties;

2. the matters of the award are beyond the extent of the arbitration agreement or not within the jurisdiction of the arbitration commission;

3. the composition of the arbitration tribunal or the arbitration procedure is in contrary to the legal procedure;

4. the evidence on which the award is based is falsified;

5. the other party has concealed evidence which is sufficient to affect the impartiality of the award; and

6. the arbitrator(s) has (have) demanded or accepted bribes, committed graft or perverted the law in making the arbitral award.

The peoples' court shall rule to cancel the award if the existence of one of the circumstances prescribed in the preceding clause is confirmed by its collegiate bench.

The people's court shall rule to cancel the award if it holds that the award is contrary to the social and public interests.

第五十九条　当事人申请撤销裁决的,应当自收到裁决书之日起六个月内提出。

Article 59　If a party applies for cancellation of an award, an application shall be submitted within 6 months after receipt of the award.

第六十条　人民法院应当在受理撤销裁决申请之日起两个月内作出撤销裁决或者驳回申请的裁定。

Article 60　The people's court shall, within 2 months after receipt of the application for cancellation of an award, render its decision for cancellation of the award or for rejection of the application.

第六十一条　人民法院受理撤销裁决的申请后,认为可以由仲裁庭重新仲裁的,通知仲裁庭在一定期限内重新仲裁,并裁定中止撤销程序。仲裁庭拒绝重新仲裁的,人民法院应当裁定恢复撤销程序。

Article 61　If the people's court holds that the case may be re-arbitrated by the arbitration tribunal after receipt of the application for cancellation of an award, the court shall inform the arbitration tribunal of re-arbitrating the case within a certain period of time and rule to suspend the cancellation procedure. If the arbitration tribunal refuses to re-arbitrate, the people's court shall rule to resume the cancellation procedure.

第六章　执　行
Chapter VI　Enforcement

第六十二条　当事人应当履行裁决。一方当事人不履行的,另一方当事人可以依照民事诉讼法的有关规定向人民法院申请执行。受申请的人民法院应当执行。

Article 62　The parties shall execute an arbitration award. If one party fails to execute the award, the other party may apply to a people's court for enforcement in accordance with the relevant provisions of the Civil Procedure Law, and the court shall enforce the award.

第六十三条　被申请人提出证据证明裁决有民事诉讼法第二百一十七条第二款规定的情形之一的,经人民法院组成合议庭审查核实,裁定不予执行。

Article 63　A people's court shall, after examination and verification by its collegiate bench, rule not to enforce an award if the party against whom an application for enforcement is made provides evidence proving that the award involves one of the circumstances prescribed in Clause 2, Article 217 of the Civil procedure Law.

第六十四条　一方当事人申请执行裁决,另一方当事人申请撤销裁决的,人民法院应当裁定中止执行。

人民法院裁定撤销裁决的,应当裁定终结执行。撤销裁决的申请被裁定驳回的,人民法院应当裁定恢复执行。

Article 64 If one party applies for enforcement of an award while the other party applies for cancellation of the award, the people's court receiving such application shall rule to suspend enforcement of the award.

If a people's court rules to cancel an award, it shall rule to terminate enforcement. If the people's court overrules the application for cancellation of an award, it shall rule to resume enforcement.

第七章 涉外仲裁的特别规定
Chapter VII Special provisions on Foreign-Related Arbitration

第六十五条 涉外经济贸易、运输和海事中发生的纠纷的仲裁,适用本章规定。本章没有规定的,适用本法其他有关规定。

Article 65 The provisions of this Chapter shall apply to all arbitration of disputes arising from foreign economic, trade, transportation or maritime matters. In the absence of provisions in this Chapter, other relevant provisions of this Law shall apply.

第六十六条 涉外仲裁委员会可以由中国国际商会组织设立。

涉外仲裁委员会由主任一人、副主任若干人和委员若干人组成。

涉外仲裁委员会的主任、副主任和委员可以由中国国际商会聘任。

Article 66 A foreign arbitration commission may be organized and established by the China International Chamber of Commerce.

A foreign arbitration commission shall comprise one chairman, several vice-chairmen and several committee members.

The chairman, vice-chairmen and committee members may be appointed by the China International Chamber of Commerce.

第六十七条 涉外仲裁委员会可以从具有法律、经济贸易、科学技术等专门知识的外籍人士中聘任仲裁员。

Article 67 A foreign arbitration commission may appoint foreigners with professional knowledge in such fields as law, economic and trade, science and technology as arbitrators.

第六十八条 涉外仲裁的当事人申请证据保全的,涉外仲裁委员会应当将当事人的申请提交证据所在地的中级人民法院。

Article 68 If the parties to a foreign-related arbitration apply for evidence preservation, the foreign arbitration commission shall submit their applications to the intermediate people's court in the place where the evidence is located.

第六十九条 涉外仲裁的仲裁庭可以将开庭情况记入笔录,或者作出笔录要点,笔录要点可以由当事人和其他仲裁参与人签字或者盖章。

Article 69 The arbitration tribunal of a foreign arbitration commission may record the details of the hearing in writing or record the essentials of the hearing in writing. The written record of the essentials shall be signed or sealed by the parties and other participants in the arbitration.

第七十条 当事人提出证据证明涉外仲裁裁决有民事诉讼法第二百六十条第一款规定的情形之一的,经人民法院组成合议庭审查核实,裁定撤销。

Article 70 A people's court shall, after examination and verification by its collegiate bench, rule to cancel an award if a party to the case provides evidence proving that the arbitration award involves one of the circumstances prescribed in Clause 1, Article 260 of the Civil Procedure Law.

第七十一条 被申请人提出证据证明涉外仲裁裁决有民事诉讼法第二百六十条第一款规定的情形之一的,经人民法院组成合议庭审查核实,裁定不予执行。

Article 71 A people's court shall, after examination and verification by its collegiate bench, rule not to enforce an award-if the party against whom an application is made provides evidence proving that the arbitration award involves one of the circumstances prescribed in Clause 1, Article 260 of the Civil Procedure Law.

第七十二条 涉外仲裁委员会作出的发生法律效力的仲裁裁决,当事人请求执行的,如果被执行人或者其财产不在中华人民共和国领域内,应当由当事人直接向有管辖权的外国法院申请承认和执行。

Article 72 Where the party subject to enforcement or its property is not within the territory of the People's Republic of China, a party applying for the enforcement of a legally effective arbitration award shall apply directly to the foreign court having jurisdiction for recognition and enforcement of the award.

第七十三条 涉外仲裁规则可以由中国国际商会依照本法和民事诉讼法的有关规定制定。

Article 73 Foreign arbitration rules may be formulated by the China International Chamber of Commerce in accordance with this Law and the relevant provisions of the Civil Procedure Law.

第八章 附 则
Chapter VIII Supplementary Provisions

第七十四条 法律对仲裁时效有规定的,适用该规定。法律对仲裁时效没有规定的,适用诉讼时效的规定。

Article 74 If the law has stipulated a time limitation of arbitration, such provisions of the law shall apply. If the law has not stipulated a time limitation of arbitration, the provisions on the limitation of actions shall apply.

第七十五条 中国仲裁协会制定仲裁规则前,仲裁委员会依照本法和民事诉讼法的有关规定可以制定仲裁暂行规则。

Article 75 The arbitration Commission may formulate provisional arbitration rules in accordance with this Law and the relevant provisions of the Civil Procedure Law before the formulation of the arbitration rules by the China Arbitration Association.

第七十六条 当事人应当按照规定交纳仲裁费用。

收取仲裁费用的办法,应当报物价管理部门核准。

Article 76 The parties shall pay arbitration fees in accordance with the relevant provisions.

The methods for the collection of arbitration fees shall be submitted to the commodity prices administration department for approval.

第七十七条 劳动争议和农业集体经济组织内部的农业承包合同纠纷的仲裁,另行规定。

Article 77 Arbitration of labor disputes and disputes over contracts for undertaking agricultural projects within agricultural collective economic organizations shall be separately stipulated.

第七十八条 本法施行前制定的有关仲裁的规定与本法的规定相抵触的,以本法为准。

Article 78 In the event of conflict between the provisions on arbitration formulated before the coming into effect of this Law and the provisions of this Law, the provisions of this Law shall prevail.

第七十九条 本法施行前在直辖市、省、自治区人民政府所在地的市和其他设区的市设立的仲裁机构,应当依照本法的有关规定重新组建;未重新组建的,自本法施行之日起届满一年时终止。

本法施行前设立的不符合本法规定的其他仲裁机构,自本法施行之日起终止。

Article 79 Arbitration organs established before the coming into effect of this Law in the municipalities directly under the Central Government, in the municipalities where the people's governments of the provinces or autonomous regions and in other cities divided into districts must be re-organized in accordance with the relevant provisions of this Law. The arbitration organs which are not re-organized shall be terminated at the expiration of one year after the date of effectiveness of this Law.

All other arbitration organs established before the implementation of this Law and not conforming to the provisions of this Law shall be terminated on the date of effectiveness of this Law.

第八十条 本法自1995年9月1日起施行。

Article 80 This Law shall be effective as of September 1, 1995.

21世纪法学系列教材书目

"21世纪法学系列教材"是北京大学出版社继"面向21世纪课程教材"(即"大红皮"系列)之后,出版的又一精品法学系列教科书。本系列丛书以白色为封面底色,并冠以"未名·法律"的图标,因此也被称为"大白皮"系列教材。"大白皮"系列是法学全系列教材,目前有15个子系列。本系列教材延续"大红皮"图书的精良品质,皆由国内各大法学院优秀学者撰写,既有理论深度又贴合教学实践,是国内法学专业开展全系列课程教学的最佳选择。

- **法学基础理论系列**

英美法概论:法律文化与法律传统	彭 勃
法律方法论	陈金钊
法社会学	何珊君

- **法律史系列**

中国法制史	赵昆坡
中国法制史	朱苏人
中国法制史讲义	聂 鑫
中国法律思想史(第二版)	李贵连 李启成
外国法制史(第三版)	由 嵘
西方法律思想史(第三版)	徐爱国 李桂林
外国法制史	李秀清

- **民商法系列**

民法学	申卫星
民法总论(第三版)	刘凯湘
债法总论	刘凯湘
物权法论	郑云瑞
侵权责任法	李显冬
英美侵权行为法学	徐爱国
商法学——原理·图解·实例(第四版)	朱羿锟
商法学	郭 瑜
保险法(第三版)	陈 欣
保险法	樊启荣
海商法教程(第二版)	郭 瑜
票据法教程(第二版)	王小能

票据法学			吕来明
物权法原理与案例研究			王连合
破产法（待出）			许德风

- **知识产权法系列**

知识产权法学（第六版）			吴汉东
商标法（第二版）			杜　颖
著作权法（待出）			刘春田
专利法（待出）			郭　禾
电子商务法		李双元	王海浪

- **宪法行政法系列**

宪法学（第三版）	甘超英	傅思明	魏定仁
行政法学（第三版）		罗豪才	湛中乐
外国宪法（待出）			甘超英
国家赔偿法学（第二版）		房绍坤	毕可志

- **刑事法系列**

刑法总论			黄明儒
刑法分论			黄明儒
中国刑法论（第五版）	杨春洗	杨敦先	郭自力
现代刑法学（总论）			王世洲
外国刑法学概论		李春雷	张鸿巍
犯罪学（第三版）		康树华	张小虎
犯罪预防理论与实务		李春雷	靳高风
犯罪被害人学教程			李　伟
监狱法学（第二版）			杨殿升
刑事执行法学			赵国玲
刑法学（上、下）			刘艳红
刑事侦查学			张玉镶
刑事政策学			李卫红
国际刑事实体法原论			王　新
美国刑法（第四版）		储槐植	江　溯

- **经济法系列**

经济法学（第六版）		杨紫烜	徐　杰

经济法学原理（第四版）	刘瑞复
经济法概论（第七版）	刘隆亨
企业法学通论	刘瑞复
商事组织法	董学立
金融法概论（第五版）	吴志攀
银行金融法学（第六版）	刘隆亨
证券法学（第三版）	朱锦清
金融监管学原理	丁邦开 周仲飞
会计法（第二版）	刘　燕
劳动法学（第二版）	贾俊玲
反垄断法	孟雁北
消费者权益保护法	王兴运
中国证券法精要：原理与案例	刘新民
经济法理论与实务（第四版）	於向平等

● **财税法系列**

财政法学	刘剑文
税法学（第四版）	刘剑文
国际税法学（第三版）	刘剑文
财税法专题研究（第二版）	刘剑文
财税法成案研究	刘剑文　等

● **国际法系列**

国际法（第二版）	白桂梅
国际私法学（第三版）	李双元　欧福永
国际贸易法	冯大同
国际贸易法	王贵国
国际贸易法	郭　瑜
国际贸易法原理	王　慧
国际投资法	王贵国
国际货币金融法（第二版）	王贵国
国际经济组织法教程（第二版）	饶戈平

● **诉讼法系列**

民事诉讼法（第二版）	汤维建
刑事诉讼法学（第五版）	王国枢

外国刑事诉讼法教程(新编本)	王以真	宋英辉
民事执行法学(第二版)		谭秋桂
仲裁法学(第二版)		蔡　虹
外国刑事诉讼法	宋英辉　孙长永	朴宗根
律师法学		马宏俊
公证法学		马宏俊

- **特色课系列**

世界遗产法		刘红婴
医事法学	古津贤	强美英
法律语言学(第二版)		刘红婴
民族法学		熊文钊

- **双语系列**

  | 普通法系合同法与侵权法导论 | 张新娟 |
  | Learning Anglo-American Law: A Thematic Introduction(英美法导论)(第二版) | 李国利 |

- **专业通选课系列**

法律英语(第二版)			郭义贵
法律文献检索(第三版)			于丽英
英美法入门——法学资料与研究方法			杨　桢
模拟审判:原理、剧本与技巧(第二版)	廖永安　唐东楚　陈文曲

- **通选课系列**

法学通识九讲(第二版)	吕忠梅
法学概论(第三版)	张云秀
法律基础教程(第三版)(待出)	夏利民
人权法学	白桂梅

- **原理与案例系列**

  | 国家赔偿法:原理与案例 | 沈　岿 |
  | 专利法:案例、学说和原理 | 崔国斌 |

2015 年 4 月更新

教师反馈及教材、课件申请表

尊敬的老师：

您好！感谢您一直以来对北大出版社图书的关爱。北京大学出版社以"教材优先、学术为本"为宗旨，主要为广大高等院校师生服务。为了更有针对性地为广大教师服务，满足教师的教学需要、提升教学质量，在您确认将本书作为教学用书后，请您填好以下表格并经系主任签字盖章后寄回，我们将免费向您提供相关的教材、思考练习题答案及教学课件。在您教学过程中，若有任何建议也都可以和我们联系。

书号/书名	
所需要的教材及教学课件	
您的姓名	
系	
院校	
您所主授课程的名称	
每学期学生人数	学时
您目前采用的教材	书名＿＿＿＿＿＿＿＿ 作者＿＿＿＿＿＿ 出版社＿＿＿＿＿＿＿
您的联系地址	
联系电话	
E-mail	
您对北大出版社及本书的建议：	系主任签字 盖章

我们的联系方式：

北京大学出版社法律事业部

地　　址：北京市海淀区成府路 205 号　　　联系人：李铎
电　　话：010-62752027　　　　　　　　　　传　真：010-62556201
电子邮件：bjdxcbs1979@163.com
网　　址：http://www.pup.cn
北大出版社市场营销中心网站：www.pupbook.com